Uni-Taschenbücher 1997

Eine Arbeitsgemeinschaft der Verlage

Wilhelm Fink Verlag München
Gustav Fischer Verlag Jena und Stuttgart
A. Francke Verlag Tübingen und Basel
Paul Haupt Verlag Bern · Stuttgart · Wien
Hüthig Fachverlage Heidelberg
Leske Verlag + Budrich GmbH Opladen
Lucius & Lucius Verlagsgesellschaft Stuttgart
Mohr Siebeck Tübingen
Quelle & Meyer Verlag · Wiesbaden
Ernst Reinhardt Verlag München und Basel
Schäffer-Poeschel Verlag · Stuttgart
Ferdinand Schöningh Verlag Paderborn · München · Wien · Zürich
Eugen Ulmer Verlag Stuttgart
Vandenhoeck & Ruprecht in Göttingen und Zürich

Studienkommentare zur Philosophie

Erschienen sind:

Bernd Gräfrath:	John Stuart Mill: ›Über die Freiheit‹
Dieter Teichert:	Immanuel Kant: ›Kritik der Urteilskraft‹
Frank-P. Hansen:	Georg W. F. Hegel: ›Phänomenologie des Geistes‹
Gerhard Streminger:	David Hume: ›Eine Untersuchung über den menschlichen Verstand‹
Andreas Schubert:	Platon: ›Der Staat‹
Eberhard Döring:	Karl R. Popper: ›Die offene Gesellschaft und ihre Feinde‹
Ernst Michael Lange:	Ludwig Wittgenstein: ›Logisch-philosophische Abhandlung‹

Klaus J. Schmidt

Georg W. F. Hegel
Wissenschaft der Logik –
Die Lehre vom Wesen

Ein einführender Kommentar

Ferdinand Schöningh

Paderborn · München · Wien · Zürich

Die Deutsche Bibliothek – CIP-Einheitsaufnahme

Schmidt, Klaus J.:
Georg W. F. Hegel, Wissenschaft der Logik – die Lehre vom Wesen:
ein einführender Kommentar / Klaus J. Schmidt. – Paderborn;
München; Wien; Zürich: Schöningh, 1997
  (UTB für Wissenschaft: Uni-Taschenbücher; 1997)
  ISBN 3-8252-1997-6 (UTB)
  ISBN 3-506-99494-8 (Schöningh)

Gedruckt auf umweltfreundlichem, chlorfrei gebleichtem
und alterungsbeständigem Papier ⊛ ISO 9706

© 1997 Verlag Ferdinand Schöningh, Paderborn
(Verlag Ferdinand Schöningh GmbH, Jühenplatz 1, D-33098 Paderborn)
ISBN 3-506-99494-8

Das Werk, einschließlich aller seiner Teile, ist urheberrechtlich geschützt.
Jede Verwertung außerhalb der engen Grenzen des Urheberrechtsgesetzes
ist ohne Zustimmung des Verlages unzulässig und strafbar. Das gilt insbesondere für Vervielfältigungen, Mikroverfilmungen und die Einspeicherung
und Verarbeitung in elektronischen Systemen.

Printed in Germany
Herstellung: Ferdinand Schöningh, Paderborn
Einbandgestaltung: Alfred Krugmann, Freiberg am Neckar

UTB-Bestellnummer: ISBN. 3-8252-1997-6

Inhalt

Vorwort 7

Einleitung 10

Das Wesen 15

Das Wesen als Reflexion in ihm selbst 15
Der Schein 21
A. Das Wesentliche und das Unwesentliche 21
B. Der Schein 25
C. Die Reflexion 33
   1. Die setzende Reflexion 39
   2. Die äußere Reflexion 46
   3. Die bestimmende Reflexion 51

Die Wesenheiten oder die Reflexionsbestimmungen 58
A. Die Identität 58
B. Der Unterschied 62
   1. Der absolute Unterschied 62
   2. Die Verschiedenheit 64
   3. Der Gegensatz 68
C. Der Widerspruch 76

Der Grund 83
A. Der absolute Grund 83
   a) Form und Wesen 89
   b) Form und Materie 96
   c) Form und Inhalt 101
B. Der bestimmte Grund 104
   a) Der formelle Grund 105
   b) Der reale Grund 107
   c) Der vollständige Grund 110
C. Die Bedingung 114
   a) Das relativ Unbedingte 114
   b) Das absolut Unbedingte 118
   c) Hervorgang der Sache in die Existenz 123

Die Erscheinung.. 133

Die Existenz.. 133
A. Das Ding und seine Eigenschaften............................... 133
 a) Ding an sich und Existenz.. 133
 b) Die Eigenschaft 136
 c) Die Wechselwirkung der Dinge.................................... 139
B. Das Bestehen des Dings aus Materien.......................... 141
C. Die Auflösung des Dings.. 143

Die Erscheinung... 147
A. Das Gesetz der Erscheinung.. 147
B. Die erscheinende und die an-sich-seiende Welt.......... 152
C. Auflösung der Erscheinung 157

Das wesentliche Verhältnis... 160
A. Das Verhältnis des Ganzen und der Teile................... 162
B. Das Verhältnis der Kraft und ihrer Äußerung............ 166
C. Verhältnis des Äußeren und Inneren........................... 173

Die Wirklichkeit... 178

Das Absolute... 179
A. Die Auslegung des Absoluten.. 182
B. Das absolute Attribut 183
C. Der Modus des Absoluten 186

Die Wirklichkeit... 190
A. Zufälligkeit oder formelle Wirklichkeit, Möglichkeit
 und Notwendigkeit.. 190
B. Relative Notwendigkeit oder reale Wirklichkeit,
 Möglichkeit und Notwendigkeit 197
C. Absolute Notwendigkeit 202

Das absolute Verhältnis... 210
A. Das Verhältnis der Substantialität................................ 212
B. Das Kausalitätsverhältnis... 215
 a) Die formelle Kausalität.. 216
 b) Das bestimmte Kausalitätsverhältnis........................... 220
 c) Wirkung und Gegenwirkung 222
C. Die Wechselwirkung... 225

Literaturverzeichnis 233

Personenregister.. 237

Vorwort

Hegel bezeichnet die Wesenslogik als den schwierigsten Teil seiner Wissenschaft der Logik (Enz §114). Bereitet ganz allgemein das dialektische Denken dem Verstand Probleme, so potenzieren sich die Probleme im Falle der Dialektik der Wesenslogik. Die Schwierigkeiten, die dieser Text bietet, liegen, wie Hegel hervorhebt, in der Repräsentation des Wesens als Reflexion oder als Scheinen (W69,22-30).

Der Entwurf einer Dialektik *des Scheinens* muß Hegel weitaus mehr Mühe bereitet haben als die Abfassung der beiden anderen Dialektiken der Wissenschaft der Logik, der Dialektik qua *Übergehen* und der Dialektik qua *Entwicklung*. Betrachtet man die sogenannten Nürnberger Schriften zur Logik, so wird erkennbar, daß die Bestimmungen Schein und Reflexion, die in der endgültigen Fassung die gesamte Wesenslogik durchziehen und beherrschen, nur zögernd und vermutlich auf dem Umweg über die „Religion"[1] in der Wissenschaft der Logik der Nürnberger Schriften Aufnahme finden. Dieses Faktum kann insofern nicht überraschen, als sich Hegel sowohl bei der Dialektik qua Übergehen (Seinslogik) als auch bei der Dialektik qua Entwicklung (Begriffslogik) auf Überlegungen stützen konnte, die bis in die Jenaer Zeit zurückreichen. Im Gegensatz zu diesem Faktum existieren m. E. in Hegels Schriften vor seiner Nürnberger Zeit kaum An-

---

[1] Im Text gliedert Hegel die Wesenslogik mit den Begriffen Schein, Erscheinung und Offenbarung (W6,6-7). Diese Gliederung, die weit über die Gliederung des letzten uns bekannten Vorentwurfs zur Wesenslogik hinausgeht (MM4,173-184), stammt aus einem Manuskript zur „Religion" (MM4,280,§3ff). Ferner entfaltet Hegel dort zum ersten Mal die für die endgültige Fassung der Wesenslogik typische „Einheit der Reflexion in sich und des Scheinens in Anderes". Diese Struktur wird allerdings nicht auf das Wesen appliziert, sondern auf die „Substanz" (MM4,280,§4ff), die Hegel in der Begriffslogik als reales (MM6,245), sich offenbarendes (MM6,313) Wesen ausweist. Das besagte Manuskript ist auf den 11. Oktober 1811 datiert (MM4,275). Zu diesem Zeitpunkt dürfte, wie anschließend dargelegt wird, Hegel noch nicht mit der Niederschrift der Wesenslogik begonnen haben.

zeichen zu einer Dialektik des Scheinens. Hegel verwendet zwar die Ausdrücke Schein und Reflexion in seinen Jenenser Arbeiten, jedoch geschieht dies in der Regel in einem anderen Sinn als dies in den Nürnberger und späteren Schriften der Fall ist. Ganz offenkundig eröffnet Hegel mit der Dialektik des Scheins einen neuen Abschnitt seiner philosophischen Entwicklung.

Der Schwierigkeitsgrad des Textes ist jedoch nicht nur durch die Sache und durch den Umstand, daß Hegel sie erst einmal gedanklich bewältigen mußte, bedingt. Die Lektüre des Textes wird auch dadurch erschwert, daß Hegel die Seins- und die Wesenslogik neben seinem Beruf als Gymnasialdirektor, wenn auch nach Jahren der Vorarbeit, in maximal fünfzehn Monaten niederschrieb. Vermutlich wurden die beiden Bücher jedoch in weniger als fünfzehn Monaten verfaßt. An Hand des Hochzeitsdatums Hegels und seines Briefwechsels mit Niethammer kann man mit hoher Wahrscheinlichkeit den Beginn der Niederschrift auf den Anfang des Monats Oktober 1811 setzen (Briefe I 393).[2] Spätestens am 18. Dezember 1812 lag die gedruckte Wesenslogik vor (ebd. 425).[3] Da die Druckerei offenkundig Mühe hatte, dem Arbeitstempo Hegels zu folgen (ebd. 393), könnte die Abgabe des Manuskripts weitaus eher als am 18. Dezember 1812 erfolgt sein. Auf die in erstaunlich kurzer Zeit entstandene Niederschrift führt Hegel die nicht ausgereifte „Form" zurück (ebd. 393).

Die vorliegende Interpretation wird von der Absicht geleitet, die Wesenslogik, die eines der großen Werke der philosophischen Literatur sein dürfte, zu verstehen. Dazu ist es einerseits erforderlich, die Lehre vom Wesen in die Wissenschaft der Logik und in das System, wie es sich in Hegels Nürnberger Zeit formiert, einzuordnen. Andererseits bedarf es zur Realisierung dieser Absicht einer Gesamtinterpretation der Wesenslogik. Weil die Hegelforschung sich häufig eine genaue und umfassende Lektüre der Wesenslogik erspart hat, ist sie nicht selten Mißverständnissen aufgesessen. Daher nähert sich die vorliegende Arbeit einem Zeilenkommentar an.

Das Buch ist aus einer Reihe von Hauptseminaren entstanden, die ich in den vergangenen Jahren über Hegels Wesenslogik an der Universität Bochum abgehalten habe. Demzufolge richtet es sich in erster Linie an Philosophiestudenten im Hauptstudium.

---

[2] Vgl. Briefe I 389.

[3] Briefe I 428; Briefe II 6.

Auf Grund der dargelegten Schwierigkeiten ergaben sich zwangsläufig Auseinandersetzungen mit Fachkollegen. Ich hoffe daher, mit dieser Arbeit auch einen Beitrag zur Hegelforschung zu leisten.

Einleitung

Hegels Philosophie läßt sich als Wahrheitstheorie, wenn auch nicht als Wahrheitstheorie im heutigen Sinne, begreifen. Dem „Interesse am Erkennen der Wahrheit" ist die Heidelberger Enzyklopädie gewidmet (Enz 22). Diese Widmung ist nicht nur als Intention zu bewerten (Enz §25). Vielmehr beansprucht Hegels Philosophie, „die objektive Wissenschaft der Wahrheit" darzustellen (GE 27). Als Wahrheit schlechthin sieht Hegel die „Idee" oder das „Absolute, Gott" an (Enz 45). Durch ihr Interesse an der so umgrenzten Wahrheit ist diese Philosophie der Religion und in diesem Zusammenhang auch der Kunst verpflichtet. Denn der „formlose heilige Stein", die Religion, wird durch die Kunst befestigt (GE 47). Während die Religion ohne Philosophie auszukommen vermag, kann die Philosophie nicht ohne Religion gefaßt werden (Enz 12). Hegels Philosophie konstituiert sich als „Einheit der Kunst und der Religion". Aber die Philosophie bildet diese Einheit nicht in der Form einer Konjunktion aus Kunst und Religion, denn die *Kunst* vermag die Idee nur materiell herauszuarbeiten (Ästh I 77ff). Ähnlich ist die *Religion* nur in der Weise der „Vorstellung" imstande, die Idee als Konglomerat von anschaulichen Elementen und Gedanken zu etablieren (Rel I 110ff). Die *Philosophie* hingegen gestaltet die Idee vermittelst der Erkenntnis oder des reinen Gedankens (Enz § 572/3).

Der Ort, an dem die Idee in ihrer Reinheit entwickelt wird (Enz § 19), ist die Wissenschaft der Logik (Enz § 574). Hegel bestimmt die Idee als unendliche Subjektivität oder „Persönlichkeit", die sich als Allgemeinheit in der Einzelheit vollkommen realisiert. Die so gefaßte Idee begreift er als „unvergängliches Leben" sowie als „sich wissende Wahrheit" (MM6,549). Bei der Ableitung dieser Bestimmungen auf dem Wege des sich selber denkenden Denkens orientiert sich Hegel einerseits an dem im christlichen Denken gewonnenen „Prinzip der Persönlichkeit" als der „Allgemeinheit". Dieses Prinzip sei der griechischen Philosophie unbekannt gewesen (MM8,312). Andererseits greift er auf philosophiegeschichtliche Positionen zurück, denn die „Geschichte der Philosophie" ist die „Geschichte der Entdeckung der Gedanken über das Absolute" (Enz 10). Obwohl Hegel die emphatische Anerkennung der Geschichte der Philosophie dadurch unterstreicht, daß er von einer „heiligen Kette" spricht (MM20,456), erfolgt die Aneignung der philosophischen Tradition in der Wissenschaft der Logik keineswegs kritiklos. Der Hauptvorwurf, dem sich die philosophische Tradition ausgesetzt sieht, besteht darin, daß sie ihre eigenen Begriffe nicht zu Ende gedacht habe. Sie habe es unterlassen, dem „Unterschied" zwischen Begriff und der „Exposition" eines Begriffs, die nur durch die Gestaltung der Einheit der aus dem Begriff resultierenden Gegensätze zu leisten sei, nachzuspüren. Das Herausstellen dieser Differenz sei einzig und allein das Verdienst der „dialektischen Entwicklung" (S117,11-118,15).

Auf dem Hintergrund dieser Kritik schreibt Hegel die Geschichte der Philosophie in der Wissenschaft der Logik neu. Alle fundamentalen Theoreme der Geschichte der Philosophie finden in der Wissenschaft der Logik ihren Niederschlag, freilich nicht mehr in der entstehungsgeschichtlichen Ordnung, sondern in der „Ordnung der Begriffe" des sich selber denkenden Denkens (GE 34/5).[4] Einzig der systematische Gesichtspunkt diktiert das Geschehen.

Das in der Wissenschaft der Logik entwickelte System beginnt aus methodischen Gründen mit der einfachsten Kategorie, dem leeren inhaltslosen, unerfüllten, unbestimmten Unmittelbaren, dem reinen Sein (MM6,551ff). In einem Brief an Sinclair fordert Hegel allerdings, der Anfang der Wissenschaft der Logik müsse „Philosophie", aber auch nur der „Anfang der Philosophie" sein (Briefe II 3). Von diesem Sein des Anfangs zeigt Hegel, daß es sich nur als Werden denken läßt. Philosophiegeschichtlich diskutiert er mit diesen Überlegungen die Positionen von Parmenides und Heraklit. Aus dem Werden leitet er das Dasein und aus diesem wiederum die Bestimmungen des veränderlichen und endlichen Etwas ab. Die Kategorie des Werdens begreift Hegel als er-

---

[4] Wie weit die Durchführung Hegels diesem Anspruch gerecht wird, ist ein zur Zeit in der Hegelforschung diskutiertes Problem, auf das im Rahmen dieser Studie nicht eingegangen werden kann. (Vgl. Logik und Geschichte in Hegels System, Hrsgb. H. C. Lucas und G. Planty – Bonjour, Stuttgart – Bad Cannstadt, 1989). Ich werde an zentralen Stellen der Wesenslogik auf Parallelen zur Philosophiegeschichte verweisen. Um den wesenslogischen Duktus nicht unnötig zu verdecken, geschieht dies in der Regel – vor allem wenn Hegel selbst in der Wesenslogik diese Parallelen nicht zieht – in Form von Fußnoten.

ste Definition des Absoluten. Die zweite – gehaltvollere – Definition des Absoluten gewinnt Hegel in der Auseinandersetzung mit der Philosophie Kants und Fichtes an Hand des Begriffs des Sollens (S134,4-8). Im Sollen kündigt sich der für Hegels eigene Philosophie zentrale Begriff des Unendlichen an (S131,11-12). Während das der Schranke unterliegende Endliche das Sollen nur bedingt zu realisieren vermag (S131,5), erweist sich das Unendliche als das immer schon ausgeführte Sollen (S137,23-25). An der Kategorie des Unendlichen hält Hegel im weiteren Verlauf des sich selber denkenden Denkens fest, um sie zur Bestimmung des Maßes, des Wesens und schließlich des Begriffs auszubauen (MM6,274). Das sich als Einheit der Gegensätze Sein und Nichts, Etwas und Anderes, Qualität und Quantität etablierende Unendliche begreift Hegel als Maß (Enz §111), eine Kategorie, die er als weitere Definition des Absoluten ansieht. Philosophiegeschichtlich trete diese Kategorie, wenn auch nicht entwickelt, bei den Griechen, insbesondere bei Parmenides, auf (S367,3ff).

Mit der Kategorie des Maßes leitet die Wissenschaft der Logik zum Wesen über (N225,22-38). Welche Funktion kommt dem Wesen im sich selber denkenden Denken zu? Dem Verstand „gelten" die Kategorien wie Etwas und Anderes, Endliches und Unendliches, Qualität und Quantität, die doch „wesentlich aufeinander hinweisen" als isolierte, für sich bestehende Kategorien (S117,32-38). Obwohl Hegel gegen diese Position mit seiner Seinslogik erfolgreich zu Felde zieht, weil er in ihr mittels einer Dialektik des Übergehens einen logischen Zusammenhang der üblicherweise isolierten Kategorien zu konstruieren vermag, sieht er sich dennoch genötigt, mit der Wesenslogik über die Seinslogik hinauszugehen. Die Seinslogik erfasse die Beziehungen der ihr eigentümlichen gegensätzlichen Kategorien äußerlich. Das Endliche sowie das Unendliche nimmt, aus der Perspektive des Verstandes gesehen, seinen Sinn nicht aus seinem jeweiligen Gegenteil. Erst die Wesenslogik sei imstande, die Beziehungen der in ihr behandelten Bestimmungen als „eigene Bestimmung" der Sache, d. h. des Wesens, darzulegen (MM8,229). Positives und Negatives, Ursache und Wirkung lassen sich nur auseinander verstehen (S117,38-118,3). Darüberhinaus gelinge es der Seinslogik weniger deutlich als der Wesenslogik, innerhalb der aufeinander bezogenen Gegensätze eine selbständige, stabile und dominierende Komponente auszuzeichnen, in die ihr anderes, die instabile Komponente, zurückgebeugt sei (S117,11-17). Gerade diese

Struktur beherrscht die Wesenslogik von ihrem Anfang bis zu ihrem Ende. Der „Schein ist das eigene Setzen des Wesens" (W7,10), der „Grund *setzt*" das Begründete, die Ursache *setzt* eine Wirkung, ein „Dasein, dessen Selbständigkeit *unmittelbar* negiert ist" (S117,20-23).

In theologischer Hinsicht macht allerdings diese Stärke der Wesens- gegenüber der Seinslogik auch ihre Schwäche aus. Das als absolute Ursache begriffene Wesen präsentiert sich in der Geschichte der Religionen als unwiderstehbare „Macht". Dadurch gelangt jedoch das „Endliche nicht zu seinem Rechte", denn das Endliche besitzt seine Freiheit nur in der Interaktion mit dem Unendlichen (MM8 233/4). Die Wissenschaft der Logik drängt deshalb über die Struktur des Wesens hinaus, um die Struktur des Endlichen in der Kommunikation mit dem Unendlichen auf der Ebene des sich zur Idee realisierenden Begriffs angemessen zu diskutieren (Enz §213-215).

Der Begriff verhält sich nicht wie die leitenden Bestimmungen der Wesenslogik, das Wesen, der Grund, die Substanz oder die „*Ursache*, mit dem Scheine, ein Anderes zu wirken", vielmehr zeigt er sich als „das Wirkende *seiner selbst*" (Enz §163, Anm.). Auf diese Weise ist der Begriff das Allgemeine, das sich besondert (MM8,312), um sich in der Einzelheit ein adäquates „Dasein" zu geben. „Wie das Wesen zum *Schein*..., der Grund in die *Erscheinung*..., die Substanz in die Offenbarung, in ihre Akzidentien herausgeht, so *entschließt* sich das Allgemeine zum Einzelnen" (MM6,313). Damit integriert der Begriff einerseits die Strukturen des Seins, andererseits, indem er an einer dominierenden Komponente festhält, die Struktur des Wesens.

Das Wesen steht nach dem Gesagten in der „Mitte" „zwischen *Sein* und *Begriff*" (W5,29-30). Diese Mitte aber ist keineswegs geometrisch zu sehen. Vermutlich verwendet Hegel den Ausdruck Mitte in Anlehnung an die transitive Schlußlehre des Aristoteles, denn das „*Wesen* ist aus dem *Sein* und der Begriff aus dem Wesen" hervorgegangen. Somit ist der Begriff „auch aus dem Sein *geworden*" (MM6,274). Neben dieser transitiven Sichtweise existiert jedoch eine negationstheoretische, denn Hegel bestimmt das Wesen auch als „*Negation* des Seins".[5] Auf diese Weise greift

---
5 Henrich deutet das Wesen als „Nachfolger" und „Alternative" zum Sein. D. Henrich: Die Wissenschaft der Logik und die Logik der Reflexion. Bonn, 1978, S. 230–235.

abermals der oben angesprochene dialektische Ansatz. Die vollendete Einheit der Gegensätze Sein und Wesen liefert die „genetische Exposition des Begriffes". Angesichts des Begriffs verlieren Sein und Wesen ihre vormalige Bedeutung. Sie sinken zu Momenten des Begriffs herab (MM6,245/6). Diese Momente sind wiederum wechselseitig aufeinander bezogen. Das Sein entwickelt sich nicht nur zum Wesen, sondern das Wesen versieht sich umgekehrt mit Sein (W104,4-12). Nur in dieser gegenläufigen Bewegung (Enz §241), in der sich die Momente durchdringen (MM6,274), in der sie aber auch „ihre erfüllte Selbständigkeit und Bestimmung durcheinander erreichen" (MM6,269), konstituiert sich der Begriff.

Trotz dieser Charakterisierungen weist das Wesen eine weitaus größere Affinität zum Begriff als zum Sein auf. In der Seinslogik steht das Sein dem Nichts „gegenüber" (W13,6-8), um in ihm zu verschwinden. Das Wesen hingegen „setzt... sich" sich „selbst gegenüber" (W4,1-2), um ein Verhältnis zu sich selbst zu gewinnen (W16,20-21). Ferner „gibt... sich" das Wesen „sein *Dasein*" (W5,37-38), wohingegen das Dasein aus dem als Werden konzipierten Sein nur hervorgeht. All' diese Aktivitäten, mit denen das Wesen das Sein transzendiert, eignen auch dem Begriff oder der Idee (HE §11). Infolgedessen begreift Hegel Wesen, Begriff und Idee simultan als „*An-und-Fürsichsein*" oder als selbstbezügliche Negativität. Freilich stellt das Wesen diese Instanzen nicht in der vollendeten Weise wie der Begriff oder die Idee dar (W4,32-6,5). Denn das Wesen stößt nur an die Grenzen des Begriffs. Es gewinnt lediglich die nicht entfalteten Momente des Begriffs: Allgemeinheit, Besonderheit und Einzelheit (211,24ff).

Das Wesen

Das Wesen als Reflexion in ihm selbst

Hegel interpretiert seine Wissenschaft der Logik als Kette von sich vertiefenden Definitionen des Absoluten.[6] Auf dieses immer wieder von ihm zum Ausdruck gebrachte Selbstverständnis seines Philosophierens verweist er auch zu Beginn der Wesenslogik. „Wenn also das Absolute zuerst als Sein bestimmt war, so ist es itzt als Wesen bestimmt" (W3,28-29). Dabei wird ausdrücklich das Wesen als die tiefere Definition hervorgehoben. *„Die Wahrheit des Seins ist das Wesen"* (W3,3). Bereits in der Phänomenologie des Geistes wurde dieser Zusammenhang von Sein und Wesen sowohl als Wissen der Religion wie auch der Philosophie ausgegeben (Phän 530). Der Seinslogik fällt die Aufgabe zu, die Entwicklung vom Sein zum Wesen nicht mehr als Weg des Bewußtseins, sondern als „Bewegung des Seins" darzustellen (W3,4-25). Zur Lösung dieser Aufgabe beginnt die Seinslogik mit der ärmsten Kategorie, dem Sein, um aus ihr das Wesen zu gewinnen.

„Das Wesen kommt aus dem Sein her" (W7,3). Daher sieht Hegel das Wesen als ein Gewordenes an (W4,22). Das Sein des Anfangs der Wissenschaft der Logik ist das unbestimmte „Unmittelbare" (W3,4). In seiner Unerfülltheit, Leere und Inhaltslosigkeit stellt es die „absolute Abstraktion" oder die „absolute Negativität" dar, durch die es sich selbst aufhebt. Aus diesem Prozeß der Selbstaufhebung des qualitativen wie auch quantitativen Seins, der sich über die gesamte Seinslogik erstreckt, geht das Wesen hervor (W104,4-7).

---

[6] Der von Hegel häufig verwendete Ausdruck „tiefer" wird von Hilbert wie auch von Popper zur Beschreibung von wissenschaftsgeschichtlichen Prozessen herangezogen: D. Hilbert, Axiomatisches Denken, Gesammelte Abhandlungen, Bd. III, Berlin Heidelberg New York, 1970, S. 148; K. R. Popper, Die Zielsetzung der Erfahrungswissenschaft. In: Theorie und Realität, Hrsgb. H. Albert, Tübingen 1964, S. 83 – 85.

Um das Konzept des Wesens, wie es sich am Ende der Seinslogik einstellt, zu entfalten, folgt der Verfasser nicht – wie in der Literatur üblich – der zweiten, sondern der ersten Auflage. Hegel mußte sich, weil er Seins- und Wesenslogik in einem Zug niederschrieb, bei der Abfassung der Wesenslogik an der ersten Auflage der Seinslogik orientieren. Letztere präsentiert als Resultat das „Nichtsein" des qualitativen und des quantitativen Seins. Hegel verbindet mit dieser Negation den „*Begriff des Wesens*" (N272,9). In der platonisch – aristotelischen Tradition wird dieser Begriff als ousia verstanden, der als essentia oder substantia ins Mittelalter wandert.[7] In Übereinstimmung mit der Tradition begreift Hegel das Wesen nicht nur als die der Vergänglichkeit des Seins enthobene (MM4,96), sondern auch als die dieses Sein begründende Instanz, denn das „Vergängliche", das Sein, „wird aus" dem Wesen, dem Ursprünglichen (MM4,165).[8] Im Gegensatz zur Tradition versteht er jedoch das Wesen als Negativität und als absolute Selbständigkeit, das dadurch charakterisiert ist, daß es das Negierte „nicht... außer ihm" hat. Als „absolute Negativität" beinhaltet es die „Gleichgültigkeit gegen sich selbst" wie auch die Negation „seines Andersseins" (N272,9-17). Das Wesen ist als „*negative Beziehung auf sich selbst*" (N273,34-35) dasjenige, das durch seine Negation, d. h. durch das qualitative und quantitative Sein, sich mit sich selbst vermittelt (N274,23-25).

Nach diesen Bemerkungen hat die Wissenschaft der Logik *das Sein wie auch das Wesen* als Negativität begriffen. Allerdings repräsentiert das Wesen in ganz anderer Weise die Struktur der Negativität als das Sein. Während das Wesen sich als *selbstbezügliche* Negativität gezeigt hat, ist gerade diese Struktur beim Sein der Seinslogik kaum ausgebildet.[9] Hegel begreift das Sein zwar als „negative Beziehung auf sich", ja sogar als „sich selbst bestimmende *Reflexion*" (MM4,280), doch wird ihm diese Struktur nur abstrakt und überdies – wie anschließend gezeigt wird – nur durch das Wesen zu teil.

Das Sein der Seinslogik wird *wegen seiner Inhaltslosigkeit und Leere* als Negativität gesehen. Weil es in jeder Hinsicht unbe-

---

[7] Vgl. E. Vollrath: Aristoteles, Das Problem der Substanz. Philosophie des Altertums und des Mittelalters. Hrsgb: J.Speck, Göttingen, 1972, S. 89ff.
[8] N. Hartmann: Philosophie des Deutschen Idealismus, Bd. II, Hegel. Berlin 1960, S. 437/8.

stimmt ist, deshalb hebt es sich auf und geht in das Nichts über. Wegen dieser Verfaßtheit, in sein Anderes überzugehen, kommt ihm keine „*Selbständigkeit*" zu (N63,15).[10] Mit dem Wesen stellt sich ein Aufheben dieser Art von Übergehen ein (N273,5-8). Das Wesen als eigentliche Selbständigkeit geht nicht wie das anfängliche Sein in seine Negation – in das Nichts – über und verschwindet in ihm, vielmehr ist es in sich stabil. Die Stabilität erreicht es dadurch, daß es sich über seine Negation mit sich vermittelt.[11]

Das Wesen emanzipiert sich, seinem Werden nach, als das Unendliche,[12] als das „Maß aller Dinge" (S367,16) aus dem qualitativen und quantitativen Sein. Als eigentlich Selbständiges gewinnt es seine Unabhängigkeit von aller Bestimmtheit dieses Seins, seine Befreiung aus dem Anderssein – dem Sein der Seinslogik – nicht auf dem Wege einer „äußeren Reflexion" (N272,3-7), sondern durch sich selbst (W4,25-27). Kraft seiner „Negativität" ist das Wesen „selbst...das sich Aufheben des Andersseins" (W4,27-30).[13] Diese Bewegung, die mit dem unbestimmten Unmittelbaren, dem Sein, beginnt und „beim Wesen als einem Vermittelten anlangt", bewertet Hegel nicht als Weg des Erkennens, sondern als Bewegung des Seins. „Das Wesen aber, wie es hier geworden ist, ist das, was es ist, nicht durch eine ihm fremde Negativität,

---

[9] In der Seinslogik expliziert Hegel beim Etwas und beim Unendlichen die Negation der Negation als selbstbezügliche Struktur. Sie unterscheidet sich deutlich, wie gezeigt wird, von der selbstbezüglichen Negativität des Wesens.

[10] In der zweiten Auflage stellt Hegel die dem Sein mangelnde Selbständigkeit noch pointierter heraus, indem er ihm nur eine vorgestellte *Selbständigkeit* zugesteht (S99,20-21).

[11] Besonders augenfällig wird diese Struktur bei der Substanz. Ihre Vermittlung über ihre Negation, die Akzidentalität, bedeutet gerade „nicht ein Verschwinden der Substanz" in ihrem Gegenteil (MM4,20,§49), wie das beim Sein der Seinslogik – das im Nichts verschwindet – der Fall ist (S72,20-28), sondern Identität mit sich.

[12] Aus dem unendlichen Fürsichsein gewinnt Hegel in der Seinslogik „das Eins". Seins- und Wesenslogik betrachten jedoch kaum das Eine. Erst nach 1812 widmet Hegel (S365,16), insbesondere in der Religionsphilosophie, dem letzteren als *eine* Gestaltung des Wesens Aufmerksamkeit (Rel III 5;15-18).

[13] HE § 63.

sondern durch seine eigene, die unendliche Bewegung des Seins" (W4,22-24).

Wie aus dem Kontext hervorgeht, bedient sich Hegel zur Beschreibung der Genese des Wesens einer ausgeprägten Metaphorik. Da fällt zum einen die Metapher des Insichgehens auf, die synonym mit der Metapher Erinnern – der Gang ins Innere des Seins (W163,1-5) – verwendet wird (W3,26ff). Das „erinnerte Sein ist das Wesen" (N274,30). Zum anderen ist es die Metapher der Reinigung (W3,35),[14] mit der Hegel diese Bewegung des Seins verdeutlicht. Durch den Gebrauch der Metaphorik wird das Ziel dieser Passagen, das Wesen als vorläufigen Endpunkt der Bewegung des Seins auszumachen, unterstützt. Darüberhinaus signalisiert die Metaphorik, insbesondere die Metapher der Reinigung, daß das Wesen auch als Anfangspunkt des Seins zu sehen ist. Die metaphorische Darstellung des Wesens ist jedoch in eine streng logische eingebettet.

Um auf die logische Darstellung des Wesens als Anfangspunkt des Seins die Aufmerksamkeit zu lenken, ist ein weiterer Gesichtspunkt der Wissenschaft der Logik zu beachten. Zu dem „Vertiefen des Seins in sich selbst, dessen Inneres" auf diese Weise „enthüllt" wird, gesellt sich ein Aspekt, den Hegel als „Hervorgang des *Vollkommeneren* aus dem *Unvollkommeneren*" bezeichnet. Die Darstellung dieses zweiten Aspektes, in der das Vollkommene sich als eigentlicher Ausgangspunkt des gesamten Prozesses herauskristallisiert, muß als ein zentrales Anliegen der Wesenslogik – und später der Begriffslogik – betrachtet werden (Enz §159). Das sich durch seine Negativität auf sich beziehende Wesen setzt sich als Anderes, es setzt sich als Unvollkommenes, als Sein voraus, um durch Aufheben dieses Anderswerdens es selbst zu sein.

Eine derartige Bewegung ist offenbar nur in einer Kreisstruktur möglich. Hegel bestätigt diese These, wenn er das „Wesen als die vollkommene Rückkehr des Seins in sich" und den so gewonnenen Kreispunkt als das „unbestimmte Wesen" versteht. Die Unbestimmtheit des Wesens ergibt sich aus seiner Herkunft. Weil alle

---

[14] N272,16. Diese Metaphorik verwendet Hegel beim Wesen als Grund (W65,22-27) und beim Wesen als Substanz (W193,31-32;191,2-5). Generell schreitet jedoch das Wesen, wie herauszuarbeiten sein wird, „ewig" zum Unmittelbaren fort, um „ewig sich von dieser Einseitigkeit" zu reinigen (W159,4-5).

„Bestimmtheiten des Seins... in ihm aufgehoben" sind, deshalb ist es das „unbestimmte Wesen" (W4,32-34). Den Anfangspunkt dieses Kreises bildet das als unbestimmtes Unmittelbares und absolute Negativität ausgewiesene Sein, den Endpunkt das Wesen, das ebenfalls als Negativität, Unmittelbarkeit und Unbestimmtheit gesehen wird.

In dieser Kreisbewegung zeigt sich das Wesen als die Instanz, die das Sein umgreift (MM4,165). Zur logischen Beschreibung des Wesens führt Hegel, neben der Formulierung des negativen Selbstbezugs, den Term des Abstoßens ein. Das Wesen „ist nur als negative Beziehung auf sich, so stößt es sich ab von sich; dieses Abstoßen ist sein Nichtsein, so ist es die erste Unmittelbarkeit, *qualitatives* Sein", aus dem es – über die Stationen des quantitativen Seins und des Maßes – in sich zurückkehrt (N274,30-275,6).

Selbständigkeit und Negativität repräsentieren die fundamentalen Komponenten, mit deren Hilfe Hegel die weitere Entwicklung des Wesens expliziert. Die Wesenslogik wird andere Bestimmungen als die des Seins entwickeln (W5,4-7), dennoch stellen die Bestimmungen des Seins, die Kategorien, für das Wesen einen unverzichtbaren Komplex dar. Das unbestimmte Wesen „enthält" die aufgehobenen „Bestimmtheiten des Seins... *an sich*; aber nicht, wie sie *an ihm* gesetzt sind". Insbesondere besitzt das unbestimmte Wesen „*kein Dasein*". Dieser Mangel wird wiederum seiner Selbständigkeit nicht gerecht. Daher „muß" das Wesen „zum Dasein übergehen" (W4,33-37). „Seine Bewegung besteht darin, die... Bestimmung an ihm zu setzen, dadurch sich *Dasein* zu geben und... zu werden, was es an sich ist" (W5,34-37). Mit dieser Aktivität des Wesens hat Hegel in der Einleitung das Programm der Wesenslogik vorgestellt.

Die Ausführung dieses Programms, dem Übergang des unbestimmten Wesens zu einem ihm adäquaten Dasein – die Realisierung des am Ende der ersten Auflage der Seinslogik erstellten Begriffs des Wesens – gestaltet sich völlig anders als in der Seinslogik. Während die Ableitung des Daseins aus dem unbestimmten Sein nur einen Bruchteil der Seinslogik abdeckt, dürfte sich der Übergang des Wesens zum eigenen Dasein fast über die gesamte Wesenslogik erstrecken. Hegel versäumt es in der Wesenslogik leider, exakt den Punkt zu markieren, an dem dieser Übergang vollzogen ist. Definitiv erteilt er eine negative Auskunft. Im Kapitel über die Erscheinung, gegen Ende des zweiten Drittels der Wesenslogik, heißt es: „*Das Wesen* hat noch kein Dasein" (W136,6-7). Positiv bietet sich die Sachlage komplizierter dar, weil Hegel in der Wesenslogik außer der Einleitung und der zuletzt zitierten Stelle zwar vom Dasein, nicht aber vom Dasein des Wesens spricht. Immerhin erfolgt im Umkreis der negativen Auskunft ein positiver Hinweis, der freilich nur vorläufige Gültigkeit beanspruchen kann. Denn Hegel zieht angesichts der Erscheinung ein Resümee, inwieweit das „Wesen...realisiert" ist.[15] Die Frage, ob der Text genügend Hinweise liefert, um das von Hegel verursachte Versäumnis auszuräumen, kann erst auf der Ebene der Wirklichkeit angemessen diskutiert werden (W141,13-142,29).

Das Sich-Bestimmen des unbestimmten Wesens – die Realisierung seines Begriffs oder sein Übergang zu einem ihm adäquaten Dasein – erfolgt auf dem Wege der Negation. Hegel erwähnt diesen Sachverhalt zu Beginn der Wesenslogik mehr beiläufig (W5,35). Gleichwohl läßt er keinen Zweifel daran, daß diesem negierenden Bestimmen eine vielschichtige Natur zu eigen ist. Diese Vielschichtigkeit spiegelt sich in einer Pluralität von Ausdrücken wieder, mit der Hegel die Aktivität des Wesens beschreibt. Dabei bedient er sich abermals einer ausgeprägten Metaphorik. Jeder dieser Ausdrücke avanciert im weiteren Verlauf der Wesenslogik zum terminus technicus. Zu den bereits hervorgehobenen Ausdrücken wie „negative Beziehung auf sich" und „Abstoßen seiner von sich" fügt er folgende – zum Teil schon in der Seinslogik verwendete – Formulierungen hinzu: Das Wesen „*unterscheidet*" sich von sich, es ist „Gleichgültigkeit gegen sich", es „setzt... sich... sich selbst gegenüber" (W4,38-5,2), um in all diesen Entzweiungsprozessen seine „Gleichheit" mit sich zu bewahren oder mit sich zusammenzugehen.

Es wurde darauf hingewiesen, daß Hegel das Wesen in die Nähe des Begriffs rückt (W5,29-6,5). Den Begriff wiederum bestimmt die Begriffslogik als Subjektivität. Hegel spricht dem Wesen in der Wissenschaft der Logik nicht Subjektivität zu. Im Gegenteil, beides ist deutlich getrennt. In den Vorlesungen über die Gottesbeweise wird dem Wesen explizit die Subjektstruktur abgesprochen. In der Religionsphilosophie hingegen interpretiert He-

---

[15] Daß Hegel schon vor der Begriffslogik die Realisierung von Begriffen, die sich im Verlauf des sich selber denkenden Denkens einstellen, verfolgt, belegt zwingend die Formulierung „Begriff des Verhältnisses" (W142,5-11).

gel das Wesen als den Einen oder als Gott des Alten Testamentes. Die diesbezüglichen Aussagen sind nicht eindeutig. Einerseits heißt es: „Diese negative Macht, notwendig als *Subjekt*, als das sich auf sich beziehende Negative bestimmt, ist sie der *Herr*" (Rel III 5-8). Andererseits wird die Aussage abgeschwächt, wenn der Eine oder das Wesen lediglich als „Wurzel der Subjektivität" gesehen wird (Rel III 58). Diese Überlegungen lassen nur einen Schluß zu: Dem Wesen ist zwar nicht die volle Subjektstruktur zu eigen, immerhin wird sie innerhalb der Wesenslogik als Quasi-Subjekt-Struktur vorbereitet.[16]

Der Schein

A. Das Wesentliche und das Unwesentliche

In jüngster Zeit hat G.M. Wölfle die Frage nach der Einheit der Wesenslogik gestellt und in vernichtender Weise beantwortet. Nach seiner Ansicht kann man die Wesenslogik „nicht als kohärentes System" deuten. Ferner beinhalte ihr 1. Kapitel nur „Übergangsstufen", die sich ersatzlos streichen ließen.[17] Es wird in der Folge zu zeigen sein, daß mit einer derartigen Charakterisierung des ersten Kapitels die Grundlage der Wesenslogik zerstört wird. Wenn man die „logische Struktur des Wesens" erst im zweiten Kapitel entdeckt, dann muß man am eigentlichen Ansatz der Wesenslogik vorbeigehen. Wölfles These über ihr 1. Kapitel ist keinesewgs neu. Sie wurde bereits von McTaggart, wenn auch nicht mit den oben genannten Konsequenzen, aufgestellt. Gegen McTaggart hat überzeugend D. Henrich Stellung bezogen, indem er in einer detaillierten Arbeit nachweist, daß ein direkter Schritt vom Ende der Seinslogik zu den Reflexionsbestimmungen, „*unmöglich* gewesen wäre".[18] Theunissen, der ebenfalls McTaggarts

---
[16] Hackenesch sieht die Wesenslogik sogar als „Zentrum" der „Theorie" absoluter Subjektivität. C. Hackenesch: Die Logik der Andersheit, Frankfurt am Main, 1986, S. 236.
[17] G. M. Wölfle: Die Wesenslogik in Hegels „Wissenschaft der Logik". Stuttgart – Bad Cannstatt, 1994. S. 17/8; 118 – 132; 194; 521 ff.
[18] D. Henrich, a. a. O., S. 231/2.

Ansatz diskutiert, bezeichnet das erste Kapitel der Wesenslogik zu Recht als deren „Grundlegungskapitel".[19]

Henrich verbindet seine These mit der Behauptung, daß das Unterkapitel „Das Wesentliche und das Unwesentliche" sowie die erste Hälfte des Unterkapitels „Der Schein" hinter den am Ende der Seinslogik erreichten Ergebnissen zurückbleiben.[20] Gegen diesen Zusatz sind allerdings Bedenken anzumelden, da Hegel auf der Basis der am Ende der Seinslogik gegebenen Definition des Wesens bereits mit dem Unterkapitel „Das Wesentliche und das Unwesentliche" die Arbeit aufnimmt, den „Begriff des Wesens" zu realisieren oder das oben vorgestellte Programm der Wesenslogik einzulösen.

Der Beitrag, den das besagte Unterkapitel zur Realisierung des Begriffs leistet, besteht in der Einführung der für die Wesenslogik fundamentalen Bestimmung des Scheins. Um die fundamentale Rolle des Scheins in der Wesenslogik zu erkennen, hat man lediglich die in der Begriffslogik oder die in der Enzyklopädie vorliegenden einschlägigen Stellen, die die Dialektik der Seinslogik als Übergehen in Anderes, die Dialektik der Wesenslogik als Scheinen in Anderes und die Dialektik der Begriffslogik als Entwicklung charakterisieren, ernstzunehmen (Enz §240).[21] Hält man sich an die Wesenslogik selbst, so genügt ein flüchtiger Blick auf ihr letztes Kapitel, das „absolute Verhältnis". Hegel eröffnet es mit einem Resümee zur gesamten Wesenslogik, das er an Hand der Bestimmung des Scheins gibt. Dem Schein fällt im sich negierenden Bestimmen des Wesens insofern eine Schlüsselposition zu, als er mit dem Unterschied des Wesens identifiziert wird (W190,19-20).[22] Aufbauend auf diesem Ansatz begreift Hegel das Unterscheiden des Wesens von sich als dessen „Scheinen". Der Weg vom anfänglichen Wesen, dem Wesen als solchem, mündet in das absolute Verhältnis, in welchem das Wesen als reines Scheinen – vergleichbar dem Licht – und der „*Schein*" als der „*gesetzte*", d. h. als der auf der Basis des Anfangskonzepts entfaltete „*Schein*" begriffen wird (W190,20-30).[23]

---

[19] M. Theunissen: Sein und Schein. Frankfurt, 1978, S. 370.
[20] Henrich, a. a. O., S. 230f. Henrich orientiert sich an der zweiten Auflage der Seinslogik.
[21] Enz §161;MM6,307.
[22] W191,2-3;13,30-32.
[23] W190,36-191,1.

Hegel gewinnt dieses Anfangskonzept des Scheins im Unterkapitel „Das Wesentliche und das Unwesentliche", indem er erneut nach dem Verhältnis von Sein und Wesen fragt. Leitender Aspekt der Fragestellung ist dabei eine Folgerung aus der Genese des Wesens (N274,30-32),[24] mit der das besagte Unterkapitel eröffnet wird. Die Folgerung lautet: „Das Wesen ist das *aufgehobene* Sein". Weil das Wesen das *aufgehobene* Sein ausmacht, weil ferner das „Aufheben aufbewahrt", bleibt die „Unmittelbarkeit", aus der das Wesen „*geworden* ist", „erhalten". Da dem Wesen auf diese Weise selbst das Prädikat der Unmittelbarkeit zukommt, stehen sich zwei unmittelbar Seiende „in gleichem Werte" gegenüber (8,2-14).

Dieser Ansatz treibt in ein Dilemma. Als Aufgehobenes ist das Sein das „*Unwesentliche*", das Wesen, als Aufhebendes, das „*Wesentliche*". Unter dem Aspekt des Aufhebens können daher Sein und Wesen nicht als gleichwertig, vielmehr müssen sie als „Andere" angesehen werden. Aus der Perspektive der Wesenslogik ist es jedoch unangemessen, Sein und Wesen als Andere zu interpretieren, da auf diese Weise das Wesen daseinslogisch gedeutet wird (W8,11-22). Um Mißverständnissen vorzubeugen, sei betont, daß Hegel das Andere, selbst wenn es rein daseinslogisch gesehen wird, nicht aus der Wesenslogik eliminiert.[25] Der Begriff des Anderen stellt für ihn lediglich keine ausreichende Basis dar, um das Verhältnis von Sein und Wesen sachgerecht fortzusetzen. Hegel läßt diesen Begriff weiter zu, wenn auch in der Absicht, über ihn hinauszugehen. Das Wesen ist „nicht nur als ein *Anderes* bestimmt",[26] es ist differenzierter als die „absolute Negativität des Seins" zu fassen, die sich von den Spielarten der *unmittelbaren* Negation der Seinslogik grundlegend unterscheidet (W9, 6-9).

---

[24] N273,29-31.

[25] Theunissen scheint diesem Mißverständnis zum Opfer gefallen zu sein, sonst hätte er kaum bei der – noch durchzuführenden – Analyse des Scheins, das Auftreten des Anderen als „in Hegels eigenen Augen fatal" ansehen können. Theunissen, a. a. O., S.372.

[26] Iber betont in diesem Zusammenhang zu Recht, daß das Sein sich anschickt, ins Wesen überzugehen. Aus diesem Grund fungiert das Wesen im Hinblick auf das Sein nicht nur als Anderes, sondern als „Resultat" des Seins. C. Iber: Metaphysik absoluter Relationalität. Berlin – New York, 1990, S. 65.

Das obige Dilemma entsteht, wenn man das „Wesen nur... als aufgehobenes *Sein*" betrachtet (W9,2-3)[27], wenn man also das Sein negierend bearbeitet, es ansonsten jedoch bestehen läßt. Formallogisch gesehen, stellt dann das ‚aufgehobene *Sein*' einen negierten Ausdruck dar. In dieser Kombination bildet das Sein die Grundlage, auf der die Negation operiert. Wie in der Folge zu zeigen sein wird, stellt sich diese Struktur gerade als typisch für die Seinslogik heraus, von der die Negativität des Wesens strikt unterschieden ist.

Weil das Sein seine Funktion als feste Grundlage eingebüßt hat, sieht Hegel sich gezwungen, es aufs Neue zu bewerten. Das Sein ist nicht nur das neutrale Andere des Wesens, es ist „nicht bloß ein unwesentliches Dasein, sondern das an und für sich nichtige Unmittelbare; es ist nur ein Unwesen, der Schein") (W9,12-15).[28] Da der Versuch, das Verhältnis von Sein und Wesen mit Hilfe der Unterscheidung wesentlich und unwesentlich zu beleuchten, die Thematik des Wesens unterwandert, indem er das Wesen auf die Stufe des Daseins zurückführt, ergibt sich für Hegel die Notwendigkeit, die Bestimmung des Scheins in die Wissenschaft der Logik einzuführen. Dadurch unterstreicht er noch einmal das Erfordernis eines gegenüber der Seinslogik neuartigen Ansatzes.

Zu diesem Ansatz gelangt Hegel im Laufe seiner philosophischen Entwicklung relativ spät. Zwar spricht er schon in der Jenenser Logik und Metaphysik vom Schein, doch tritt der Schein nicht als objektiver Schein des sich selbst bewegenden Wesens auf. Vielmehr wird er innerhalb der Reflexionsbestimmungen thematisch, die ihrerseits dem Erkennen zugeordnet sind.[29] Damit liegt in der Jenenser Logik eine Situation vor, die Hegel zu Beginn der Wesenslogik abweist (W3,20ff). In der Phänomenologie des Geistes wird der Schein bei dem Versuch, das Bewußtsein aus der „Täuschung des Wahrnehmens" herauszuführen, an Hand des

---

[27] Unterstreichung vom Verfasser.
[28] Ellrich interpretiert den Anfang der Wesenslogik mit dem Begriff der Depotenzierung. Er unterscheidet fünf Bedeutungen von Schein, die alle im „Problem der Depotenzierung" konvergieren. Das Sein, die „depotenzierte Sphäre", sinke gegenüber dem Wesen, der „depotenzierenden Instanz", zum Schein herab. L. Ellrich: Schein und Depotenzierung. In: Hegel – Studien, Bd. 25, 1990, S. 65-84, S. 68-73.
[29] G. W. F. Hegel: Jenenser Logik Metaphysik und Naturphilosophie. Hamburg, 1967, S. 136.

Gegensatzes von wesentlich und unwesentlich bzw. Wesen und „Unwesen" thematisch (Phän 102/3). Obwohl Hegel dort „Schein" im Sinne der Wesenslogik als „*Sein*" begreift, „das unmittelbar an ihm selbst ein *Nichtsein* ist" (Phän 110), geht er noch nicht vom „Unwesen" zum Schein über, wie das in der Wesenslogik der Fall ist. Vergleicht man das in der Einleitung der Wesenslogik vorgestellte Programm – in dem das Wesen als Scheinen, Erscheinen und Offenbaren gefaßt wird (W6,6-7) – mit dem schon erwähnten Wissen der Religion und der Philosophie über den Zusammenhang von Sein und Wesen in der Phänomenologie des Geistes, so bemerkt man, daß Hegel in der letzteren das Wesen als „erschienen" sowie „offenbar" ansieht, ohne dabei jedoch auf das Phänomen des Scheinens zu verweisen (Phän 530). Obwohl er dort also Schein im Sinne der Wesenslogik definiert, konstruiert er noch keinen Zusammenhang zwischen Scheinen einerseits und Erscheinen sowie Offenbaren andererseits.

B. Der Schein

Der bisherige Verlauf der Wesenslogik hat den Schein lediglich als das nichtige Unmittelbare ausgewiesen. Damit hebt er sich von seinem Inhalt her vom selbständigen Wesen deutlich ab (W9,12-13). Doch Hegel drängt – wie betont wurde – über die Aussage der bloßen Unterschiedenheit oder des bloßen Andersseins beider hinaus. Um diese Vagheit[30] zu transzendieren, entschließt er sich, die Andersheit selbst zu thematisieren. Dieses geschieht in den Unterkapiteln der „Schein" und die „Reflexion".

Das Sein ist in vollem Umfang aufgehoben und zu Schein erklärt. „*Das Sein ist Schein*". Aber dieser Schein existiert nur angesichts des Wesens. Nur das Wesen ist die Instanz, aus der das Sein für nichtig erklärt werden kann. „Das Sein des Scheins besteht allein in dem Aufgehobensein des Seins, in seiner Nichtigkeit; diese Nichtigkeit hat es im Wesen, und... außer dem Wesen

---

[30] Der Begriff der Vagheit spielt in der logisch – analytischen Philosophie eine Rolle. Zur Interpretation Hegels mit Mitteln der analytischen Philoso-phie vgl. H. F. Fulda: Unzulängliche Bemerkungen zur Dialektik. Sowie: Hegels Dialektik als Begriffsbwegung und Darstellungsweise. In: Dialektik in der Philosophie Hegels. Hrsg. von R.- P. Horstmann. Frankfurt, 1978, S. 33 – 69; 124 – 174.

ist er nicht. Er ist das Negative gesetzt als Negatives" (W9,17-21). Aus der Perspektive des Wesens muß daher die Aussage, der Schein ist dasjenige, was dem Wesen „gegenübersteht" (W7,9), korrigiert werden. Auf Grund der Seinsart des Scheins, auf Grund seiner Nichtigkeit, kann bei ihm angesichts des Wesens, dem unendlichen An-und-Fürsichsein, nicht von einem Gegenüberstehen gesprochen werden. Wollte man Schein und Wesen gegenüberstellen, so müßte man im Schein „eine vom Wesen unabhängige... Seite" aufspüren (W9,23-24).[31] Dieser Versuch scheitert jedoch. Das Scheitern demonstriert Hegel in drei Schritten. Der *erste Schritt* präzisiert, wenn auch nicht endgültig, den Status der Andersheit von Schein (W9,17-10,2) und Wesen. Der *zweite Schritt* weist die Bestimmungen des Scheins als Bestimmungen des Wesens aus (W11,9-12,6). Im *dritten Schritt* (W12,7-12,39) ergibt sich, daß der „Schein... im Wesen selbst aufgehoben ist" (W11,17-18).

Der *erste Schritt* verläuft wie folgt. Jedes Andere zerfällt in die zwei Momente „des Daseins und des Nichtdaseins". Wegen seiner Nichtigkeit ist dem Anderen, dem Schein, ein eigentliches Sein abzusprechen. Das Sein des Scheins besteht daher im bloßen *Nichtdasein*, dem auf Grund seiner Abtrennung vom Sein die Vermittlung mit dem letzteren abgesprochen werden muß. Folglich kommt dem Schein das Prädikat der reinen Selbstbezogenheit oder der *Unmittelbarkeit* zu. So gesehen macht der Schein das *„unmittelbare Nichtdasein"* aus. Allein diese Struktur „bleibt ihm vom Anderssein". Damit wird der Schein auf ein solches reduziert, „das in seinem Nichtdasein Dasein hat". Da aber das Wesen das Nichtdasein oder die „Negation" des Scheins ausmacht, erweist sich der Schein als dasjenige, das nicht in sich selbst, sondern im Wesen Sein besitzt. Er ist „nur in der Beziehung auf anderes", weshalb er als das „Unselbständige" (W9,24-32) vom Wesen als dem Selbständigen unterschieden ist.

Der *zweite Schritt* widerlegt die Behauptung, daß dem Schein „gegen das Wesen" eine „unabhängige... Seite" zukommt (W11,9-10). Bei dieser Widerlegung geht Hegel auf die zuletzt gewonnenen Einsichten über das Sein des Scheins – die „Unmittelbarkeit des Nichtseins" – zurück (W10,1-2). Mit Hilfe dieser Einsichten zeigt er: Die „Bestimmungen" des Scheins, „die ihn vom Wesen unterscheiden" könnten, sind die „Bestimmungen des Wesens

---

[31] W11,10.

selbst" (W11,14-16). Die Widerlegung vollzieht sich – gemäß der „beiden Momente" des Scheins, nämlich „Nichtsein" und „Unmittelbarkeit" – in zwei Teilschritten. 1.) Das Nichtsein des Scheins kommt nur durch das Wesen zustande, ja es „ist nichts anderes als die Negativität" oder „*die negative Natur des Wesens*" (W11,19-23). 2.) Die „Unmittelbarkeit", die dem Schein, dem nichtseienden Sein, zu eigen ist, geht ebenfalls auf die „Negativität des Wesens" zurück. Denn das Wesen ist, als sich auf sich beziehende Negativität, „Gleichheit mit sich selbst", „Unmittelbarkeit", wenn auch nicht „seiende", sondern „reflektierte Unmittelbarkeit". Das Sein des Scheins erweist sich daher als das Sein des Wesens (W11,23-34). Die beiden „*Momente des Scheins*" sind somit als „*Momente des Wesens*" nachgewiesen (W11,39-12,2).

Auf Grund der vorangegangenen Betrachtungen ist der „Schein...nicht ein Äußerliches, dem Wesen Anderes,[32] sondern er ist" der eigene Schein des Wesens (W7,26-27). Der Schein der Wesenslogik hat mit dem von Kant in der Kritik der reinen Vernunft diskutierten trügerischen Schein nichts gemein. Letzterer ist für Hegel ein „subjektiver Schein", dem er die „Objektivität des Scheins" entgegensetzt (N23/4). Diesem objektiven Schein versucht Hegel die pejorative Färbung zu nehmen, die er durch seine Herkunft aus dem Unwesen zunächst erhalten hatte. In der Abwertung, die dem Schein als Schein anhaftet, entdeckt man zugleich eine Aufwertung, wenn man auf den Hintergrund, auf dem er entfaltet wird, achtet. „Allein der Schein ist das eigene Setzen des Wesens" (W7,10). Den Begriff des Setzens zeichnet Hegel als *das* Unterscheidungsmerkmal der Wesenslogik gegenüber der Seinslogik aus. Weil das Wesen der Urheber des Scheins ist, deshalb läßt sich das Paar Schein und Wesen nicht unter das Paar Etwas und Anderes subsumieren, denn weder setzt das Etwas das Andere noch umgekehrt das Andere das Etwas. Wohl aber setzt die Ursache eine Wirkung (S117,19-22) wie auch das Wesen den Schein. Damit erfordert das Paar Schein und Wesen aufgrund des Bedeutungsgehaltes seiner Momente eine völlig neue Semantik.

---

[32] Ellrich betont, daß die Konstituierung des Wesens durch den „Akt der Depotenzierung" das Wesen selbst „nur dann nicht" depotenziere, „wenn es selbst dieser Akt ist". Stünde das Wesen im „*Vollzug* der Depotenzierung" dem Schein als Anderes gegenüber, so würde es begrenzt und somit selbst depotenziert. Ellrich, a. a. O., S. 76/7.

In dieser Semantik behält zwar der Schein seinen negativen Charakter, zugleich aber nimmt er als *Schein des Wesens* eminent positive Züge an. Diese positiven Züge sind so stark, daß sie ihn ganz in die Nähe des Wesens rücken.

Die Nähe des Scheins zum Wesen wurde bereits durch die Identität der Momente hervorgehoben. Sie wird zusätzlich dadurch vertieft, daß Hegel in einem *dritten Schritt* auf ein Fundierungsverhältnis von Schein und Wesen abzielt. Bevor er dieses herausarbeitet, wehrt er nochmals eine seinslogische Relation zwischen Schein und Wesen ab. Der Schein befindet sich nicht „*am* Wesen" (W12,2-3), wie das Ansich oder die Bestimmung als Sein-für-Anderes äußerlich am Etwas ist (S115,35ff). Diese für die Seinslogik typische Dialektik von Ansich und Sein-für-Anderem wird in der Wesenslogik durch die Dialektik von Ansich und Setzen abgelöst. In ihr ist die nicht an sich seiende Komponente wesentlich stärker in der an sich seienden verankert als in der Seinslogik (S117,11ff). Durch den wesenslogischen Ansatz befindet sich der Schein, das Gesetzte, „im Wesen", dem Ansichseienden. Das Wesen „enthält" „den Schein" als seine negative Natur „in sich selbst" (W13,20).[33]

In dieser nunmehr darzustellenden Fundierung des Scheins erzielt die vorläufige, in der Einleitung aufgestellte Definition des Wesens, als *negativer* Beziehung auf sich, einen ersten Höhepunkt. Dieser kommt wie folgt zustande. War der Schein als nichtige Unmittelbare vom Wesen zunächst „noch unterschieden" (W9,12-13), so hat sich diese Unterschiedenheit wegen der Identität der Momente von Schein und Wesen als unhaltbar erwiesen. Aus der Unhaltbarkeit des Unterschiedes von sich auf sich beziehender Negativität und nichtiger Unmittelbarkeit resultiert als weiteres Ergebnis: „Der Schein ist das Wesen selbst in der Bestimmtheit des Seins" oder in der Gestalt der Unmittelbarkeit (W12,7-8). Diese mit einem einschränkenden Zusatz versehene Identität verallgemeinert die Wesenslogik, indem sie von der Be-

---

[33] Die Relation des Enthalten-Seins spezifiziert Hegel in der Wesenslogik zum „Haben" (HE §76). „An die Stelle des Seins tritt bei dem Gesetzten das Haben" (Good 111). Tatsächlich läßt sich diese Relation in der gesamten Wesenslogik nachweisen. So gilt u. a.: „das Wesen" „hat" „einen Schein", (W12,8), das Existierende „hat" einen Grund (W128,15-16), das Ganze „hat" Teile (W144,1), die „Substanz... hat Akzidentalität" (W195,15-16), die Ursache „hat" eine Wirkung (W197,9ff).

stimmtheit des Seins zur Bestimmtheit schlechthin übergeht (W13,2-4).

Weil das eingangs unbestimmte Wesen auf dem Wege der Negation sich selbst bestimmt (W4,33-5,1) und weil ferner die „Bestimmungen des Wesens" mit dem Schein, seiner Negation, identisch sind (W11,14-16), deshalb gilt: das Wesen vermittelt sich über „seine Negation, welche es selbst ist, ... mit sich" (W12,11-13). Bereits am Ende der Seinslogik hatte Hegel das Wesen als dasjenige gesehen, das sich durch seine Negativität (N273,13-14) oder durch seine Negation mit sich vermittelt (N274,23-25).[34] Diese damals abstrakte Definition kann er nun mit dem Schein konkret ausgestalten. Auf diese Weise ergibt sich die „identische Einheit der absoluten Negativität und der Unmittelbarkeit" (W12,13-14).

Im Gegensatz zu Wölfles These ist zu betonen, daß durch obige Einheit schon im ersten Kapitel eine Polarisierung des Wesens vorliegt (Wölfle spricht von einer horizontalen Ausbildung des Wesens), die Hegel plastisch als *„negative Natur des Wesens"* beschreibt (W11,22-23). Sie liefert durch Integration des Aspektes der Bewegung die logische Struktur des Wesens. In der Seinslogik kritisiert Hegel den Ausdruck „Einheit", weil durch ihn der Bewegungscharakter des jeweiligen spekulativen Denkprozesses unterschlage werde (S82,20ff). Dieser Kritik trägt Hegel in der Folge Rechnung, indem er die erzielte Einheit als zweiseitige Bewegung vom Wesen zum Schein oder von der absoluten Negativität zur Unmittelbarkeit oder von der Selbständigkeit zur Bestimmtheit und umgekehrt darstellt (W12,14-39).

Wendet man sich der ersten Richtung zu, so gilt: Das Wesen ist als sich auf sich beziehende Negativität negierte Negativität, negierte Vermittlung, Unmittelbarkeit. Da dieser Selbstbezug sich als negative Beziehung artikuliert, liegt mit ihr ein „abstoßendes Negieren ihrer selbst" vor. Die absolute Negativität etabliert sich

---

[34] Theunissen bemüht sich nicht, diesen Sachverhalt in der Seinslogik nachzuweisen. Stattdessen unterstellt er Hegel eine „am Anfang der Wesenslogik eingenommene", philosophisch nicht ausweisbare „Position", nämlich dessen Deutung der unendlichen Bewegung des Seins als Selbstbewegung des Wesens. Auf Grund dieses Ansatzes „glaubt Hegel" nach Theunissen auf die fragliche Vermittlung „schließen zu dürfen" (Theunissen, a.a. O., S 309).

somit nicht nur als Unmittelbarkeit, sondern als das „Negative oder *Bestimmte* gegen" sich selbst. Die zuletzt erreichte „Bestimmtheit" kann Hegel daher mit Fug und Recht mit der absoluten Negativität identifizieren (W12,14-19). Dieser Argumentation stimmt soweit auch Theunissen zu. Er wendet sich jedoch entschieden dagegen, daß Hegel anschließend die „absolute Negativität" mit einem „undefinierbaren Bestimmen" gleichsetze. Des weiteren gehe es nicht an, daß Hegel das fragliche Bestimmen als Aufheben des Bestimmens ausgebe.[35]

Hegel versteht unter dem vermeintlich undefinierbaren Bestimmen das Bestimmen der absoluten Negativität oder des Wesens. „Dieses Bestimmen" (W5,4), das der absoluten Negativität eigentümliche „sich Aufheben des Andersseins und der Bestimmtheit", das Rückkehren in sich (W4,30-32), hatte er jedoch in der Einleitung zur Wesenslogik vom Bestimmen der Seinslogik abgehoben. Zur Berechtigung dieser Abgrenzung kann Hegel sich auf den Schlußteil der Seinslogik berufen, in dem er mit Aufheben des Übergehens das in sich zurückkehrende Selbständige gewonnen hatte (N264,21-34). Hegel redet nicht einfach von der „Selbstaufhebung des Bestimmens", wie die Analyse Theunissens suggerieren möchte,[36] sondern von der Selbstaufhebung des sich gegenübersetzenden (W5,1-4) Bestimmens des Wesens.

Bei der Darstellung der umgekehrten Richtung geht Hegel vom „Schein" aus. Seiner Genese nach ist er das „Negative" (W9,17-21), das in seiner Nichtigkeit sich auf sich selbst bezieht (W11,19ff). Dieser *Selbstbezug* des Negativen macht „seine *Unmittelbarkeit*" aus. Sie ist von ihm zu unterscheiden. Einerseits ist diese Unmittelbarkeit die „Bestimmtheit" des Wesens „gegen sich", andererseits stellt sie als Selbstbezug des Negativen die „Negation gegen das Negative", also die „sich... auf sich beziehende Negativität", mithin das Wesen selbst dar (W12,22-32).

Während Henrich diese Argumentation Hegels immerhin noch als „verständlich", keinesfalls aber als „zwingend" bewertet,[37] verurteilt Theunissen sie pauschal.[38] Hegel habe es unterlassen

---

[35] Theunissen, a. a. O. 369-371.
[36] ebd.
[37] Henrich, a. a. O., S. 260.
[38] Theunissen, a. a. O., S. 371-373. Theunissen interpretiert die Wesenslogik unter irregulären Voraussetzungen. Weder „verschleiert" der Schein, was das Wesen ist (367), noch macht er eine „Fremdbestimmt

klarzustellen, ob er die „Unmittelbarkeit des Wesens" oder die „des Scheins" thematisiere.[39] Abgesehen von dem Umstand, daß Theunissen – wie angemerkt – die von Hegel in diesem Umkreis verwendete Terminologie des Anderen mißdeutet, verkennt er, daß die Unmittelbarkeit sowohl die des Wesens als auch die des Scheins sein kann. In dieser Identität liegt gerade der Kern der menschlichen Freiheit. Der Mensch vermag seine Unmittelbarkeit gegen oder für das Wesen auszurichten. In der „Entzweiung" von „Natur" und Geist beginnt das „Gebiet der wahrhaften Freiheit" (Rel I 275). Im eigentlichen Sinne frei ist der Mensch erst, wenn er seine Unmittelbarkeit der Natur entfremdet, um sie mit dem Wesen in Einklang zu bringen. „Die Natürlichkeit, das unmittelbare Herz ist das, dem entsagt werden muß, weil dies Moment den Geist nicht frei sein läßt" (Rel I 277).

Durch die Zusammennahme beider Richtungen ergibt sich die für die gesamte Wesenslogik fundamentale logische Struktur des Wesens. Weil die „*Bestimmtheit*", mit der das Wesen sich versieht, der Schein, als Selbstbezug ausgemacht wurde, verwirklicht das Wesen auf diesem Wege seine „Selbständigkeit". „Umgekehrt" etabliert sich die Selbständigkeit des Wesens nur mittels der „Bestimmtheit". Denselben Zusammenhang zwischen Schein und Wesen formuliert Hegel mit den Ausdrücken Negativität und Unmittelbarkeit noch einmal. „Diese Negativität, die identisch mit der Unmittelbarkeit, und so die Unmittelbarkeit, die identisch mit der Negativität ist, ist das *Wesen*" (W12,39-13,2).[40]

Wie wichtig Hegel den dialektischen Zusammenhang von Wesen und Schein, Negativität und Unmittelbarkeit oder Selbstän-

---

heit" des Wesens aus (369-371). Vielmehr ist der Schein eine objektive Bestimmtheit, die das zunächst unbestimmte Wesen sich gibt, um aus seiner Unbestimmtheit – im Sinne der Vagheit – herauszugelangen. Hegel benutzt in der Darlegung dieses Sachverhaltes dieselbe Terminologie wie bei der Idee. Ihre Unterscheidungen oder „Besonderungen" sind „Spiegel und Abbilder" ihrer „Selbständigkeit". Das Entfalten der Idee macht die „unbestimmtere Idee in sich *bestimmter*" (MM20,476). Diese Stelle erläutert treffend Hegels Aussage: „Das, wodurch das Wesen einen Schein hat, ist, daß es *bestimmt* in sich" ist (W12,8-9).

[39] ebd., S.369.
[40] Auch Iber erblickt in diesem Ansatz eine „gewisse ‚Vollendung' des Wesens". Iber, a. a. O., S.106, Anm 42.

digkeit und Bestimmtheit nimmt, macht die anschließend von ihm vorgenommene Transformation des Ausdrucks Schein in Scheinen deutlich. Als Bewegung in den zuletzt betrachteten Polen ist das Wesen „das Scheinen seiner in sich selbst" (W13,5) oder „die *Reflexion*". Der Zusammenhang von Schein und Wesen kann einzig und allein aus dem Scheinen oder der reflektierenden Bewegung zwischen Negativität und Unmittelbarkeit bzw. Selbständigkeit und Bestimmtheit begriffen werden (W13,20-24).

Das Wesen, die sich auf sich beziehende Negativität, enthält jedoch nicht nur den Schein, die Bestimmtheit oder die Unmittelbarkeit, es enthält den Schein als „das eigene absolute Ansichsein" (W11,25). Nach der oben dargelegten Differenz der Dialektik von Seins- und Wesenslogik ist das Ansichsein in der Wesenslogik als Setzen und nicht mehr wie in der Seinslogik, als Sein-für-Anderes zu entfalten. Dieser Prozeß des Wesens, sein Ansichsein zu setzen, vollzieht sich im Rahmen seiner Aktivität, sich Dasein zu verschaffen. Gesetzt ist der Schein oder das absolute Ansichsein des Wesens freilich erst mit der absoluten Notwendigkeit oder dem absoluten Verhältnis. „Das Wesen als solches ist die Reflexion oder das Scheinen; das Wesen als absolutes Verhältnis aber ist der *als Schein gesetzte Schein*" (W190,20-2) oder das „Scheinen..., das als Schein gesetzt ist" (W190,36-191,1). Das Scheinen als solches sowie die Erscheinung machen die anfänglichen Stationen dieses Prozesses aus. Dabei zeigt sich die Erscheinung als „*realer* Schein, indem die Momente des Scheins Existenz haben" (W127,4-5). Die Erscheinung ist zwar das „entwickelte Scheinen" (Enz § 131), aber noch nicht der als Schein gesetzte Schein. Diese Stufe stellt sich erst bei Hegels Spinozakritik auf der Ebene des Modus ein, die mit der Dialektik von Zufall und Notwendigkeit fortgesetzt wird (HE §94).

Im Hinblick auf die oben thematisierte Bedeutsamkeit des Scheins für die Explikation des Wesens sowie im Hinblick auf die von Wölfle in Frage gestellte Einheit der Wesenslogik ist es nicht unwichtig festzustellen, daß Hegel die Thematik der Selbstbestimmung des Wesens im Medium des Scheins oder des Scheinens bis zum Ende der Wesenslogik konsequent durchhält. Wie dargelegt wurde, besteht der Schein nicht außerhalb des Wesens. Diese Argumentation kehrt nahezu wortwörtlich in der Wesenslogik an Hand von Hegels Spinozakritik wieder. Freilich hat sich dort die Relation zwischen Schein und Wesen zur Relation zwischen Endlichkeit und Absolutem fortentwickelt. In dieser zweiten Relation erweist sich das Absolute als dasjenige, das den endlichen Bestimmungen, dem „Schein, ein Bestehen gibt". Dem Endlichen oder dem Schein kommt nur in „*Beziehung* auf das Absolute" Sein zu (W164,23-32). Wie in der Relation zwischen Schein und Wesen der Schein völlig auf das Wesen zurückgeführt wurde, so ist in der Relation zwischen Endlichem und Absolutem „nichts am Endlichen, was ihm einen Unterschied gegen das Absolute erhalten könnte" (W164,38-165,1).

Mit der Integration des Scheins in das Absolute eröffnet Hegel die Ebene der Wirklichkeit. Sie gestaltet sich zur notwendigen Wirklichkeit, die – als Wesen – sich zur „*Zufälligkeit* bestimmt" und sie – als ihren Schein – in sich „enthält" (W186,28-187,22).[41] Diese notwendige Wirklichkeit entwickelt sich zur Substanz, in der der Schein die Form der Akzidentien annimmt (W194,17-18),[42] um in der Wechselwirkung von aktiver und passiver Substanz als „durchsichtiger Schein" des Wesens zu kulminieren (W209,18-20).

C. Die Reflexion

Die in der Definition des Wesens verankerte Aktivität, sich von sich zu unterscheiden, hat sich als Scheinen konkretisiert. Fragt man nach dem Status des Scheins der Wesenslogik, so muß man ihn als den Unterschied, den das Wesen sich selbst gibt, begreifen. „Das Wesen ist Reflexion, die Bewegung ..., worin das Unterschiedene schlechthin nur als das an sich Negative, als Schein

---

[41] W189,33-34;211,4-9.

[42] Iber unterschätzt die Parallele zwischen dem Paar Schein und Wesen einerseits sowie dem Paar Akzidentien und Substanz andererseits (Iber, a. a. O., S. 110, Anm. 45). Der Prozeß des Wesens, sich Dasein zu verschaffen, gelangt mit der Substanz in eine entscheidende Phase. Das Wesen hat sich zwar am Ende der Seinslogik aus dem Sein emanzipiert, ohne Sein aber ist es leer. Daher muß es zum Sein übergehen (W104,9-12). Dieser Übergang, den die Wesenslogik in seiner Gesamtheit darstellt, erreicht in der Substanz seinen Zenit. Denn die Substanz begreift Hegel als reales Wesen sowie als letzte Einheit von Wesen und Sein (W191,23-24).

bestimmt ist" (W13,30-33).[43] Wie bereits angedeutet, hält Hegel an dieser zu Beginn der Wesenslogik gegebenen Charakterisierung des Unterschiedes als Schein bis zu ihrem Ende fest. Denn er beansprucht sie explizit für die absolute Notwendigkeit, die abschließende Gestaltung des Absoluten in der Wesenslogik: „als Schein sind die Unterschiede sie selbst und ihr Entgegengesetztes oder das Ganze... Dieses Unterscheiden oder Scheinen des Absoluten ist so nur das identische Setzen seiner selbst" (W191,2-6).

Scheinen und Reflexion werden von Hegel synonym verwendet. „Das Scheinen des Wesens in ihm selbst ist die Reflexion" (W7,27-28). Mit den Begriffen Scheinen und Reflexion beschreibt Hegel in der Wesenslogik den Begriff der Negativität. „Die Negativität des Wesens ist die *Reflexion*" (W5,25-26). Alle drei münden später in den Begriff der Form (W71,18-19), die Hegel als Vollendung der Reflexion begreift (W70,11-12). Mit diesen Begriffen hat Hegel *die* Mittel der Abgrenzung zwischen Sein und Wesen entwickelt. Scheinen, Reflexion, Negativität sowie Form sind Bestimmungen, „wodurch das Wesen nicht Sein, sondern Wesen ist" (Enz §131; W71,7-9).

Die logische Struktur des Wesens grenzt Hegel weiter von der Struktur des Seins ab. Dreh- und Angelpunkt der Abgrenzung sind die Begriffe Negativität und Anderes. Als Ausgangspunkt des Ansatzes hinsichtlich des Anderen kann in der Wesenslogik gelten: „hier haben wir kein wahrhaft Anderes" (Enz §111), denn das Andere des Wesens ist das vom Wesen Hervorgebrachte, das reflektierte Unmittelbare, der Schein. Da das Wesen sich in dieser Aktion überdies selbst als Schein bestimmt, ist das Wesen selbst das Andere. Bestimmt sich das Wesen als Schein, so wird ein Anderes auf Grund einer Negation, die das Wesen *an sich selber* vornimmt, produziert. Das Resultat dieser Negation ist aber nichts anderes, sondern nur das Wesen, die sich auf sich beziehende Negation. „Die reflektierende Bewegung hingegen ist das Andere als die *Negation an sich*, die nur als sich auf sich beziehende Negation ein Sein hat" (W13,34-14,1). Das Andere in der Wesenslogik unterscheidet sich grundlegend von der – in eine Zweiheit ausein-

---

[43] Die Bestimmung des Unterschiedes wird in der Seins-, der Wesens- wie auch in der Begriffslogik auf verschiedene Art und Weise gefaßt. Der Unterschied der Seinslogik etabliert sich als „*Anderssein*", „*Sein-für-Anderes*" (Enz §91ff; Phän 105), der Unterschied des Begriffs als Sich-Besondern des Allgemeinen.

anderfallende — Andersheit des Daseins der Seinslogik, da es „nicht das Andere als eines ... außer ihm Befindlichen" verkörpert (W34,7ff).

Dieser Geschlossenheit der Wesenslogik, in der dem Wesen kein wirklich Anderes gegenübertritt, hat die Seinslogik nichts Gleichwertiges entgegenzusetzen. In der Entwicklung des Seins der Seinslogik geht es um die Frage nach den grundlegenden Bedingungen, die dafür verantwortlich sind, daß aus dem unbestimmtem unmittelbarem Sein das „Andere" dieses Seins, also Dasein, Endlichkeit, Unendlichkeit etc. hervorgeht. Um diese Frage zu beantworten, sei an einen der Grundsätze der Seinslogik — „omnis determinatio est negatio" (S107,38) — erinnert. Den Duktus der Seinslogik gestaltet Hegel mit Hilfe zweier heterogener Komponenten, nämlich mit den Komponenten Sein und Bestimmtheit. Mit Hilfe des obigen Grundsatzes läßt sich dieser Duktus auch als Produkt der Komponenten Sein und Negation oder — noch allgemeiner — als Vereinigung von Sein und Nichts beschreiben (S75,6-8).[44] Dabei fungieren Sein und Nichts als Variable, die auf den verschiedenen Stufen der Seinslogik immer andere Bedeutungen annehmen. Diesen Ansatz bestätigt Hegel zunächst partiell, wenn er vom Fürsichsein aus die bereits durchlaufenen Kategorien Revue passieren läßt. „Im Fürsichsein ist der Unterschied zwischen dem Sein und der Bestimmtheit oder Negation gesetzt und ausgeglichen; Qualität, Anderssein, Grenze, wie Realität, Ansichsein, Sollen usf. — sind die unvollkommenen Einbildungen der Negation in das Sein" (S159,8-13). Diese Sichtweise erlangt beim rückblickenden Vergleich zwischen Seins- und Wesenslogik Gültigkeit für die gesamte Seinslogik, denn für die Entwicklung der gesamten Seinslogik stellt Hegel das Paar Sein und Bestimmtheit als konstitutiv heraus. „In dem Werden des Seins liegt der Bestimmtheit das Sein zugrunde" (W13,33-34). Das in diesem Werden enstehende Andere der Seinslogik zeigt sich grundsätzlich als *„Sein mit der Negation"* (W14,5-6).

Für die Entwicklung oder für das Werden des Seins setzt Hegel also die Zweiheit von Sein und Bestimmtheit, Sein und Negation oder Sein und Nichts an, wobei dem *Sein der Charakter der Grundlage*, der Bestimmung aber der Charakter der Negation zugesprochen wird. An diesem Tatbestand lassen Hegels Formulierungen keinen Zweifel. Neben der zuletzt erwähnten Passage

---

[44] S102,21-28;105,8-10;111,18ff;115,11ff.

heißt es über die Negation oder die Bestimmtheit im Hinblick auf das Sein: „das Sein macht ihren Grund und Element aus", das Dasein „war" „das Sein, das die Negation an ihm hatte", das Sein ist „der unmittelbare Boden...dieser Negation" oder das Sein ist dasjenige, „das die Qualität trägt", wobei an dieser Stelle der Qualität der Bedeutungsgehalt der Negation zugeordnet wird (W21,19-22,33). Die Zusammennahme dieser zwei heterogenen Komponenten – Bestimmtheit bzw. Negation einerseits und Sein andererseits – erweist sich als ein zentrales Element der Konzeption der Seinslogik. Für Hegel stellt dieser Ansatz der Seinslogik das ihr zu „Grunde liegende Wahre" dar (S105,8-11).[45]

Die Heterogenität der beiden Komponenten Sein und Negation liefert den Schlüssel für die Beantwortung der Frage, warum die Seinslogik von einer Dialektik des Übergehens beherrscht wird. Das Zusammen zweier ungleicher Elemente ergibt selbst eine Ungleichheit, Instabilität und somit Übergehen. „Weil das Sein...das der Negation ungleiche ist, so ist die Qualität in sich selbst ungleich, daher übergehendes, im Anderen verschwindendes Moment" (W22,24-27).

In der Wesenslogik existiert ebenfalls ein Fundierungsverhältnis, in dem die Negation von einer Grundlage getragen wird. Allerdings bildet die Grundlage in diesem Fall nicht das Sein, sondern die Negativität selbst. In diesem Fundierungsverhältnis ergibt sich aber nicht die Ungleichheit, sondern die verneinte Ungleichheit und somit das aufgehobene Übergehen. „Hingegen die Reflexionsbestimmung ist...Negation, die zu ihrem Grunde das Negiertsein hat". Da sie „in sich selbst nicht ungleich ist," macht sie die „*wesentliche, nicht übergehende Bestimmtheit*" aus (W22,27-30). Die Fundierung der Negation ist also in der Wesens- von ganz anderer Natur als in der Seinslogik. Die Dialektik des Übergehens, mit der die Beziehung auf anderes, die Identität der Gegensätze in der Seinslogik geregelt wird, muß beim Wesen und seiner Darstellung als dem Anderen seiner selbst versagen

---

[45] L. Eley – Hegels Wissenschaft der Logik, München 1976 – arbeitet die Bestimmungen Sein und Nichts als gleichwertig heraus. Diese These ist wegen der Umfangsgleichheit beider Bestimmungen sicher berechtigt. Auf Grund der obigen, von Hegel immer wieder vorgenommenen Differenzierung, kann man aber auch das Nichts als Negation im Sinne der Aussagenlogik, also als einstelligen *Operator, der auf* das Sein – eine *Quasi-Aussage – einwirkt*, ansehen.

(W5,4-9). In der Dialektik der Wesenslogik, in der das Wesen sich zu einem Anderen macht oder sich einen Schein gibt, „ist kein Werden noch Übergehen, so wie die Bestimmungen selbst nicht ein *Anderes* als Anderes noch Beziehungen *auf Andere* sind" (W5,9-11). Aus diesem Grund charakterisiert Hegel die Aktivität des Wesens als in sich bleibende Bewegung (W13,30-31).[46]

Nachdem Hegel das Andere der Seinslogik, das negierte Sein, vom Anderen der Wesenslogik, der negierten Negation oder dem „Schein" (W14,4-6) abgegrenzt hat, erfolgt die Abgrenzung dieses Anderen der Wesenslogik vom Wesen. Um sie kenntlich zu machen, führt er erneut ein Fundierungsverhältnis ein. Zwar läßt der Text an Klarheit Wünsche offen, dennoch sind die Bezüge, wenn man den näheren Kontext befragt, eindeutig. „Das *Erste* gegen dieses Andere, das Unmittelbare", ist das Wesen oder die absolute (W14,6-8), „reine Negativität" (W14,21-23). Dabei fungiert das Unmittelbare oder der Schein nicht als „Substrat" der Bewegung des Wesens, „sondern die Unmittelbarkeit ist nur diese Bewegung selbst" (W14,9-13).[47] Erstes vermag das Unmittelbare, das „sein Sein in seinem" völligen „Negiertsein" besitzt (W14,3-4), deshalb nicht zu sein, weil es von der sich auf sich beziehenden Negativität produziert wird. Das Zurückweisen der Unmittelbarkeit als Anfang bildet ein Kernthema der Wesenslogik.

Der Bewegungscharakter im Wesen unterscheidet sich auf Grund der vorangegangenen Überlegungen vom Bewegungscharakter im Sein. „Das Übergehen oder Werden" der Seinslogik „hebt in seinem Übergehen sich auf". Zum Beweis dieser These bedient Hegel sich der soeben herausgearbeiteten unterschiedlichen Strukturen des Anderen in Seins- und Wesenslogik. Das „Andere", das im „Übergehen" der Wesenslogik „wird, ist nicht

---

[46] In den Vorlesungen zur Geschichte der Philosophie diskutiert Hegel die Frage nach dem Wesen bei Platon und Aristoteles. Mit Platon sei der „abstrakte Gedanke... als... *Wesen*..., der Gedanke nicht als subjektives Denken", Wirklichkeit geworden (MM20,457). Während Platon nach Hegel im Rückgriff auf Parmenides und Heraklit das Wesen in erster Linie mit seinslogischen Mitteln erfasse (MM19,66), stelle Aristoteles die ousia mit wesens- bzw. begriffslogischen Elementen dar, da er ousia als Selbstbestimmung, selbstbezügliche Negativität, tätiges „Unterscheiden, Bestimmen" sehe (ebd. 152-155). Das „Wesen" werde daher von Aristoteles als in sich bleibende Bewegung begriffen (ebd. 160).

[47] Vgl. Iber, a. a. O., S.127ff.

das Nichtsein eines Seins" (W14,16-18). Mit dieser Formulierung bezieht Hegel sich auf das Andere der Seinslogik, das er als *„Sein mit der Negation"* beschrieben hatte. Nichtsein und Negation machen in dem vorliegenden Kontext Synonyma aus.[48] Anstelle der Formulierung „Nichtsein eines Seins" hätte Hegel also auch zur Formulierung ‚Negation eines Seins' greifen können. Um das Andere der Wesenslogik darzustellen, ist daran zu erinnern, daß das Sein als Schein oder als das nichtige Unmittelbare erfaßt wurde. Die Negation wirkt in der Wesenslogik mithin nicht mehr auf das Sein, sondern auf das Nichtige. Daher ist in den letzten seinslogischen Formulierungen das Sein durch das Nichts zu ersetzen. Durch diese Substitution kommt es zu der Formulierung „Negation eines Nichts", eine Formulierung, zu der Hegel sofort den synonymen Ausdruck „Nichts eines Nichts" parat hat (W14,19-20).

Da das Andere der Wesenslogik als „unendliche Bewegung" der selbstbezüglichen Negativität zustande kommt (W13,21-22), wird die Negation eines Nichts ständig aufs Neue vollzogen. Die absolute Negativität schreitet auf diese Weise negierend *„von Nichts zu Nichts"* (W14,14-15).[49] Sie konstituiert sich als „Bewegung des Nichts zu Nichts" (W14,21) oder als der „Wechsel der Negativen mit sich selbst" (W15,5-6).[50] Weil ihre Aktivität in nichts anderem als in dem Negieren eines Nichts besteht, bleibt sie sich in dieser Aktivität stets selbst gleich (W14,15-16). Während der Prototyp der Bewegung der *Seinslogik* sich als Wer-

---

[48] Analog geht Hegel in der Seinslogik vor (S73,7-12).
[49] Zur Deutung dieses Ausdrucks in der Literatur vergleiche man Iber, a. a. O., S. 128/9, Anm. 8.
[50] Der Schein darf nicht mit dem Nichts gleichgesetzt werden, sonst läge ein Rückfall in die Seinslogik vor. „Der Schein ist nicht das *Nichts*, sondern er ist Reflexion, *Beziehung* auf das Absolute" (W164,31-32). Hegel unterstreicht auf diese Weise wiederum die Einheit der Wesenslogik. Denn dieses auf einer relativ hohen Stufe der Wesenslogik erzielte Ergebnis ist in ihrem ersten Kapitel nicht nur mit dem Paar Schein und Wesen, sondern auch mit dem noch zu diskutierenden Paar „Gesetztsein" und „Reflektiert sein in sich" sorgsam vorbereitet. Die erste Komponente läßt sich als der weiterentwickelte Schein auffassen, die zweite als absolute Reflexion. Die Affinität zwischen den Paaren Schein und Wesen sowie Schein und Absolutem besteht in der „Beziehung" des Gesetztseins „auf" das Reflektiertsein in sich (W22,15-16).

den – als *Übergang von Sein in Nichts* und umgekehrt – ausnimmt, ist der Prototyp der *Bewegung des Wesens* – als *Übergang von Nichts zu Nichts* – die Negation des Übergehens der Seinslogik. Da sich das Wesen als absolute Negation des Seins entwickelt hat, präsentiert sich die Reflexion als die Bewegung, „die nichts außer ihr hat, das sie negierte, sondern die *nur* ihr Negatives selbst", mithin ihren eigenen Schein negiert. Diese Bewegung nennt Hegel die „absolute Reflexion".[51]

1. Die setzende Reflexion

Geht man von der Definition der absoluten Reflexion als sich auf sich beziehender Negativität aus, so wird man auf deren widersprüchliche Struktur geleitet. Weil die Negativität sich selbst negiert ohne ihre Identität zu verlieren, ist sie zweifach zu sehen. Sie ist ebensosehr „aufgehobene Negativität, als sie Negativität ist". Diese Zweiheit spitzt Hegel zu einem Widerspruch im klassischen Sinn der Logik zu. Die absolute Reflexion „besteht...darin, *sie selbst* und *nicht sie selbst*...zu sein".

Dieser Widerspruch, in dem sich kontradiktorische Gegensätze in „Einer Einheit" befinden (W15,7-12), weist aber, gerade weil er als Einheit oder als Konjunktion auftritt, den Nachteil auf, daß er den Bewegungscharakter der absoluten Reflexion verschleiert (S83,1-26). Damit ergibt sich die Notwendigkeit, über die im Widerspruch nur statisch auftretende Struktur der absoluten Reflexion hinauszugehen, um ihren Bewegungscharakter darzustellen. Dies geschieht weiter auf der Basis ihrer Definition als sich auf sich beziehender Negativität. Aus ihr leitet Hegel eine Reihe von Formulierungen ab, die samt und sonders den Zweck verfolgen, den Bewegungscharakter der absoluten Reflexion zu unterstreichen. Zu den bereits genannten Formulierungen „Wechsel des Negativen mit sich selbst" und „Bewegung von Nichts zu Nichts", gesellen sich Formulierungen wie „mit sich selbst zusammengehende Negation" (W15,14), „Zusammengehen des Negativen mit

---

[51] Während Hegel auf die Formulierung absolute Reflexion häufiger zurückgreift, macht er von der Formulierung der „absolute Schein" (W14,23) m. W. nur noch beim Verhältnis Substanz-Akzidens Gebrauch. Die Substanz als „*schaffende*" und „*zerstörende* Macht" der Akzidentien (W193,13ff) ist die Selbstbewegung des „absoluten Scheines" (W191,8-10).

sich" (W16,11) und „Rückkehr des Negativen in sich" (W15,33-34). Die Verwendung von Vokabeln wie Bewegung, Wechsel oder Zusammengehen verrät, wie sehr es Hegel darauf ankommt, die durch das Wort Einheit sich einstellende Statik abzuwehren.

Aus der sich auf sich beziehenden Negativität leitet Hegel die für die Wesenslogik typische Unmittelbarkeit, das Gesetztsein, ab. Dieses – als Weiterentwicklung der reflektierten Unmittelbarkeit (W9,34-35)[52] – kommt wie folgt zustande: Weil bei der Selbstanwendung der Negation immer die Gleichheit derselben mit sich gewahrt bleibt, ist sie Unmittelbarkeit (W15,10-11). Der Zusammenhang von Unmittelbarkeit und „Gleichheit mit sich" ist ein Ergebnis der Seinslogik. Allerdings kann die in der Wesenslogik abgeleitete Unmittelbarkeit keine Unmittelbarkeit der Seinslogik darstellen, denn die in der Wesenslogik gewonnene Unmittelbarkeit ergibt sich nicht nur aus der „Gleichheit mit sich", sondern aus der „Gleichheit *des Negativen* mit sich" (W15,21-23). Wenn aber die sich negierende Negation die Basis dieser Struktur bildet, so liegt weder nur Gleichheit mit sich noch Gleichheit des Negativen mit sich vor, sondern die „sich selbst negierende Gleichheit" des Negtiven mit sich (W15,23-24), und damit auch die sich selbst negierende Unmittelbarkeit.

Diese sich selbst negierende Unmittelbarkeit ist es, auf die Wesenslogik abzielt. Hegel beschreibt sie auch als die „Unmittelbarkeit, die...das Negative ihrer selbst" ist. Sie schickt sich stets an, „dies zu sein, was sie nicht ist" (W15,24-26).[53] Diese für die Wesenslogik typische Unmittelbarkeit präsentiert sich „nur als Bestimmtheit" des Wesens oder nur „als sich reflektierend" (W15,31-34). Hegel nennt sie Gesetztsein und die Tätigkeit der

---

[52] W11,33-39.
[53] Hegel beendet die Seinslogik mit der Definition des Wesens als Negativität. Das Wesen besteht darin, „das nicht zu sein, was es ist, und das zu sein, was es nicht ist" (N275,4-6). Wenn er diese Definition im ersten Kapitel der Wesenslogik, dem Grundlegungskapitel, so ausbaut, daß das Wesen als Negativität, die sich als Unmittelbarkeit und umgekehrt bestimmt, gefaßt wird, so muß er die durch das letzte Zitat zum Ausdruck gebrachte aporetische Verfaßtheit der Negativität auch bei ihrem ersten Abkömmling, der reflektierten Unmittelbarkeit, nachweisen. Auch unter diesem Aspekt läßt sich Wölfles Vorwurf der Inkonsistenz nicht halten.

Reflexion oder des Wesens „Setzen" (W16,3-4).⁵⁴ Den Selbstbezug des Negativen, durch den das Gesetztsein produziert wird, begreift Hegel als „Rückkehr des Negativen in sich" (W15,27-34). Durch die Wahl dieses Ausdrucks signalisiert er, daß das Negative, trotz seines negativen Selbstbezugs, zunächst *als Negatives* erhalten bleibt.

Dem Setzen wird als Gegensatz das Voraussetzen entgegengestellt. Trotz der Dichte, die der Text an dieser Stelle aufweist, sind die gegensätzlichen Tendenzen klar erkennbar. Hegel gewinnt die gegensätzliche Komponente, indem er nochmals auf die Struktur der absoluten Reflexion zurückgeht. Letztere wurde als sich auf sich beziehende Negativität definiert, als Negativität, die nichts außer ihr hat, das sie negierte, sondern die nur ihr Negatives selbst negiert. Diese Applikation der Negativität auf sich selbst wurde bisher nur als Produzieren der reflektierten Unmittelbarkeit oder des Gesetztseins, als Zusammengehen des Negativen mit sich oder als Rückkehren interpretiert. Hegel spürt jedoch an der selbstbezüglichen Negativität noch eine zweite Bedeutungsnuance – die „aufgehobene Rückkehr" oder die „aufgehobene Negation" (W16,7-8) – auf. Weil das Setzen eine Unmittelbarkeit und damit das Negative der Reflexion produziert und weil ferner die Reflexion das „Aufheben des Negativen" beinhaltet, wird am Gesetztsein „ebenso" eine „Negation des Negativen als des Negativen" sichtbar.⁵⁵ Damit muß die Reflexion, die gerade noch als Setzen ausgewiesen wurde, auch als „Aufheben des Setzens" begriffen werden. Diese Aktivität der Reflexion, die Negation des Negativen als des Negativen oder das Aufheben des Setzens „im Setzen", definiert Hegel als „Voraussetzen" (W16,11-18).

Aus der Definition der Reflexion als sich negierender Negativität resultiert ihr soeben skizziertes Janusgesicht. Die Polarität

---

54 „Setzen des Unmittelbaren" bedeutet nichts anderes als die Rückkehr des Unmittelbaren zu „seinem wahrhaften Sein", d.h. zu seinem Wesen (W20,11-2), weshalb Hegel das gesetzte Unmittelbare als die „wesentliche Unmittelbarkeit" ausgeben kann (W19,9).

55 Mit dem Zusatz „als des Negativen" geht Hegel auf die Definition des Scheins zurück. Der Schein ist das Nichtige oder das „Negative gesetzt als Negatives" (W9,20-21). Er macht das vom Wesen produzierte Andere aus (W12,18-19). Das Vorausgesetzte ist das Andere, jedoch entfällt an ihm der Charakterzug des Negativen. Besonders deutlich wird dieser Aspekt mit der äußeren Reflexion (W18,15-16).

des Wesens kündigt sich mit dem Schein an, denn der Schein ist, wie hervorgehoben wurde, die *„negative Natur des Wesens"*. Auf der Ebene des Setzens und des Voraussetzens tritt die Dopplung der Reflexion erneut in den Vordergrund. Der letzte Sachverhalt wird beim Voraussetzen virulent. „In dem Voraussetzen bestimmt die Reflexion die Rückkehr in sich als das Negative ihrer selbst, als dasjenige, dessen Aufheben das Wesen ist" (W16,18-21). Das Wesen besitzt eine negative Natur und über diesen Umweg „verhält" es sich zu sich selbst. Es setzt sich als Unmittelbares oder als Gesetztsein und somit als Anderes seiner selbst voraus (W17,21-22), doch nur, um diese Voraussetzung wieder aufzuheben. Auf diese Weise liegt mit der sich negierenden Negativität ein Verhalten zur Voraussetzung vor, das ein „Verhalten zu sich selbst, aber zu sich als dem Negativen seiner" darstellt (W16,21-22).[56] Damit hat sich das Rückkehren komplexer gestaltet. Die „Reflexion...ist...das Voraussetzen dessen, aus dem sie", das Vorausgesetzte negierend, „die Rückkehr ist" (W16,27-28). Weil dem Gesetztsein im Voraussetzen der Charakterzug des Negativen genommen wurde, erlangt es auf dieser Ebene eine gewisse „Unabhängigkeit".[57] Sie kommt vor allem dadurch zum Ausdruck, daß es von der Reflexion als das „Vorgefundene" bewertet wird (W16,36).[58]

Voraussetzen wird in der Wesenslogik in der Regel reflexiv und symmetrisch gebraucht. Eine symmetrische Verwendung – ein gegenseitiges Voraussetzen – findet bei den Verhältnissen Form und Materie, Grund und Bedingung, Teil und Ganzem, im Kräftespiel etc. statt. Das symmetrische Voraussetzen ist jedoch in das refle-

---

[56] Nach den Stationen negative Natur des Wesens, Schein – Wesen, Negativität, die sich als Unmittelbarkeit und umgekehrt bestimmt, akzentuiert Hegel zum vierten mal im ersten Kapitel der Wesenslogik das Wesen in seiner Polarität. Wölfle, der eine horizontale Ausbildung des Wesens erst auf der Ebene der Reflexionsbestimmungen entdeckt (Wölfle, a. a. O., S. 132ff), setzt daher die logische Struktur des Wesens entschieden zu spät an.

[57] Henrich, a. a. O., S. 277.

[58] Hegel bezieht sich mit der Problematik des Setzens und Vorfindens auf Fichte. Nach diesem gilt, daß im Satz A=A das sich „zum Objekt der Reflexion machende Ich" das zweite A „vorfindet, weil" das Ich das A „in sich gesetzt hat". J. G. Fichte, Werke, Bd. I. Hrsgb. I. H. Fichte, Berlin 1971, S. 16.

xive Voraussetzen des Wesens eingebettet. Denn die symmetrischen Verhältnisse der Wesenslogik sind Realisierungen des Wesens. Sie gehen auf das reflexive Voraussetzen des Wesens zurück. Sämtlichen symmetrischen Strukturen ist der Grundsatz der Wesenslogik, das Wesen „setzt sich selbst voraus", vorgelagert (W16,30-31). Im reflexiven Fall des Voraussetzens stellt sich die Frage, ob der Aspekt der Unabhängigkeit, wenn er zu weit gefaßt wird, nicht die eigentliche Intention Hegels verdeckt, denn er verschafft Interpretationen Spielraum, die man mit Recht als Katastrophe des Wesens bezeichnen könnte. Eine derartige Deutung wird von Theunissen vorgelegt. Er konstatiert eine „katastrophale Folge des Versuches", das von der Reflexion „Gesetzte in die wirkliche Andersheit freizugeben".[59] Henrich deutet zu Recht das reflexive Voraussetzen als „'sich aufgehoben setzen'".[60] Die Wesenslogik gestattet aber auch, das reflexive Voraussetzen als „sich anders setzen" zu deuten (W,206,19).[61] In dieser Deutung wird nicht ein Gesetztes in ein wirklich Anderes freigegeben, vielmehr setzt sich das Wesen als Anderes (W206,19).[62]

Gesetztes und Vorausgesetztes akzentuieren sich in unterschiedlichen Richtungen. Als Gesetztsein oder Rückkehr (W15,31-33) ist die Unmittelbarkeit auf das Wesen gerichtet, als Vorausgesetztes zeigt es sich als das vom Wesen Abgestoßene, denn Hegel erfaßt die absolute Reflexion als „abstoßende, voraussetzende Reflexion" (W17,3). Gesetztes und Vorausgesetztes erweisen sich so als inverse Negationen, die jedoch nur als Momente der in sich bleibenden Bewegung des Wesens auftreten können. Die in sich bleibende Bewegung des Wesens deutet Hegel daher als „Gegenstoß" der Reflexion „in sich selbst" (W17,6). Diese Deutung bietet sich insofern an, weil sich das Setzen der Reflexion als voraussetzend und umgekehrt darstellt (W17,15-16).

---

[59] Theunissen, a. a. O., S.349.
[60] Henrich, a. a. O., S. 277.
[61] Auch Iber entschließt sich zu dieser Deutung. Iber, a. a. O., S.154.
[62] W206,2-3. Das Wesen bestimmt sich als Grund, Ursache. Das jeweils Andere ist der Schein, das Begründete, die Wirkung. Weil es aus der Tätigkeit des Sich – Anders – Setzen des Wesens resultiert, ist ein wirklich Anderes a priori ausgeschaltet. Das Wesen reflektiert sich in Anderes, ohne seine Reflexion in sich preiszugeben. Diese Identität zwischen Wesen und seinem jeweils Anderen fällt merklich schwächer als beim Begriff aus.

Die Struktur des Gegenstoßes vertieft Hegel noch einmal mit den Ausdrücken Ankommen bei sich (Rückkehren) und Abstoßen. Die Reflexion artikuliert sich als Abstoßen oder als Voraussetzen dessen, aus dem sie die Rückkehr ist. Das Abgestoßene ist nicht so autonom, daß es sich vom Wesen befreien könnte, denn es ist nur als Rückkehr konzipiert (W16,23-28). Aber das Abstoßen ermöglicht überhaupt erst die Rückkehr. Das erstere stellt selbst die Voraussetzung des letzteren dar. Die Reflexion „*findet*" das abgestoßene Unmittelbare „*vor*", dadurch, daß sie es produziert. Sie produziert es nur, um über es hinauszugehen und bei sich anzukommen. Damit trägt die reflektierte Unmittelbarkeit die Züge des Abstoßens und des Ankommens „des Wesens bei sich" (W16,33-17,4).

Der oben skizzierte Widerspruch des Wesens wurde von Hegel gezielt hergestellt und durchgehalten. Hegel nimmt weder „Zuflucht zur Paradoxie"[63] noch ist er als Vertreter einer parakonsistenten Logik anzusehen.[64] Letztere läßt Widersprüche lokal zu, solange sie global keinen Schaden anrichten. Die Wissenschaft der Logik dagegen sucht den Widerspruch auf jeder ihrer Ebenen. Insofern sucht sie ihn global.[65] Und obgleich sie ihn formallogisch formuliert, trachtet sie danach, ihn spekulativ zu überbieten. Dieses Überbieten ist von dem Interesse gelenkt, die zunächst starre Widersprüchlichkeit der Reflexion unter dem Aspekt der Bewegung zu sehen. In dieser Bewegung verhält sich die Reflexion zu ihrem Nichtsein, aber nur, um aus ihm zurückzukehren. Dieses Nichtsein, der Schein, „das woraus das Wesen *herkommt*" (W17,8), wird von ihr gesetzt. Weil sie nichts außer ihr hat, das sie setzen könnte, „setzt" sie „sich selbst voraus", um durch „Aufheben dieser Voraussetzung" sie selbst zu sein (W16,30-31). Die auf den Widerspruch abzielende aussagenlogische Konjunktion, „So ist die Reflexion sie selbst und ihr Nichtsein", greift zu kurz. Entscheidend in der Wissenschaft der Logik ist die *Auflösung des*

---

[63] Theunissen, a. a. O., S 372.

[64] P. Schröder-Heister stellt diese Deutung im Lexikonartikel „Logik dialektische" zur Diskussion. In: Enzyklopädie Philosophie und Wissenschaftstheorie. Hrsgb. J Mittelstraß. Mannheim, 1984, Bd. 2.

[65] Da alle Ebenen das Sein thematisieren, betont Düsing zu Recht, daß dem Widerspruch in der Wissenschaft der Logik eine „genuin ontologische Bedeutung zukommt". K. Düsing: Dialektikmodelle. Bisher unveröffentlicher Vortrag, Aachen, 1994, S. 11.

*jeweiligen Widerspruchs.*⁶⁶ An dieser Stelle der Wesenslogik besteht sie darin, daß die Reflexion *sich* als ihr Negatives oder ihr Nichtsein voraussetzt, um durch „Aufheben des Negativen... ein Zusammengehen mit sich" zu erreichen (W17,17-20). Dieses Verhalten, das als Verhalten zu sich als zu einem Anderen, nämlich zu dem Negativen seiner, gedeutet wird, garantiert das Insich-Bleiben der Bewegung (W16,21-23), durch das sie als wesens- und nicht als seinslogische Bewegung ausgewiesen ist (W13,30ff). Das Voraussetzen wird einzig und allein deshalb eingeführt, damit sich das Wesen mit sich über sein Nichtsein zu vermitteln vermag.

Diesen Sachverhalt des Selbstseinkönnens, sich ohne Identitätsverlust als Anderes zu setzen oder vorauszusetzen, baut Hegel bis zur Notwendigkeit und zur Substanz aus. Allerdings hat bei diesen beiden das von ihnen selbst vorausgesetzte Andere konkrete Gestalt angenommen: die Zufälligkeit oder die Akzidentalität. Die Notwendigkeit oder die Substanz setzt sich als Anderes, als Zufälligkeit, Akzidentalität oder als passive Substanz voraus, um in der Relation zu dieser jeweiligen Voraussetzung sich zu sich selbst zu verhalten.

Zur absoluten Reflexion läßt sich ein mathematisches Modell angeben, wenn es auch den von Hegel intendierten Sachverhalt nur bedingt wiedergibt. Um es entfalten zu können, sei an die oben dargelegte Unterscheidung zwischen seins- und wesenslogischer Negation erinnert. In der Seinslogik handhabt Hegel die Negation als einstelligen Operator im Sinne der *Aussagenlogik*, der auf ein zugrundegelegtes sprachliches Gebilde, das Sein, einwirkt. Auf der Basis der einstellig strukturierten Negation ergibt sich keine Möglichkeit, die „Negation selbstbezüglich",⁶⁷ wie sie in der Wesenslogik auftritt, zu gestalten. Das wesenslogische „Negieren der Negation" (W14,1-2) oder die sich auf sich beziehende Negativität läßt sich jedoch *mathematisch realisieren*, wenn man die Negation, symbolisiert mit N, als Element eines Booleschen Rings auffaßt.⁶⁸

---

66 In diesem Punkt dürfte Hegel von Fichte beeinflußt worden sein, denn nach Fichte muß der „Widerspruch" zwischen den beiden obersten Grundsätzen der Wissenschaftslehre „aufgelöst" werden. J. G. Fichte, a. a. O., S. 132 -134 (145).
67 Henrich, a. a. O., S. 260.
68 Die lineare Algebra betrachtet u. a. Selbstabbildungen. Diese „Endomorphismen" ergeben, wenn man sie verknüpft, einen „Endomorphis-

Aus einem Ring – einer algebraischen Struktur, in der man uneingeschränkt addieren, subtrahieren und multiplizieren darf – erhält man einen Booleschen Ring, wenn man für jedes seiner Elemente N die Gleichung NoN=N postuliert (Der Operator o entspricht der Multiplikation). Aus dieser Forderung kann man, mit Hilfe der übrigen Ringaxiome, die Gleichung N= -N ableiten.[69]

Liest man die Gleichung NoN=N von rechts nach links, so kann man N als „sich selbst abstoßende, voraussetzende" Negativität interpretieren. Weil jedoch beide Terme, N und NoN, durch die Gleichheit zusammengebunden sind, gilt von dieser absoluten Negativität auch: „ihr Abstoßen von sich ist das Ankommen bei sich selbst" (W17,2-4). N negiert sich selbst, geht über sich hinaus, stößt sich von sich ab und kommt doch immer wieder bei sich an. Es liegt ein Zusammengehen von N mit sich oder ein Rückkehren von N in sich vor, ein Rückkehren, das umgekehrt „sein sich Abstoßen von sich selbst" impliziert (W16,26/7). Weil ferner die Gleichung N=-N gilt, stellt sich die Negativität ein, die „nur das Negative ihrer selbst" ausmacht oder das Negative, das sich zu sich als dem Negativen seiner verhält.

2. Die äußere Reflexion

Mit der Aufgabe, die Ableitung der äußeren Reflexion aus der absoluten oder aus der setzenden Reflexion darzustellen, scheint Hegel keine besondere Problematik verbunden zu haben, denn er beschränkt diese Ableitung auf einen relativ kleinen Abschnitt (W17,21-29). Soviel läßt sich vorab sagen: Der besagte Abschnitt kann kaum als Muster einer klaren Derivation gelten. Er deutet die Problematik mehr an, als daß er sie löst. So ist der Leser auf den Kontext angewiesen, um einen Einblick in die Aussageintention Hegels zu erhalten. Schlüsselbegriff dürfte der Begriff des Anderen sein, den Hegel zunächst wesenslogisch gefaßt hatte, indem er ihn von seinem seinslogischen Pendant abgrenzte. Das Andere der Wesenslogik muß von der absoluten Reflexion produziert werden, denn ein Anderes, aus dem oder in das sie zurück-

---

menring". H. J. Kowalsky, Lineare Algebra, Berlin 1967, S. 66/7. Die Unterschiede („Besonderungen") der Idee sind für Hegel „nur Spiegel und Abbilder dieser *einen* Lebendigkeit" (GE 33).

[69] H. Hermes, Einführung in die Verbandstheorie. Berlin, Heidelberg, New York, 1967, S 115.

kehrte, ist nicht vorhanden. Zu diesem Anderen, dem Gesetztsein, verhält sie sich aufhebend (W16,9ff), um dadurch ihre Gleichheit mit sich zu garantieren (W17,17-20).

Dieses Andere oder Negative der Reflexion, die Unmittelbarkeit, die sich ebensosehr selbst aufhebt als sie von der Reflexion aufgehoben wird, drängt sich nun mehr und mehr als Bestimmtheit *gegen* die Reflexion in den Vordergrund. Wenn die Reflexion neben ihrer setzenden Aktivität ebenso das Negative negiert (W16,12) oder sich als „Aufheben des Negativen" betätigt (W17,19), so ist damit immer schon ein Negatives vorausgesetzt, das negiert oder aufgehoben wird. Dieses Negative ist „*gegen* eines, also gegen ein Anderes" und zwar gegen die absolute Reflexion gesetzt (W17,25-34). Hegel argumentiert an dieser Stelle ähnlich wie bei der Darstellung der ersten Bestimmtheit des Wesens, der Sphäre des Scheins. Dort hatte er aus dem abstoßenden Negieren der absoluten Negativität die Unmittelbarkeit, das „Negative oder *Bestimmte* gegen sie" abgeleitet (W12,14-19). Neu ist nunmehr, daß die aus dieser Struktur gewonnene, sich voraussetzende Reflexion, „eine Voraussetzung *hat*", ein Unmittelbares, mit dem sie „als ihrem Anderen anfängt". Gerade diese Situation, eine *fremde* Unmittelbarkeit (W18,38-39) zur Voraussetzung zu haben, lag mit der setzenden Reflexion nicht vor (W21,8-9). Aus diesem Grund bewertet Hegel die fragliche Reflexion als „*äußere*" (W17,27-29).

Es erhebt sich die Frage, inwiefern die Gegensätzlichkeit des Anderen und der Reflexion in der äußeren Reflexion *schärfere Umrisse* annehmen kann, als das bei der setzenden Reflexion der Fall ist. Gerade diesen Punkt hat Hegel nicht ausgeführt. Eine mögliche Antwort könnte im Hinweis darauf bestehen, daß im Gegenüber von Reflexion und ihrem Negativen die Herkunft des letzteren auf Grund einer Selbstvergessenheit der Reflexion aus dem Blickfeld geraten ist.[70] Hegel argumentiert jedoch nicht mit dem Begriff der Selbstvergessenheit der Reflexion. Er hätte ver-

---

[70] Die Frage, ob man legitim von „Vergessen" sprechen kann, diskutiert Iber. Iber begreift die äußere Reflexion als „Bereicherung" der Reflexion. Der Übergang von der absoluten zur äußeren Reflexion vollziehe sich mit Notwendigkeit. Sicherlich ist diese Interpretation zu begrüßen, doch auch bei Iber unterbleibt die Begründung für die plötzliche Verschärfung der Differenz zwischen Reflexion und ihrem Anderen auf der Stufe der äußeren Reflexion. Iber, a. a. O., S. 165-168.

mutlich diesen Begriff, wiewohl er sich an dieser Stelle auch anbieten mag, als Hilfskonstruktion der Vorstellung verworfen. Stattdessen motiviert er den Übergang von der setzenden zur äußeren Reflexion einzig und allein durch die Intention der absoluten Reflexion, sich zu bestimmen (W14,26ff).[71] Bestimmen aber bedeutet in der Wissenschaft der Logik Negation, Unterscheidung, Gegeneinanderstellen der Positionen. Durch das Gegeneinander von Reflexion und ihrem entfremdeten Anderen hat sich die Reflexion einen weiteren Grad von Bestimmtheit erworben (W17,25-26).

Um den Prozeß des Selbstbestimmens des Wesens fortsetzen zu können, benötigt Hegel das Instrument der radikalen Trennung, der pointierten Unterschiedenheit (W4,33-38).[72] In der setzenden Reflexion liegt keine eigentliche Trennung des Gesetztseins oder der Bestimmtheit von der Reflexion vor. Im Gegenteil, Hegel identifiziert diese „Bestimmtheit" mit der „Reflexion selbst" (W15,31-38). Die setzende Reflexion bringt es nur zu einem „Gesetztsein,... das nicht verschieden ist von der Rückkehr in sich" (W17,22-23). Sich voraussetzend setzt sie sich zwar als Anderes, dennoch entzweit sie sich nicht derart, daß zwei Andere entstehen. Sie selbst ist das „Voraussetzen dessen, aus dem sie" zurückkehrt (W16,28). Es liegt mit der absoluten Reflexion „die insichbleibende" Bewegung vor (W16,22), „die aus sich kommt", die sich im „Fortgehen unmittelbar in ihr selbst" umwendet, eine Bewegung, in der Voraussetzen und Setzen ungetrennt sind (W17,12-16). Diese Ungetrenntheit wird in der äußeren Reflexion „durch die Reflexion" zwecks weiterer Bestimmung aufgegeben (W19,3-4). Das Vorausgesetzte der äußeren Reflexion besitzt nicht mehr den Status des Gesetztseins. Hegel folgt damit zwar dem in der Begriffslogik aufgestellten Prinzip, dem „Unterschied" zu seinem „Recht" zu verhelfen (MM6,288), dennoch hätte er den Übergang von der setzenden zur äußeren Reflexion deutlicher darstellen müssen. Man kann mit einiger Sicherheit davon ausgehen, daß Hegel die betreffenden Passagen umgearbeitet hätte, sofern ihm eine Überarbeitung seiner Wesenslogik gestattet gewesen wäre.

Zweifellos vollzieht Hegel mit dem Übergang von der absoluten, setzenden zur äußeren Reflexion einen Wechsel von der Ebe-

---

[71] W24,13-14.
[72] W12,9-10.

ne der Unendlichkeit in die Ebene der Endlichkeit. Setzende wie äußere Reflexion verhalten sich voraussetzend. Die äußere Reflexion verhält sich aber in ganz anderer Weise voraussetzend, als dies bei der setzenden oder absoluten Reflexion der Fall ist. Die absolute Reflexion „setzt sich nur den Schein... voraus" (W17,31-34). Damit ist dieser Unterschied von ihr selbst immer schon aufgehoben. „Die äußerliche Reflexion" hingegen „setzt *sich als aufgehoben*", sie setzt sich „als das Negative ihrer *voraus*"[73] (W17,34-35). Damit hat sich die Reflexion in die Endlichkeit entlassen. Als endliche Reflexion „*setzt*" sie „ein Sein voraus", das nicht von ihr gesetzt wurde (W18,4-6), d. h. sie „*findet*" es *nur* noch „vor", ohne es zu produzieren. Sie findet es nur, um *mit ihm anzufangen* (W18,12-13). Ihr Vorausgesetztes ist zwar noch „das Negative der Reflexion", jedoch der Charakter dieses Negativen *als negativ, als Schein*, ist aufgehoben (W18,8-10). „Aber daß dieses Vorausgesetzte ein Negatives oder Gesetztsein ist, geht" die äußere Reflexion „nichts an; diese Bestimmtheit gehört nur der setzenden Reflexion an" (W18,15-17).

Mit der äußeren Reflexion hat sich die Reflexion in der Endlichkeit so bestimmt, daß sie in zwei Andere „verdoppelt" ist (W17,36ff). Hegel verwendet, um die äußere Reflexion zu beschreiben, weder den Ausdruck Zerfallen, wie dies beim Übergang von der Identität bzw. des Unterschiedes zur Verschiedenheit geschieht noch den Ausdruck Auseinanderfallen, wie dies beim „Ding an sich und der Existenz" der Fall ist (W109,18/9). Doch verrät der Ausdruck Verdopplung, daß sich ein Zerfallen oder ein Auseinanderfallen ereignet hat. Denn die äußere Reflexion ist gegenüber der insichbleibenden Bewegung der setzenden Reflexion in zwei „Extreme" (W18,26ff) verdoppelt. Das „eine Mal" tritt sie „als das Vorausgesetzte oder die Reflexion in sich", als das bestimmte „Unmittelbare" auf, das „andere Mal ist sie die negativ sich auf sich beziehende Reflexion" (W17,36-18,2). Diese beiden Extreme versucht sie über einen „Schluß" zu verbinden, was ihr jedoch nur auf äußerliche Weise gelingt (W18,25-30).

Für das Verständnis der Wissenschaft der Logik ist es wichtig zu sehen, daß Hegel die seinslogische Dialektik des Endlichen und Unendlichen als Ansatz der äußeren Reflexion verurteilt, *wenn am Endlichen als Grundlage festgehalten wird* (W18,18-24). In der Wesenslogik bildet das Wesen oder die absolute Re-

---

[73] Unterstreichung vom Verfasser.

flexion die Ausgangsposition, von der aus das Endliche in seinen verschiedenen Schattierungen diskutiert wird. Das Dasein erweist sich in ihr als Gesetztsein des Absoluten (W21,27), die Existenz als das aus dem Grund hervorgegangene Sein, die Erscheinung als von der an sich seienden Welt gesetzt, die Zufälligkeit als Manifestation der Notwendigkeit (W175,11ff). In der Seinslogik beschreitet Hegel den umgekehrten Weg. Sie beginnt in der Dialektik des Endlichen und Unendlichen nicht mit dem Unendlichen, sondern mit dem Endlichen. Dem Endlichen bleibt aber der Weg zum Unendlichen verschlossen, solange es auf seiner Endlichkeit „als dem zugrunde Liegenden und zugrunde Liegenbleibenden" beharrt (W18,21-23). Erst wenn das Unendliche zur Grundlage das Endlichen deklariert wird, liegt nicht mehr der Schluß der äußeren Reflexion, sondern der „wahre Schluß" vom Endlichen auf das Unendliche vor (W64,6-24).

Konstitutiv für die äußere Reflexion ist, daß sie ihr vorausgesetztes Unmittelbares nicht als „Gesetztsein" (W18,4-6), nicht als „Negatives" (W18,10) bestimmt. Dieser Punkt, den der Text durch ein „*erstens*" hervorhebt (W18,4-5), erfährt in einer durch ein „*zweitens*" gekennzeichneten Passage (W18,32) eine gewisse Korrektur. Denn in einem noch zu entfaltenden Sinn ist auch die äußere Reflexion, wenn man sie „näher betrachtet, ...Setzen des Unmittelbaren" (W18,32).

Die absolute setzende Reflexion läßt sich als creatio ex nihilo auffassen, denn sie fängt „vom Nichts" an (W21,5-6), auf das sie die Negation anwendet. Was aus ihrer Aktivität hervorgeht, ist somit die „Negation eines Nichts" (W14,19-20). Die äußere Reflexion hingegen ist auf ein vorgegebenes Sein angewiesen. Sie „setzt das Unmittelbare *voraus*", sie „fängt vom unmittelbaren Sein an" (W21,5). Aus ihrem Verhältnis zu diesem vorgegebenen Sein ergibt sich die Eigentümlichkeit des Setzens der äußeren Reflexion. Dadurch, daß die äußere Reflexion auf ein vorgegebenes Sein negierend einwirkt, besitzt sie eine Affinität zur Seinslogik. Diese Position hält die äußere Reflexion jedoch nicht durch, denn sie ändert ihre Rolle zum Unmittelbaren. Zunächst „geht" es die äußere Reflexion „nichts an", daß ihr Vorgegebenes ein „Negatives oder Gesetztes ist" (W18,15-16). Die Bedingung der Möglichkeit dafür, daß sie überhaupt setzend wird, besteht aber gerade darin, daß das vorgegebene Unmittelbare „das Negative oder Bestimmte wird" (W18,32-33). Damit transzendiert sie die oben dargelegte, für die Produktion der Kategorien der Seinslogik gültige

Kombination von Sein und Negation, einer Kombination, in der das Sein die Bedeutung eines Grundes oder Bodens einnimmt. Erst wenn sie das vorgegebene Unmittelbare als „das Negative" bewertet, ist sie im bestimmenden Negieren des Vorgegebenen, im „Aufheben des ihr negativen Unmittelbaren", „das Zusammengehen ihrer mit ihrem Negativen" und dadurch „Setzen". Das Unmittelbare wird zunächst zwar von der äußeren Reflexion als Fremdes, als „ihr Anderes bestimmt, aber sie ist es selbst, die dieses Bestimmen negiert" (W18,36-19,5).

Das von der Reflexion bestimmte „Unmittelbare ist auf diese Weise nicht nur *an sich... dasselbe*, was die Reflexion ist, sondern es ist *gesetzt*, daß es dasselbe ist". Die „Äußerlichkeit der Reflexion gegen das Unmittelbare" ist „aufgehoben" (W18,39-19,6). Durch ihre setzende Aktivität hat sich die äußere Reflexion als „immanente Reflexion der Unmittelbarkeit" gezeigt (W19,10-11). Das Setzen der äußeren Reflexion erweist sich als Setzen im nachhinein, ein Setzen, durch das nichts Geringeres als die „wesentliche Unmittelbarkeit" zustande kommt (W19,9).

Hegel erläutert seinen Gedankengang mit einem Hinweis auf die reflektierende Urteilskraft Kants. In ihr werde „ein unmittelbares Seiendes" auf sein „Allgemeines, seine Regel, Prinzip, Gesetz" oder auf sein Wesen bezogen (W19,20-36). In der Suche nach dem Allgemeinen beginne die reflektierende Urteilskraft zwar mit einem „gegebenen" Unmittelbaren, wodurch sie unter die äußere Reflexion falle. Weil sie jedoch nach dem „Wesen jenes Unmittelbaren" suche, liege in der reflektierenden Urteilskraft auch der „Begriff der absoluten Reflexion". Durch die Ausrichtung des gegebenen Besonderen auf das Allgemeine erfolge ein „Setzen des Unmittelbaren nach seinem wahrhaften Sein" oder seinem Wesen (W20,2-15). Das Unmittelbare „ist erst in diesem... Anfangen" der als Setzen sich verhaltenden äußeren Reflexion (W18,38-39).

3. Die bestimmende Reflexion

Im Vergleich zwischen Seins- und Wesenslogik konstatiert Hegel eine Entsprechung zwischen dem Dasein und dem Gesetztsein (W21,22-23). Allerdings existieren in dieser Parallele deutliche Unterschiede. In der Seinslogik entwickelt Hegel das Unendliche aus dem endlichen Dasein. Dieses Faktum ist der Tribut, den die Wissenschaft der Logik für den voraussetzungslosen Anfang zu entrichten hat. Hegel kann diesen Weg zusätzlich dadurch legitimieren, daß er das Unendliche als Ansichsein und Bestimmung des Endlichen deklariert (S118,22ff). Erst mit dem Erreichen des Unendlichen wird der eigentliche Zusammenhang zwischen dem Endlichen und dem Unendlichen freigelegt. Das Unendliche ist dasjenige, das sich zum Endlichen „herabsetzt", um durch Negation dieser Negation zu sich zurückzukehren und „*wahrhaft Unendliches* zu sein" (S149,1-7). Durch diesen Ansatz wird das Dasein aus der Perspektive des Unendlichen gesehen. Blendet man das Unendliche aus, so stellt sich das Dasein lediglich als in sich negiertes Sein dar, als Sein, das der Vergänglichkeit preisgegeben ist (S114,6-28). Mit der Perspektive des Unendlichen jedoch besitzt das Endliche die Möglichkeit, die Vergänglichkeit als vergehendes Moment zu begreifen (S127,16-38).

Mit dem Wesen präsentiert Hegel eine zum wahrhaft Unendlichen parallele Aktivität, die er auf vielfältige Weise ausbaut. Allerdings setzt sich das Wesen nicht, wie das Unendliche der Seinslogik herab, sondern es setzt sich als Anderes voraus. Weil diese Aktivität durch Paare wie Wesen und Schein, Grund und Begründetes, Ursache und Wirkung etc. beschrieben wird, ist der Unterschied des Absoluten von sich in der Wesenslogik von vornherein stärker relativiert als in der Seinslogik. Der starke Rückbezug des Daseins auf das Wesen verdeutlicht einmal mehr die theologische Verfaßtheit der Wissenschaft der Logik. Denn eine essentielle Gemeinsamkeit von Religion, Philosophie (S157,5-9) und sogar dem Denken des Verstandes besteht nach Hegel in der Weigerung, das Dasein als „absolut" (S127,8-11) oder als letzte Instanz zu akzeptieren. Das Herausarbeiten einer absoluten Basis des endlichen Daseins, das mit der Betrachtung des Unendlichen bereits in der Seinslogik einsetzt, gelangt in der Wesenslogik in völlig andere Dimensionen.

Hegel hat daher diesen Ansatz der Wesenslogik auf maßgebliche Stellen seiner Philosophie des absoluten Geistes übertragen. Der absolute Geist ist der „Gegenstoß in sich selber, sich vorauszusetzen" um durch Aufheben dieser Voraussetzung zu sich zurückzukehren. Das Sich-Voraussetzen des absoluten Geistes vollzieht sich vielschichtig. Er setzt sich als „logische Idee", als abstraktes Sein oder als „endliche Welt" voraus, um aus dem jeweilig *Anderen* zu sich, als dem *Ersten*, „zu seiner Quelle", zurückzukehren. Die Einheit in diesem Kreislauf unterstreicht Hegel dadurch, daß er das Absolute explizit als „*eine* Bewegung" in diesen Gegensätzen begreift (Rel I,174-176).[74]

Die voraussetzende Tätigkeit des Wesens produzierte auf der Ebene der setzenden Reflexion ein Gesetztsein, das von der absoluten Reflexion nicht getrennt war. Erst durch die Hinzunahme der äußeren Reflexion wurde eine merkliche Differenz zwischen Setzendem und Gesetztem akzentuiert. Diese Differenz wird in der nun zu betrachtenden bestimmenden Reflexion noch einmal verstärkt. Erst auf der Ebene der bestimmenden Reflexion tritt das Wesen sich wahrhaft selbst *gegenüber*.

Um die bestimmende Reflexion zu gewinnen, konzentriert sich Hegel in der Zweiheit von setzender und äußerer Reflexion auf deren „Einheit" (W21,2-3). Diese Einheit kristallisiert sich wiederum als Bewegung heraus. Weil die äußere Reflexion sich als setzend erwiesen hat, deshalb befindet sich das „Setzen...nun in Einheit mit der äußeren Reflexion" (W22,6-7). Bevor Hegel diese Einheit entwickelt, vergleicht er noch einmal explizit die zuletzt erörterten Reflexionsarten. Überraschenderweise wird bei diesem Vergleich die äußere Reflexion, nicht aber die setzende, zur Basis der bestimmenden Reflexion, die Hegel als vollendet bezeichnet, erhoben. Denn die äußere Reflexion ist es die, „die bestimmend wird". Sie beginnt mit dem „unmittelbaren Sein" und hebt es auf, indem sie „ein Anderes, aber das Wesen, an die Stelle des aufgehobenen Seins" setzt. Die setzende Reflexion verhält sich in diesen letzten Punkten zur äußeren kontradiktorisch entgegengesetzt. Sie „hat" *weder* eine „Voraussetzung" – daher beginnt sie nicht, wie dies bei der Darstellung des Anderen der Wesenslogik deutlich wurde, mit dem Sein (sondern mit dem Nichts) – *noch* setzt sie irgendetwas „an die Stelle eines Anderen" (W21,5-9).

Dies sind für Hegel die Gründe, die setzende Reflexion nicht als „vollendete, bestimmende Reflexion" anzusehen. Was die setzende Reflexion zustande bringt, ist „nur ein Gesetztes", ein sich selbst aufhebendes Unmittelbares, das nur Gültigkeit in Bezie-

---

[74] Die Tatsache, daß Hegel in seinen Vorlesungen immer wieder auf die Reflexion zurückgreift, dürfte Theunissens These, Hegel distanziere sich im weiteren Verlaufe seiner philosophischen Entwicklung mehr und mehr von der Reflexion, widerlegen. Inwieweit sich Hegel 1816 bei der Darstellung des Begriffs hinsichtlich der Verwendung der Reflexion „zurückhaltender" gibt (Theunissen, a. a. O., S. 331), müßte erst noch untersucht werden.

hung auf die Reflexion besitzt, von dieser selbst aber unterschieden ist (W21,10-15). Auf diese Weise bleibt die „*Gleichheit* der Reflexion *mit sich* erhalten" (W21,16-17).[75] Dieses Ergebnis kollidiert jedoch mit der oben konstatierten Verfaßtheit der absoluten Reflexion. Denn die absolute Reflexion hatte sich zunächst als *Gleichheit mit sich* gezeigt. In Wirklichkeit gestaltete sie sich jedoch komplizierter, nämlich als *sich negierende Gleichheit* (W15,13-24). Genau diese Struktur hat Hegel bei der Zusammennahme von setzender und äußerer Reflexion als Ziel vor Augen. Denn die Vereinigung beider bewirkt im Endeffekt nichts anderes als den *Verlust* der „Gleichheit des Wesens mit sich selbst...in die Negation" (W22,5-6).

Die Vereinigung von setzender und äußerer Reflexion ergibt sich folgendermaßen. Dem Gesetztsein der setzenden Reflexion ist ein defizitärer Charakter zu eigen, auf den Hegel wie folgt verweist. „Das Gesetztsein ist noch nicht Reflexionsbestimmung; es ist nur Bestimmtheit als Negation überhaupt" (W22,5-6). Was fehlt dem Gesetztsein, damit es Bestimmtheit des Wesens oder der Reflexion zu sein vermag? Das Gesetzte ist ein Aufgehobenes, ein prinzipiell Negiertes. Es ist im höchsten Maße instabil. Ihm mangelt ein erheblicher Grad an Selbständigkeit oder, etwas schwächer formuliert, eine gewisse Identität. Diesem Mangel des Gesetzten wird mit der Reflexionsbestimmung abgeholfen. „Die bestimmende Reflexion setzt... solche, die identisch mit sich... sind" (W66,10-12).[76]

Den stabilen Faktor oder die Identität steuert die äußere Reflexion zum Gesetzten oder zur Bestimmtheit der setzenden Reflexion hinzu.[77] Das vorausgesetzte Unmittelbare der äußeren Reflexion besitzt auf Grund seiner Unabhängigkeit von der Reflexion einerseits eine gewisse Stabilität, andererseits ist die äußere

---

[75] Unterstreichung vom Verfasser.
[76] Hegel adaptiert im vorliegenden Umkreis zwei Begriffe Fichtes: Schweben und Fixieren. Nach Fichte greift die Vernunft in das „Schweben der Einbildungskraft" ein, indem sie diese „fixiert", um „feste" Grenzen zu schaffen. J. G. Fichte, a. a. O., S. 216/7. Genau das passiert bei der Konstituierung der Reflexionsbestimmung. Das Gesetztsein, erst nur substratlose „Bestimmtheit" (W22,5-6), „fixiert sich zur Bestimmung" (W22,19-20). Es sind „schwebende *Wesenheiten*", in denen sich die „Bestimmtheit... befestigt" (W22,36-38).
[77] Henrich, a. a. O., S. 297.

Reflexion als immanente Reflexion dieses vorausgesetzten Unmittelbaren ausgewiesen. Durch die Adjunktion der äußeren zur setzenden Reflexion ergibt sich auf diese Weise ein „Setzen der Bestimmtheit als *ihrer selbst*" (W22,9-10).

Das Unmittelbare als Einheit von setzender und äußerer Reflexion kann somit nicht mehr „*nur*" als „Gesetztes", wie dies beim „Setzen" der Fall war (W21,8-11), betrachtet werden. Das Wesen hat sich durch die Einheit von äußerer und setzender Reflexion – durch die Immanenz der Reflexion in der Unmittelbarkeit – vielmehr dahingehend bestimmt, daß es sich in identischer Weise von sich abstößt. Dieses „Abstoßen der Reflexion von sich selbst" bewirkt als „absolutes Voraussetzen" (W22,8-9) ein in sich reflektiertes Gesetztsein. Das *in sich reflektierte Gesetztsein* nennt Hegel „*Reflexionsbestimmung*" (W22,10-12).

Mit der Reflexionsbestimmung ergreift Hegel nochmals die Möglichkeit, die Wesenslogik von der Seinslogik abzugrenzen. Die *Qualität, die Bestimmtheit der Seinslogik*, kennzeichnet er als „Beziehung auf Anderes". In ihrer Bezogenheit auf Anderes, auf das Sein, ist sie in sich ungleich und vergeht. Das *Gesetztsein, die Bestimmtheit der Wesenslogik*, ist als „Negiertsein" der Reflexion ebenfalls auf Anderes bezogen, aber zugleich auf sich selbst. Denn das Gesetztsein ist wegen der Selbstbezüglichkeit der Negation nicht in sich ungleich, sondern in sich gleich. Das Gesetztsein ist „daher selbst Reflexion in sich", wodurch es „Bestehen" erhält. Die Reflexionsbestimmung macht deshalb die „*wesentliche*, nicht übergehende Bestimmtheit" aus (W22,13-37).

Die in der bestimmenden Reflexion sich darbietende neue Struktur, die Reflexionsbestimmung, setzt sich somit aus zwei Komponenten zusammen, dem *Gesetztsein* und der *Reflexion in sich* (W23,7-9). Von diesen beiden Komponenten enthält das Gesetztsein die negative Seite (W22,6), „das Aufgehobensein" (W23,27), die „Negation als solche" (W23,9ff). Die Reflexion in sich dagegen beinhaltet die stabile Seite, das „Bestehen" (W23,28).

Die Vereinigung von setzender und äußerer zur vollendeten, bestimmenden Reflexion fordert ihren Preis. Dieser besteht in dem bereits angedeuteten *Verlust* der „Gleichheit des Wesens" mit sich. Die bestimmende Reflexion wird von Hegel als „außer sich gekommene Reflexion" begriffen und die auf diese Weise eingetretene „Negation" der Identität des Wesens mit sich als das „Herrschende" deklariert (W23,4-6). Es kann kaum überraschen, daß diese Passagen in der Literatur für Aufregung gesorgt haben.[78] Genauso wenig überraschen kann allerdings das Faktum, daß Hegel von vornherein diesen Verlust einkalkuliert hat. Er bildet einen integralen Bestandteil der Entwicklung des Wesens. Programmatisch für die Entwicklung des Wesens ist der folgende Satz. „Es ist das Aufheben seiner Gleichheit mit sich, wodurch das Wesen erst die Gleichheit mit sich ist" (W16,29-30).[79]

Hegel erklärt die Reflexionsbestimmung zum „wesentlichen Schein" (W23,3) oder zur „Wesenheit" (W24,1-7). Der Schein aber zeigte sich als vom Wesen produzierter immer schon aufgehobener Unterschied. In dieser Gegenläufigkeit besteht die „*Selbstbewegung*" (W34,34), ja die „Lebendigkeit" des Wesens (W60,11). Mit der außer sich gekommenen Reflexion wurde dem Schein des Wesens lediglich „Bestehen" verliehen, ein Unterfangen, das von Anbeginn der Wesenslogik vorgesehen war (W11,37). Auch das Herrschende, die bestimmende oder außer sich gekommene Reflexion, ist Negation. Weil sie das sich „an ihm" selbst aufhebende „Unmittelbare" ausmacht (W23,8-13), bleibt die Gleichheit des Wesens mit sich in letzter Konsequenz gewahrt. Im Selbstbestimmungsprozeß des Wesens steht zwar der wesentliche Schein gegen das Wesen, aber das „Wesen geht darin nicht außer sich" (W23,13-15). Die außer sich gekommene Reflexion ist als Gesetztsein ein „Nichtsein gegen... die absolute Reflexion in sich oder gegen das Wesen" (W23,23-25).

---

[78] Während Henrich den Gedanken „von einem Anderen des Wesens, das selbst Wesen ist" als für die Wesenslogik nicht beantwortbar erklärt (Henrich, a. a. o., S. 272/3 sowie 302-304), erblickt Theunissen in den besagten Partien die Ursache für den Untergang der Struktur der Reflexion (Theunissen, a. a. O. 326). In Wahrheit diskutiert Hegel an dieser Stelle der Wesenslogik einen abstrakten Sachverhalt, der vor allem in der Dialektik von Form und Materie konkrete Züge annimmt. „Die Form ist die absolute Negativität selbst" (W71,7-8), mithin das Wesen, das sich auf seine „Identität als auf ein Anderes" (W71,39), auf die Materie, bezieht. Das Wesen entzweit sich in Grundlage und Form, Materie und Form, Inhalt und Form (W74,10ff). In jedem dieser Paare macht jedes Element selbst das Wesen aus.

[79] Bei der Idee ist die Expansion „nach außen... ebenso ein Gehen nach innen". In dieser Entwicklung bleibt sie das „Allumfassende und Unveränderliche" (GE 32). Diese Charakteristik dürfte auch für das Wesen zutreffen.

Durch die bestimmende Reflexion wird der Flüchtigkeit des Gesetzten der setzenden Reflexion Einhalt geboten. Ihr Gesetztes ist in sich reflektiert oder besitzt „Bestehen" (W22,33). Die Komponente des Bestehens (W23,28) ist es, die Hegel im Fortgang der Wesenslogik gegenüber dem flüchtigen Gesetztsein mehr und mehr erstarken läßt. Auf der Ebene des Grundes wird sie so stabil sein, daß die anfängliche, sich selbst aufhebende Unmittelbarkeit durch eine „feste Unmittelbarkeit" abgelöst wird. Letztere begreift Hegel als „Substrat", das den Formbestimmungen „*zugrunde*" liegt und ihr Bestehen garantiert (W69,21ff), weiter als Materie (W73,33ff), Inhalt (W79,30ff), Substanz (W191,28). Aber auch die instabile Seite, das Gesetztsein, findet die gesamte Wesenslogik hindurch ihren Niederschlag. Sie wird als Begründetes, als Erscheinung, als Zufall, als Akzidentalität oder als Wirkung auftreten – um nur einige Stationen zu nennen.

Der Selbstbestimmungsprozess des Wesens setzt zu Beginn der Wesenslogik mit dem unbestimmten Wesen ein, passiert die Stationen Schein (W12,7-9) und Reflexion (W14,27), um in die bestimmende Reflexion zu münden. „Die Reflexion bestimmt sich: ihre Bestimmungen sind ein Gesetztsein, das zugleich Reflexion in sich ist" (W7,11-13). Hegel führt die Reflexionsbestimmung als Produkt der bestimmenden Reflexion im Singular ein, um sie anschließend in einen Strauß von Reflexionsbestimmungen zu entfalten (W24,10ff). Da die elementaren Komponenten – Gesetztsein und Reflexion in sich – aneinander gebunden sind, vervielfältigt sich die Reflexionsbestimmung, jedoch in anderer Weise, als bei der Repulsion der Seinslogik, denn die Vervielfältigung der Reflexionsbestimmung führt nicht auf Identische, wie dies bei den vielen Eins der Fall war, sondern auf verschiedene und schließlich sogar einander entgegengesetzte Reflexionsbestimmungen. Verantwortlich für diesen Multiplikationsprozeß ist nicht die Reflexion in sich, denn diese garantiert gerade die Stabilität der Wesenheit. Verantwortlich für die Entfaltung der Reflexionsbestimmung zu einem Komplex von Reflexionsbestimmungen ist das Gesetztsein, das die Reflexionsbestimmung „in den Übergang und in ihre Negation fortreißt" (W26,36-27,3).

Dieses Übergehen der Reflexionsbestimmungen gehorcht anderen Gesetzen als das Übergehen der Seinslogik. Die Reflexionsbestimmung ist nicht, wie die „Qualität...im Anderen verschwindendes Moment" (W22,24-7), sondern in sich stabil, „befestigt". Das Übergehen einer Reflexionsbestimmung in eine andere existiert zwar noch, doch im Gegensatz zur Seinslogik liegt ein kontrolliertes Übergehen vor, ein Übergehen, das seine dominierende Rolle an die Reflexion in sich abgetreten hat. Das als Reflexionsbestimmung oder Wesenheit auftretende bestimmte Wesen hat sein Anderssein, „sein Übergehen und sein bloßes Gesetztsein sich unterworfen", „seine Reflexion in Anderes in Reflexion in sich umgebogen" (W22/3).

Die Struktur der Reflexionsbestimmung bildet die Basis für die im folgenden zu entwickelnden maßgeblichen Wesenheiten, Identität und Unterschied. Denn beide sind in sich reflektiert und dennoch „machen" sie „sich zum *Moment* oder zum *Gesetztsein*" (W34,34-35). Jedes der beiden „erhält" sich in seinem Anderen (W35,3-5), jedes der beiden kehrt aus seinem Anderen in sich zurück. Diese „Natur der Reflexion" (W34,32) sprengt die Dialektik der Seinslogik endgültig (W34,38-39). Für diesen gespiegelten Vorgang wählt Hegel nicht mehr den Ausdruck Scheinen in sich, wie dies bei der absoluten Reflexion geschah, sondern den des Scheinens in Anderes, auch wenn dieser Ausdruck in der Wesenslogik explizit erst bei der bestimmten Verschiedenheit auftritt (W41,34-35). Das Scheinen in Anderes wird sein eigentliches Niveau mit dem Positiven und Negativen, den *selbständigen* Reflexionsbestimmungen, erreichen (W50,23-24). Jedes der beiden beinhaltet „ein *eigenes* Bestehen" und nimmt doch „Sinn" und „Bedeutung" nur aus seinem Anderen (W56,20ff).

Aufgrund der Gebundenheit der Momente aneinander kann ihre Selbständigkeit allerdings nur als relativ bezeichnet werden. Dieses Faktum der Wesenslogik, daß den Momenten in ihrem Ineinanderscheinen ein eigenes Bestehen oder Selbständigkeit zukommt, findet sich in der Seinslogik entweder gar nicht, oder es stellt sich erst zögernd, gegen Ende – bei der Kategorie des Maßes und auch dort nur bedingt – ein.

Die Wesenheiten oder die Reflexionsbestimmungen

A. Identität

Wenn die Wesenslogik ein in sich konsistentes Ganzes bildet, das die für den Gesamtansatz des Werkes relevante logische Struktur des Wesens im ersten Kapitel des ersten Abschnittes einführt, so muß sie auf den dort gewonnenen Resultaten aufbauen. Das Wesen wird als sich auf sich beziehende Negativität definiert. Dieses zunächst unbestimmte Wesen involviert einen Prozeß der Selbstbestimmung, in der Absicht, sich Dasein zu verschaffen. Zu diesem Zweck versieht es sich mit der Bestimmtheit des Scheins. Ausgehend von diesem Ansatz entwickelt es sich zum Scheinen oder zur absoluten Reflexion, d. h. zu der Negativität, die sich über ihre Negation mit sich vermittelt und die auf diese Weise ihre Negativität als Unmittelbarkeit (Gesetztsein) und umgekehrt bestimmt. Der so eingeleitete Prozeß der Selbstbestimmung des Wesens erreicht mit der *Reflexionsbestimmung, dem Gesetztsein, das zugleich Reflexion in sich ist*, einen ersten Höhepunkt. Nicht nur das Wesen hat sich bestimmt, sondern auch der im Wesen fundierte Schein. Er hat sich – als außer sich gekommene Reflexion – zum „bestimmten Schein..., wie er im Wesen ist," zum „wesentlichen Schein" entwickelt (W23,2-3). Diese Elemente muß die Wesenslogik, will sie ein in sich geschlossenes, kohärentes Ganzes bilden, fortführen.

In der Tat verwirklicht Hegel seine Intention, die Reflexionsbestimmung zu einem Strauß von Reflexionsbestimmungen zu entfalten, mit den Komponenten der Definition des Wesens, Negativität und Unmittelbarkeit. Mit ihnen gewinnt er die Bestimmung der „Identität". Weil das Wesen in der Reflexionsbestimmung sein „Anderssein in sich zurückgenommen" hat (W24,1-2), deshalb ist es „sich selbst gleich in seiner absoluten Negativität". Der bei der Konstitution der Identität vollzogene Rückgang auf die im ersten Kapitel der Wesenslogik gegebene Definition des Wesens läßt sich kaum übersehen. Die Negation des Andersseins zeigt das Wesen als „einfache Unmittelbarkeit" oder „als aufgehobene Unmittelbarkeit". Ferner gilt auf Grund dieser Negation für das Wesen: „Seine Negativität ist sein Sein" (W27,5-10).[80]

---

[80] In der Erläuterung dieser Identität betont Hegel, daß die aus der Definition des Wesens resultierende Gleichheit mit sich nicht als „ein Wiederherstellen aus einem Anderen" gelten kann, denn ein eigentlich Anderes ist in der Wesenslogik ausgeschaltet. Auf Grund der in sich bleibenden Bewegung des Wesens handelt es sich bei der wesenslogischen Identität um das „reine Herstellen aus und in sich selbst" (W27,14-16). Durch diese Verfaßtheit ist das Wesen abermals in die Nähe eines Subjekts gerückt oder als Pseudo-Subjektivität ausgewiesen.

An diese nahezu axiomatische Vorgehensweise schließt Hegel die Feststellung an, daß mit der Ableitung der Identität noch nicht über die anfängliche logische Struktur des Wesens hinausgegangen wurde (W27,24).[81] Die Ableitung des in sich reflektierten Gesetztseins aus der Identität steht somit noch an. Sie wird folgendermaßen eingeleitet. Die Identität macht lediglich „die ganze Reflexion, nicht ein unterschiedenes Moment derselben" aus (W28,21-23). Diese Gestaltung widerspricht jedoch der logischen Struktur des Wesens. Denn im Rahmen seiner Definition vermittelt sich das Wesen über „seine Negation, welche es selbst ist," mit sich (W12,12). Die Identität muß sich daher, der logischen Struktur des Wesens gemäß, „als ihr eigenes Nichtsein,... als ihr eigenes Moment" setzen, um aus diesem „Gesetztsein" in sich zurückzukehren (W29,10-14).

Die Realisierung dieser logischen Struktur des Wesens auf der Ebene der Identität, ergibt sich wiederum durch einen Rückgang auf die Definition des Wesens. Durch ihn ist die Wesenslogik imstande, das vermißte Moment aufzuspüren, um es als weitere Reflexionsbestimmung, als „Unterschied", zu begreifen. Denn mit der Identität des Wesens, der sich auf sich beziehenden Negativität (W28,14), liegt eine Negation vor, „die unmittelbar sich selbst negiert" (W28,24), eine Negation, die einen Unterschied bewirkt. Die hinsichtlich der weiteren Konsistenz der Wesenslogik alles entscheidende Frage ist: Kann der vom Wesen qua Identität *gesetzte* Unterschied, das Gesetztsein, als Reflexion in sich nachgewiesen werden oder – anders formuliert – kann das aufgespürte Moment, der Unterschied, als identisch mit der Identität dargestellt werden?

Um diese Frage zu beantworten, ist es erfoderlich, das Produkt der sich negierenden Negation, den Unterschied, zu betrachten. Hegel begreift dieses Produkt als „Nichtsein und Unterschied, der in seinem Entstehen verschwindet" (W28,24-25). Das vom Wesen

---

[81] W28,21-23. Als Identität zeigt sich das Wesen lediglich in der Gestalt der „Bestimmungslosigkeit". Seine „eigentliche Bestimmung" erteilt sich das Wesen erst als Unterschied (W24,21-25). Damit durchläuft das zweite Kapitel eine analoge Entwicklung zum ersten, in dem vom unbestimmten Wesen zum Schein, dem Wesen in einer Bestimmtheit, fortgeschritten wird. Das Paar Identität – Unterschied stellt die konsequente Fortsetzung des Paares Wesen – Schein dar. (Vgl. die folgende Anmerkung).

qua Identität Unterschiedene muß damit als Schein angesehen werden. Denn dasjenige, das im Entstehen verschwindet oder „unmittelbar in sich selbst zusammenfällt" (W28,27), wurde als die „Unmittelbarkeit des Nichtseins", als Schein eingeführt (W11,19). Weil sich ein „Unterscheiden" ergibt, „wodurch nichts unterschieden wird" (W28,26), bleibt das Wesen in seinem Unterscheiden mit sich identisch. Trotz des Unterscheidens liegt die Bewegung des Übergehens vor, die „in sich bleibt" (W13,31), die Bewegung also, die als Aktivität des Wesens begriffen wurde. Sie hatte sich auch bei der bestimmenden, außer sich gekommenen Reflexion bewährt (W23,13-14).

Die selbstbezügliche Negativität gestaltet sich daher sowohl als Identität (W28,14) wie auch als Unterschied (W28,30-32) des Wesens. Dem Unterscheiden kommt ebenfalls der Selbstbezug des Wesens zu. Denn das fragliche „Unterscheiden" erweist sich als „Setzen des Nichtseins", jedoch keineswegs als Nichtsein des Wesens qua Identität, sondern „des Anderen", des Unterschiedes (28,27-29). Weil somit das „Aufheben des Anderen", „des Unterscheidens" vorliegt, ist die Negation auf den Unterschied bezogen. Hegel findet für den auf diese Weise gewonnenen Unterschied die nachstehenden Bezeichnungen: sich auf sich beziehender, reflektierter, absoluter (W28,34-36) oder mit sich identischer Unterschied (W29,2-3).

Bereits in den einleitenden Passagen zur Wesenslogik, in den Passagen vor dem ersten Abschnitt, hatte Hegel die Metaphorik des Abstoßens herangezogen, um die Aktivität des Wesens zu beschreiben (W4/5). Auf diese Metapher greift er auch bei der Problematik der Identität zurück. Weil der absolute Unterschied als solcher beleuchtet wurde, durch den nichts unterschieden wird, erhält das Abstoßen einen spezifischen Zusatz, indem es als „innerliches" oder „in sich zurücknehmendes Abstoßen" gesehen wird (W28/9). Wird aber nichts unterschieden oder wird das Abstoßen unmittelbar nach innen zurückgenommen, so ist die Identität als „der mit sich identische Unterschied" bestimmt (W29,2-3).

Das zweite Kapitel der Wesenslogik baut konsequent auf dem ersten Kapitel auf, indem es die Begriffe Wesen und Schein kohärent mit den Begriffen Identität und Nichtidentität fortsetzt.[82]

---

[82] Im ersten Kapitel des ersten Abschnittes hatte Hegel ganz allgemein den Unterschied des Wesens als „Schein" bestimmt (W13,30-32), ein Ansatz, der bis zum Schluß der Wesenslogik seine Gültigkeit behält

Im Zuge dieser Begriffe wird die paradoxe Darstellung der absoluten Reflexion, *sie selbst* und *nicht sie selbst* zu sein, vertieft. Denn die „Identität ist *an ihr selbst* absolute Nichtidentität. Aber sie ist auch die... Identität dagegen" (W29,8-9).

B. *Unterschied*

1. *Der absolute Unterschied*

Identität und Unterschied gehen auf eine gemeinsame Wurzel zurück, auf die absolute Reflexion. So gesehen präsentieren sie sich als divergierende Ausprägungen ein und derselben Sache. Im Unterschied ist das Wesen allerdings weiter bestimmt als in der Identität. Während die Identität das Wesen noch in seiner „Bestimmungslosigkeit" darstellt, zeigt der Unterschied das Wesen in seiner eigentlichen Bestimmung (W21-25). Beim Unterschied kristallisiert sich der negative Charakter der Negativität deutlicher heraus, denn der „Unterschied ist die Negativität, welche die Reflexion in sich hat" (W33,26-27).[83]

Im Wesen qua Identität existiert der Unterschied als differierendes Element zum Zweck seiner Selbstbestimmung. „Der Unterschied ist...das wesentliche Moment der Identität selbst, die zugleich als Negativität ihrer selbst, sich bestimmt und unterschieden vom Unterschied ist" (W33,26-30). Im Hinblick auf den Momentcharakter verfährt Hegel aber auch umgekehrt, indem er die Identität als Moment des Unterschiedes erfaßt. Die Struktur der Identität wurde als Selbstbezug des absoluten Unter-

---

(W191,2-6). Auch aus dieser Sicht ist die These Wölfles, das besagte Kapitel liefere nicht die logische Struktur des Wesens, sondern bestehe nur aus Übergangspartien, zu verwerfen. Die Entwicklung der Variablen Wesen und Schein kulminiert in dem Verhältnis von Substanz und Akzidens (W192,30-35) und letztlich in der Wechselwirkung.

[83] Das „identische Sprechen", mit dem Hegel den Unterschied erläutert, dürfte an die von ihm, der Explikation des Unterschiedes vorangeschickten „Anmerkung 2", anschließen. Das „identische Reden" des Satzes ‚A ist A' negiert jegliches Anderssein, das im Prädikat dieses Satzes *erwartet* wird. Der Satz ‚A ist A' repräsentiert mithin die „Bewegung der Reflexion", in der das „Andere nur als Schein, als unmittelbares Verschwinden auftritt" (W31,24-32,15).

schiedes bereits angedeutet. Nun leitet Hegel sie explizit aus dem Unterschied ab. Der „sich... auf sich beziehende Unterschied... ist... die Negativität seiner selbst". Die Negativität des Unterschiedes macht somit die Identität und das Andere des Wesens aus (W34,20-24). Der Unterschied des Wesens produziert das Andere seiner selbst[84] wie auch seine Identität.[85]

Hegel verdeutlicht den Selbstbezug des Unterschiedes des Wesens, indem er ihn vom Unterschied des Daseins abgrenzt. Im Dasein sind die unterschiedenen Daseienden so „gegeneinander" bestimmt, daß sie auseinanderfallen. Jedes Etwas beansprucht ein „*unmittelbares Sein* für sich" (W34,8-11). Im Wesen hingegen ist diese Art von Fürsichsein der gegeneinander Bestimmten eliminiert. Jede Bestimmung, die vom Wesen ausgeht, gehört zum Wesen oder ist am Wesen. Der Schein ist das Wesen in einer Bestimmung. Die Identität hat den Unterschied an ihr. Umgekehrt präsentiert sich der Unterschied als die Negativität seiner selbst. Er hat ebenfalls sein Moment, sein Anderes, die Identität an ihm, denn er ist „er selbst und die Identität" (W34,20-25).

Identität und Unterschied zeigen nach dem Gesagten *auf der formalen Ebene* ein völlig äquivalentes Verhalten, denn keins der beiden ist „Beziehung auf Anderes außer ihm", vielmehr hat jedes der beiden „sein Anderes... an ihm selbst" (W34,39-35,1). Beide stellen auf diese Weise die „Natur der Reflexion" dar, sich

---

[84] Zur unterschiedlichen Behandlung des Anderen bei Platon und Hegel vgl. Düsing. Neben der Akzentuierung der Differenzen vor allem in methodischer Hinsicht betont Düsing die gemeinsame Intention beider Philosophen, eine reine Ontologie dialektisch zu explizieren. Düsing, a. a. O. , S. 11-12.

[85] Das „*Andere seiner selbst*" nimmt sich als eine zentrale Bestimmung der Wissenschaft der Logik aus. Es taucht erstmals in der Seinslogik auf. Dort führt Hegel es zur Vorbereitung der Kategorie der Veränderung (S114,6-10) wie auch der Bestimmung der Subjektivität (S110,26-27) ein. In der Wesenslogik kann er vom Anderen seiner selbst nicht im Sinne der Veränderung Gebrauch machen, denn das Wesen ist der Veränderung enthoben. Das Wesen setzt sich zwar als Anderes, aber es verändert sich nicht im Sinne der Seinslogik als Entstehen und Vergehen. Es realisiert sich vielmehr in seiner Aktivität. In der Begriffslogik benötigt Hegel die Struktur des Anderen seiner selbst zur Darstellung der Bestimmung der Subjektivität, der Bewegung des Begriffs und der „Methode" (MM6,551-567).

als „Ganzes" und als „Moment" zu setzen (W34,30-32). Jedes der beiden umschließt sein „eigenes Nichtsein" oder seine Negation (W29,10ff).[86] Verantwortlich für diese Struktur ist die sich auf sich beziehende Negativität des Wesens, die sich durch ihr Nichtsein mit sich vermittelt. Wegen dieser negativen Natur „machen" sich Unterschied wie Identität „zum Moment oder zum Gesetztsein" (W34,34-35).

2. Die Verschiedenheit

Weil der Unterschied zwei „Momente, Unterschied und Identität", „hat", von denen jedes auf sich bezogen oder in sich reflektiert ist, spezifiziert er sich zur Verschiedenheit (35,5-12). Beim Übergang vom Unterschied zur Verschiedenheit beruft sich Hegel somit auf die Relation des Habens.[87] Schon beim Übergang von der setzenden zur äußeren Reflexion machte Hegel von dieser Relation Gebrauch. Vergleicht man die beiden Passagen miteinander, so ergibt sich folgende gemeinsame Situation. Stets dann, wenn sich das Wesen – das Wesen als solches oder das Wesen als Identität bzw. als Unterschied – voraussetzt, sich zum Anderen seiner selbst, zum Moment oder zum Gesetztsein macht, „hat" es auch eine Voraussetzung oder ein Moment. Hegel hätte besser daran getan, auf diese Struktur von vornherein zu verweisen.

Mit der Verschiedenheit verläßt der Unterschied die Ebene der absoluten Reflexion, um sich als bestimmter Unterschied zu setzen (W36,36-37,23). Die Wesenslogik vollzieht auf diese Weise erneut einen Wechsel von der Ebene der Unendlich- auf die der Endlichkeit. Der Wechsel oder die Spezifikation des Unterschiedes zur Verschiedenheit ist integraler Bestandteil des Prozesses der Selbstbestimmung des Wesens. Diese These resultiert zwanglos aus einem Rückblick. Denn nach dem bisher Gesagten „setzt" sich die „Identität" „als absoluter Unterschied in sich selbst", „als das Negative ihrer", wodurch sie „in Verschiedenheit" „zerfällt"

---

[86] Philosophiegeschichtlich dürfte Hegel die Diskussion der obersten Gattungen des Seienden in Platons Dialog „Sophistes" vor Augen haben. Iber, a. a. O., S. 206. Zu Hegels Plato-Interpretation, vor allem in den „Vorlesungen über die Geschichte der Philosophie", vergleiche man K. Düsing: Hegel und die Geschichte der Philosophie. Darmstadt, 1983, S.84-96.

[87] W35,11-12.

(W35,14-16). Dieser Zerfallsprozess muß somit als eigene Aktivität des Wesens verstanden werden. Das Wesen setzt sich als Anderes, als Verschiedenes, jedoch nur, um zu sich selbst zurückzukehren. Neben der mehr ins Passive abgleitenden Formulierung des Zerfallens in die Verschiedenheit verwendet Hegel, insbesonders bei den weiterentwickelten Stufen des Wesens, dem Unbedingten und der Notwendigkeit, den aktiv ausgerichteten Ausdruck: das Wesen zerstreut sich in die Mannigfaltigkeit.

Das Verschiedene fällt unter die Struktur der Reflexionsbestimmung – unter das Gesetztsein, das zugleich Reflexion in sich ist.[88] Die Subsumption ist möglich, ja sogar notwendig, weil erstens das Verschiedene auf Grund seines Momentcharakters als „Gesetztsein" betrachtet werden muß und weil es zweitens als Selbstbezug und daher als „Reflexion in sich" zu verstehen ist (W35,6-12). In dieser gedoppelten Struktur der Verschiedenheit (W36,17-19) hat sich jedoch das ursprünglich ausgewogene Verhältnis von Gesetztsein und Reflexion in sich, das bei der Identität wie auch beim Unterschied vorlag, zugunsten der Reflexion in sich verschoben. Denn mit der Verschiedenheit tritt ein eigentümlicher Charakter der Identität in den Vordergrund. Die Verschiedenen besitzen eine ausgeprägte Art des Selbstbezugs, die zur Ausschließlichkeit gerät. Die Verschiedenen sind „nur Beziehung auf sich; die Identität ist nicht bezogen auf den Unterschied" und umgekehrt (W35,33-35). Daher verhalten sich die Verschiedenen „gegeneinander gleichgültig" (W35,20). Weil sie den Unterschied „nicht an ihnen selbst" besitzen, ist er „ihnen *äußerlich*" (W36,1-3).

Aus diesem Grund versteht Hegel das Verschiedene als „Anderssein" der absoluten Reflexion. Die Eigenart des Verschiedenen ergibt sich nicht nur im Vergleich mit der absoluten Reflexion, sondern auch im Vergleich mit der Kategorie der Qualität der Seinslogik. Das Qualitative der Seinslogik ist dadurch ausgezeichnet, daß das Sein der Negation zugrundeliegt, „in welchem

---

[88] Damit macht Hegel – nach den Stationen Identität und Unterschied – bei der Behandlung der Verschiedenheit zum dritten Mal von der Definition der Reflexionsbestimmung Gebrauch. Im Gegensatz zu Wölfles Ansicht diktiert die im ersten Kapitel des ersten Abschnittes entwickelte Definition des Wesens zusammen mit der ebenfalls dort dargestellten Reflexionsbestimmung den logischen Ablauf des zweiten Kapitels.

das Negative besteht". Die Eigenart des Verschiedenen beruht ebenfalls auf der Grundlage ihrer Negation. Jedoch liegt ihrer Negation weder das Sein – wie bei der Qualität – noch die Negativität – wie bei der absoluten Reflexion – zugrunde, sondern die Identität (W35,24-29).

Die Bewertung des Verschiedenen als Anderssein der absoluten Reflexion verschärft Hegel durch folgende Feststellung: „In der Verschiedenheit... ist sich... die *Reflexion äußerlich* geworden". Identität und Unterschied agieren weiter, wenn auch in stark deformierter Weise. Der *Unterschied* kommt nur noch durch die *äußere Reflexion* zustande. Die *Identität* tritt wegen ihres abstrakten Selbstbezugs nicht mehr als vormalige Reflexion in sich auf, vielmehr ist sie zur *an sich seienden Reflexion* herabgesunken. Dennoch wäre es ein Mißverständnis, die Identität nur als Identität und den Unterschied nur als Unterschied zu betrachten. Die Relation des Habens setzt sich fort. Jedes hat das Andere an ihm, jedoch so, daß der Selbstbezug dominiert (W36,7-30).

Die Äußerlichkeit der Reflexion vererbt sich auf deren Momente. Die „äußerliche Identität" nennt Hegel „Gleichheit", der „äußerliche Unterschied" wird als „Ungleichheit" geführt (37,3-4). Sie bilden die charakteristischen Elemente, „mit denen die äußere Reflexion operiert".[89] Der von der Identität und vom Unterschied selbst herbeigeführte Zerfallsprozess in an sich seiende und äußere Reflexion (W36,23-25) erreicht auf diese Weise seine Kulmination. Die sich äußerlich gewordene oder sich selbst entfremdete Reflexion vergleicht unter den Gesichtspunkten der Gleichheit und Ungleichheit. Sie bezieht diese Bestimmungen nicht aufeinander, vielmehr „*trennt*" sie beide säuberlich. Für die Verschiedenen gilt: „insofern sie gleich sind, insofern sind sie nicht ungleich". Gleichheit und Ungleichheit sind ausschließlich „auf sich" bezogen (37,28-38). Damit jedoch ist „jede... nur Gleichheit" (W38,15-16). So berechtigt das Trennen unter formallogischem Aspekt sein mag, so falsch ist es, diesen Anspruch als ausschließlichen und letztgültigen hervorzukehren, denn als nur Gleiches „hebt" jedes „sich selbst auf" (W38,17-18).

Diese Behauptung ist zu begründen. Dialektisch gesehen bildet jedes der beiden – Gleichheit wie auch Ungleichheit – eine „negative Einheit" mit dem Anderen (W38,20-27). Sie kündigt sich über ihre Trennung an. Vergleicht man Gleichheit und Ungleich-

---

[89] Iber, a. a. O., S 345.

heit nur, so werden sie aus der Perspektive „*eines Dritten*" gesehen. Ihr genuiner Zusammenhang bleibt auf diese Weise „außer ihnen". Faßt man sie jedoch in ihrer „Bedeutung", so gelangen ihre „Beziehungen aufeinander" zum Vorschein. Denn durch das Auseinanderhalten wird jedes als das angesehen, „was das andere nicht ist". Jedes wird durch das Andere beschrieben, wenn auch auf negative Weise. Denn „gleich ist nicht ungleich, und ungleich ist nicht gleich", in dieser Beziehung von Gleichheit und Ungleichheit erschöpft sich deren Bedeutung (W38,1-11).[90]

An Hand ihrer Bedeutung läßt sich die negative Einheit von Gleichheit und Ungleichheit wie folgt formulieren: Die Gleichheit ist „sie selbst und die Ungleichheit" und das Analoge gilt für die Ungleichheit (W39,2-4). Gleichheit wie auch Ungleichheit tragen somit dieselbe widersprüchliche Struktur wie die absolute Reflexion, die Identität und der Unterschied. Die absolute Reflexion zeigte sich als der Widerspruch „*sie selbst* und *nicht sie selbst*" zu sein (15,11-12). Die Identität setzt sich als „absolute Nichtidentität. Aber sie ist auch... Identität" (29,8-9). Der Unterschied schließlich besteht darin, „er selbst und die Identität" zu sein (34,24-25).

Durch die negative Bezogenheit von Gleichheit und Ungleichheit wird die Verschiedenheit über sich hinausgetrieben.[91] Das Verschiedene artikuliert sich als an sich seiende Reflexion „gegen" die äußere Reflexion. Die beiden letzteren sind Abkömmlinge der absoluten Identität und des absoluten Unterschiedes. Die

---

[90] Auch bei der Problematik der Verschiedenheit wird der Einfluß Fichtes auf Hegel spürbar, denn Fichte definiert Entgegengesetzte wie folgt: „das eine ist, was das andere nicht ist". Fichte, a. a. O., S. 224 (109/10;104).

[91] Obwohl Hegel in der Anmerkung zur Verschiedenheit auf Leibniz zu sprechen kommt, sieht er in ihm nicht einen Vertreter des äußerlichen Unterschiedes. Neben dem „Prinzip der Individualität" schätzt Hegel den Satz der „Ununterscheidbarkeit" als das „Wichtige" bei Leibniz ein (MM20,255). Jedes Individuum sei bei Leibniz ein „an ihm selbst... Bestimmtes, sich von Anderem an ihm selbst Unterscheidendes". Hegel erläutert seine Aussage plastisch durch einen Hinweis auf die „Klauen" eines Tieres, durch die nicht der Mensch das Tier, sondern das Tier sich selbst von anderen Lebewesen unterscheide. Das Tier „wehrt sich, erhält sich" (ebd. 241). Hegel bemängelt bei Leibniz lediglich den fehlenden Beweis des obigen Satzes (W40,37-41,9).

an sich seiende Reflexion wurde als die Identität definiert, die sich gegen ihren Unterschied gleichgültig verhält (W36,27-36). Sie ist als abstrakte Identität der Boden, auf dem die Negation äußerlich agiert, die Gleichheit, an der die Ungleichheit gesetzt wird. Die äußere Reflexion dagegen wurde als der „*bestimmte* Unterschied" gefaßt, dessen abstrakte Momente, Identität (Gleichheit) und Unterschied (Ungleichheit), „äußerlich gesetzte" sind (W36,36-37,2). Hegel beabsichtigt, auch diese Differenz zu nivellieren.

Die Frage, die gestellt werden muß, kann aber nur lauten: Hat Hegel mit der Unterscheidung von an sich seiender und äußerer Reflexion eine eigentliche Differenzierung vornehmen können, so daß es wirklich etwas zu beweisen gibt? Die Äquivalenz zwischen an sich seiender und äußerer Reflexion, die er darlegt, rennt jedenfalls offene Türen ein (W39,9-15). Was zu zeigen war, die Bezogenheit der vermeintlich Unbezogenen, war längst erwiesen. Durch die Bezogenheit von an sich seiender und äußerer Reflexion ergibt sich der *zweite Übergang* innerhalb der Sphäre des Unterschiedes. Das beziehungslose Verschiedene ist in eine „negative Reflexion" eingebunden. Es liegt die über die Bedeutung ermittelte Reflexion vor, „welche der *Unterschied* der Gleichheit und Ungleichheit *an sich selbst* ist".[92] Die „*gleichgültigen* Seiten" sind damit zu Momenten „einer negativen Einheit" erhoben, die Verschiedenheit ist zum „Gegensatz" geworden (W39,15-25).

3. Der Gegensatz

Auf Grund ihrer Sichselbstgleichheit scheinen die Reflexionsbestimmungen beziehungslos nebeneinanderzustehen. Diesen Ansatz bewertet Hegel jedoch als „gedankenlose Betrachtung". Denn die Verschiedenheit wird aus der Identität und die Entgegensetzung aus der Verschiedenheit gewonnen. Die Reflexionsbestimmungen sind daher dem „Übergehen... nicht entnommen". Verantwortlich für diese Bestimmung ist nicht die Komponente der Reflexion in sich, sondern die des Gesetztseins (W26,20-27,3). Das Gesetztsein der Identität *wird* durch Isolation der Momente *zu* dem der Verschiedenheit. Durch Veränderung des Gesetztseins der Verschiedenheit wiederum hat sich der *Übergang* in die Ent-

---

[92] Unterstreichung vom Verfasser.

gegensetzung ergeben. „Das bloß Verschiedene geht... durch das Gesetztsein über in die negative Reflexion" (W39,15-16).

Mit der Verschiedenheit gerät Hegel auf Grund der Unbezogenheit oder des Auseinanderfallens der Verschiedenen in die Nähe des qualitativen Seins. Diese Annäherung wird allerdings in den fünf Jahre späteren Heidelberger „*Vorlesungen über Logik und Metaphysik*" stärker betont (Good 117) als in der Wesenslogik.[93] Weil die Verschiedenen für sich bestehen, sind sie gegeneinander gleichgültig. Diese Gleichgültigkeit erwies sich jedoch als vordergründig. Aus der unendlichen Mannigfaltigkeit der bloß Verschiedenen lassen sich immer paarweise Verschiedene herausgreifen, die sich nicht zueinander gleichgültig verhalten, sondern aufeinander bezogen sind. An Beispielen solch paarweise Verschiedener nennt Hegel Addition und Subtraktion, Multiplikation und Division, „Vermögen und Schulden", Unorganisches und Organisches, Geist und Natur und schließlich die „zunächst am Magnetismus als Polarität wahrgenommene Entgegensetzung", die sich durch die gesamte Natur hindurch fortsetzt (W46ff).[94]

Durch die soeben angedeutete Bezogenheit tritt der „Unterschied des Wesens" hervor. In ihm sind die Verschiedenen so aufeinander bezogen, daß die in der Verschiedenheit auseinandergefallenen, gegeneinander gleichgültigen Momente in einer und derselben Beziehung stehen (W41,21-22). Die so in eine Identität eingebundenen Verschiedenen nennt Hegel *Entgegengesetzte* (W42,8-9) und den auf diese Weise entstandenen Unterschied *Gegensatz*. Der Gegensatz zeigt sich somit als „Einheit der Identität und der Verschiedenheit". Mit ihm ist die „*bestimmte Reflexion*, der Unterschied vollendet" (W42,6-8). Im Gegensatz hat „das Unterschiedene nicht ein Anderes überhaupt, sondern sein Anderes sich gegenüber". Zur Beschreibung dieses wesenslogischen Verhältnisses verwendet Hegel die Terminologie des Ineinanderscheinens. Gleichheit und Ungleichheit „fallen... nicht in verschiedene Seiten... gleichgültig auseinander, sondern" jede scheint „in die andere" (W41,34-35).[95]

---

[93] In der Wesenslogik legt Hegel Wert darauf, das Verschiedene von der Qualität abzugrenzen (W36,15-17).

[94] Enz §119, Zusatz 1.

[95] Enz §118/9.

Hegel unterstreicht die Einheit der Wesenslogik dadurch, daß er zur Charakterisierung der „Momente des Gegensatzes" wiederum auf das im ersten Kapitel des ersten Abschnittes entwickelte Konzept zurückgreift (W42,21-22). Dieses Konzept lautet: Das Wesen, als sich auf sich beziehende Negativität, vermittelt sich über sein Nichtsein mit sich, wodurch es sich als *in sich reflektiertes Gesetztsein* bestimmt. Dieses für die gesamte Reflexionsbestimmung bisher konstitutive in sich reflektierte Gesetztsein versieht Hegel in der Entgegensetzung mit zwei zusätzlichen Attributen: *Gleichheit* und *Ungleichheit*. Aus dieser Konstruktion resultieren die Momente der Entgegensetzung, das Positive und das Negative.

Wegen des dialektischen Zusammenhanges von Gleichheit und Ungleichheit in der Entgegensetzung gilt: Jedes der beiden ist das „Ganze", aber nicht mehr auf äußerliche Weise, sondern – der Struktur des Wesens gemäß (W12,11-13) – nur „als sich wesentlich auf sein Nichtsein beziehend" (W42,30-36). Da somit Selbstbezug und die Beziehung auf das jeweilig Andere vorliegt, stellen sich zwei Ganzheiten ein: Zum einen die „in sich reflektierte Gleichheit mit sich, die in ihr selbst die Beziehung auf die Ungleichheit enthält", zum anderen die in sich reflektierte Ungleichheit, die auf die Gleichheit bezogen ist. Erstere begreift Hegel als Positives, letztere als Negatives (W43,1-4). Da Gleichheit und Ungleichheit als Gesetztsein geführt werden, kann Hegel die Definitionen des Positiven und des Negativen umgestalten, indem er Gleichheit bzw. Ungleichheit als zusätzliche Attribute zum *in sich reflektierten Gesetztsein* adjungiert. So zeigt sich das Positive als das *in seine Gleichheit mit sich reflektierte Gesetztsein*, das Negative hingegen als das *in seine Ungleichheit mit sich reflektierte Gesetztsein* (W43,8ff).

Aus dieser Situation ergibt sich das Prädikat der Selbständigkeit. Positives und Negatives sind die „selbständig gewordenen Seiten des Gegensatzes" deshalb, weil sie in der Relation mit dem Anderen als Selbstbezug und als Ganzes auftreten (W43,11-31). Damit erlangt für das Positive wie auch für das Negative ein zweifacher Aspekt Gültigkeit. Jedes der beiden ist auf das jeweils Andere bezogen, jedes nimmt „Sinn" und „Bedeutung" aus dem Anderen, seinem „Nichtsein". Aber jedes der beiden besitzt auch „ohne Beziehung auf" das Andere „ein *eigenes Bestehen*" (W56,16-27), denn das Gesetztsein ist „ein Sein, ein gleichgültiges Bestehen geworden" (W43,31-39).[96]

Die Selbständigkeit des Positiven und des Negativen erweist sich jedoch als relative und zwiespältige, denn jedes der beiden ist an das Andere gebunden.[97] Nähere Aufschlüsse über ihre relative Selbständigkeit erhält man, wenn man das bisherige Stadium der Entgegensetzung, „den *an sich* bestimmten Gegensatz" (W43,26-27), überschreitet.

Hegel treibt die Entwicklung durch drei Punkte weiter, wobei der erste Punkt in zwei Unterpunkte zerfällt.[98] *Erstens*: als Momente „des Gegensatzes" sind Positives wie auch Negatives jeweils nur „durch das Andere, durch" das eigene „Nichtsein" bestimmt. Dadurch fällt a) jedes der beiden unter das „*Gesetztsein*". Weil ferner jedes nur besteht, „*insofern das Andere nicht ist*", deshalb ist b) jedes „*Reflexion in sich*" (W44,9-14). Dieses anfängliche Stadium des Gegensatzes betrifft nur das „*Entgegengesetzte* überhaupt" (W44,6) oder nur den Gegensatz „überhaupt" (W44,15-18). Positives und Negatives sind in ihm eigentlich „noch nicht positiv" bzw. „noch nicht negativ", sie stehen nur „negativ gegeneinander" (W44,6-9).

Zweitens verhält sich durch das im ersten Punkt aufgewiesene in sich reflektierte Gesetztsein jedes Moment „gleichgültig gegen" die „Identität", der sie als „Momente" angehören. Daher

---

[96] Das überraschende Auftreten des Seins resultiert aus der Struktur der Gleichheit und Ungleichheit. Letztere verhalten sich nicht nur gleichgültig zueinander, sondern auch zur absoluten Reflexion. Die Identität der Momente mit sich selbst bildet daher eine „nicht in sich reflektierte *Unmittelbarkeit*" oder ein „*Sein*" (W42,12-19). Die reflektierte Unmittelbarkeit wurde als Unmittelbarkeit des Wesens eingeführt. Die Wesenslogik läßt keinen Zweifel daran, daß sie Wesen und Sein als Negationen betrachtet. Folglich ergibt sich aus der Negation der reflektierten Unmittelbarkeit das Sein.

[97] Die Enzyklopädie definiert das Positive über das Negative und umgekehrt. Das Positive gilt dort als „identische Beziehung auf sich", die „nicht das Negative" ist. Das Negative wird als das vom Positiven „Unterschiedene" eingeführt, das „so für sich ist, daß es *nicht* das Positive ist" (Enz §119).

[98] Zu den verschiedenen Phasen dieser Entwicklung vergleiche man M. Wolff: Der Begriff des Widerspruchs. Eine Studie zur Dialektik Kants und Hegels. Königstein, 1981, S. 112-127.

wurde die Verschiedenheit nicht generell überschritten. Die Entgegengesetzten sind so nur „verschiedene... gegeneinander", nicht aber an und für sich selbst bestimmt. Ist aber keine dieser Seiten an ihr selbst bestimmt, so sind Positives und Negatives beliebig austauschbar, „sie können verwechselt werden" (W44,15-31).

Drittens reicht weder der erste noch der zweite Punkt zur Charakterisierung des Positiven oder Negativen aus (W44,32-33). Positiv oder negativ ist ein Entgegengesetztes erst dann, wenn es nicht „gegen ein Anderes" gehalten, sondern wenn es aus sich selbst seine Bestimmtheit gewinnt (W44,33-45,4). Auf der Basis dieser Überlegungen erfährt der Begriff der Selbständigkeit eine Transformation in neue Dimensionen. In eigentlicher Weise selbständig ist ein Seiendes nur, wenn sein Gesetztsein „in" es selbst „*zurückgenommen*" ist (W44,35-36). So streift jedes der beiden seine Herkunft von der äußeren Reflexion endgültig ab (W44,19ff). Auch an dieser Stelle zeigt sich, wie sehr das zweite Kapitel des ersten Abschnittes der Wesenslogik auf dem ersten Kapitel aufbaut. Das erste Kapitel grenzte die Qualität gegen die Reflexionsbestimmung dadurch ab, daß die letztere ihr Anderssein oder ihr Gesetztsein „in sich zurückgenommen" hatte (W24,1-8).[99] Diesem Ansatz gemäß ist das Positive wie auch das Negative einzig und allein „an" oder „in ihm selbst" bestimmt (W44,39-45,4). „So ist jedes selbständig, für sich seiende Einheit mit sich" (W45,4-5).

Mit diesem Ansatz kann sich Hegel auf die jeweilige „Seite des Gegensatzes" konzentrieren (W46,6). Faßt man die Mikrostruktur des Gegensatzes auf der Basis des in die Reflexion zurückgenommenen Gesetztseins, so erweist sich das Positive zwar als „Gesetztsein", jedoch als „aufgehobenes". Als in sich reflektiertes Positives ist es negierend auf das Andere bezogen. Da aber das Andere, das Negative ein „selbständiges *Sein*" ausmacht, besteht die Negation darin, dieses selbständige Sein „von sich *auszuschließen*" (W45,6-16).[100] Die nämliche Argumentation, nur spie-

---

[99] W22,15-16.

[100] Die Relation des Ausschließens innerhalb des Gegensatzes dürfte Hegel von Kant wie auch von Fichte übernommen haben. Ersterer verwendet sie beim disjunktiven Urteil (Kritik der reinen Vernunft, B99). Letzterer gebraucht sie bei der Tätigkeit des Ich (Fichte, a. a. O., S. 139ff; 163ff). Hegel verbindet beide Positionen, indem er die Relation des Ausschließens auf das Prinzip der Persönlichkeit anwendet (MM6,253).

gelverkehrt, führt Hegel im Hinblick auf das Negative durch (W45,17-27).

Mit dieser Überlegung sind Positives und Negatives „an und für sich" erfaßt (W44,37;45,29). In der Konzentration auf die Mikrostruktur der Seiten des Gegensatzes wurde die Entgegensetzung sowohl über den Momentcharkter (Punkt 1) hinausgeführt als auch dem Vergleichen (Punkt 2) enthoben, so daß die „*eigene* Bestimmung der Seiten des Gegensatzes" hervortrat (W46,4-11). Von der Beziehung einer jeden Seite auf die andere kann nicht abstrahiert werden, sie ist unverzichtbar. Genauso unverzichtbar ist jedoch das eigene Bestehen jeder Seite. Wegen dieser gedoppelten Struktur jeder Seite muß die Selbständigkeit des Positiven und Negativen als ausschließende Beziehung gefaßt werden (W50,19-23). Auf Grund des letzten Diskussionsstandes zeigt sich nunmehr das Positive „als das an ihm Positive" und das Negative „als das an ihm selbst Negative" (W50,25-27). Erst mit der ausschließenden Relation wurde über den Gegensatz an sich hinausgegangen.

Es erhebt sich die Frage, wie weit bei Hegel eine Intention vorlag, das Positive und das Negative unverwechselbar zu gestalten (Punkt 2). In der Enzyklopädie ist seine Haltung hinsichtlich dieses Problems eindeutig. Keins von beiden kann „ohne" das Andere gedacht werden, ansonsten sind beide austauschbar (MM8,245). In der Wesenslogik verwendet Hegel tatsächlich den Ausdruck das „*Nichtentgegengesetzte*" im Zusammenhang mit dem Positiven (W45,8) und den Ausdruck das „Entgegengesetzte" im Zusammenhang mit dem Negativen (W45,23-24).[101] Sollte er mit Hilfe dieser Ausdrücke die obige Intention – eventuell angeregt durch die Elementarmathematik (W49,3-7) – verfolgt haben, so dürfte ihm die Realisierung kaum gelungen sein. Denn das Nichtentgegengesetzte gewinnt er aus der vorher konstatierten für sich seienden Einheit oder aus dem ebenfalls vorher konstatierten aufgehobenen Gesetztsein. Beides gilt für das Positive wie für das Negative in gleichem Maße (W45,5-19;51,22-52,15).[102]

---

[101] Vgl. Wolff, a. a. O., S. 124.

[102] Ibers schöner Ableitungsversuch, der das Nichtentgegengesetzte aus dem aufgehobenen Gesetztsein gewinnt, übersieht, daß Hegel bei der Entfaltung des an sich seienden Positiven und Negativen (W45,6-27) auch mit dem Negativen hätte beginnen können, wodurch das Negative zum Nichtentgegengesetzten aufgerückt wäre (Iber, a. a. O., S 414).

Die These, Hegel habe den Versuch unternommen, das Positive und das Negative unverwechselbar zu gestalten, darf sich auf zusätzliche Argumente stützen. In der Mathematik besitzt das Positive die „eigentümliche Bedeutung des Unmittelbaren", des „mit sich Identischen gegen die Entgegensetzung" (W48,32-33). So ist es das „Unbestimmte, Gleichgültige überhaupt". Demgegenüber zeigt sich das Negative als das „an sich Entgegengesetzte als solches" (W50,6-8). Es erlangt den Sinn, *„gegen die Identität identisch mit sich* zu sein" (W52,18-21). Ferner subsumiert Hegel das Negative unter den absoluten Unterschied (W52,21-26). Schließlich sieht er das „Negative als absolute Reflexion" (W45,17). Das Faktum jedoch, daß die letzten beiden Punkte nicht oder nur teilweise abgeleitet werden, signalisiert, daß die in Rede stehende Problematik Hegel erhebliche Schwierigkeiten bereitete. Erst wenn er die ausschließende Reflexion aus ihrer eigenen Perspektive betrachtet, kann er das Negative in die Nähe der absoluten Reflexion rücken (W53,30-38).

Nach dem Gesagten führt Hegel die Reflexion auf ihrem nunmehrigen Entwicklungsstand als „ausschließende Reflexion" an (W51,32). Allerdings erfährt die ausschließende Reflexion eine Verankerung in der bestimmenden Reflexion. Das Positive und das Negative „machen die bestimmende Reflexion als *ausschließende* aus" (W51,15-16). Dieses Konzept beleuchtet wiederum eindrucksvoll die Einheit der Wesenslogik. Das zweite Kapitel des ersten Abschnitts erweitert mit dem Prädikat „ausschließend" die im ersten Kapitel erstellte Basis des sich bestimmenden Wesens oder der sich bestimmenden Reflexion als außer sich gekommener Reflexion.

Die Entwicklung von der absoluten zur ausschließenden Reflexion läßt sich durch zwei Kreise beschreiben, die eine sichtliche Affinität vorweisen. Der erste Kreis wird durch die absolute Reflexion bestimmt, die als setzende sich zugleich voraussetzend verhält und umgekehrt. Die absolute Reflexion setzt sich innerhalb ihrer selbst als ihr Anderes, als ihr Negatives, sie setzt sich als aufgehoben, um im Aufheben dieser Voraussetzung sie selbst zu sein. Als diejenige, die durch ihr eigenes voraussetzendes Setzen „eine Voraussetzung *hat"*, ist sie äußere Reflexion (W17,27-29). Setzende und äußere Reflexion zusammen bilden die bestimmende Reflexion. Diese zeigt sich als „absolutes Voraussetzen;... Abstoßen der Reflexion von sich selbst" (W22,8-9). Die bestimmende Reflexion ist die „außer sich gekommene Reflexion". Die

Gleichheit des Wesens mit sich hat sich „in die Negation verloren, die das Herrschende ist" (W23,4-6).

Die ausschließende Reflexion entfaltet Hegel in einem zweiten Kreis, indem er den soeben skizzierten Weg, den Weg von der absoluten zur bestimmenden Reflexion, noch einmal, jedoch mit der vertiefenden Bestimmung, durchläuft, daß das Außer-sich-kommen zum Selbstausschluß der Reflexion gerät. Obwohl der Ausgangspunkt beim zweiten Durchlauf in die absolute Identität verlegt wird, liegt kein substantiell anderer Ausgangspunkt als beim ersten Weg vor, denn Hegel legt nachdrücklich Wert auf die Feststellung, daß die absolute Identität zunächst über das Wesen nicht hinausgeht. Die absolute Reflexion etabliert sich als absolute Identität wie auch als absoluter Unterschied. Jedes der beiden, Identität und Unterschied, hat zwei Momente, die von der äußeren Reflexion verglichen werden.[103] Aus ihnen gehen die Entgegengesetzten, das Positive und das Negative, hervor.

Mit der in der Entgegensetzung aktivierten ausschließenden Reflexion ergänzt Hegel die bestimmende Reflexion. Die Differenz, die im zweiten Durchlauf gegenüber dem ersten erzielt wird, ist unverkennbar. Im ausschließenden Gegensatz verhält sich das Positive wie auch das Negative nicht abstoßend schlechthin, vielmehr wird das jeweils Andere, das *Entgegengesetzte*, abgestoßen oder ausgeschlossen. Letzten Endes aber geht es Hegel nicht um das Ausschließen des Anderen. Weil „das Ausschließen *ein* Unterscheiden und jedes der Unterschiedenen als Ausschließendes selbst das ganze Ausschließen ist, so schließt jedes in ihm selbst sich aus" (W51,16-19). Hegel unterstreicht diese Vertiefung der bestimmenden durch die ausschließende Reflexion, indem er das bei der bestimmenden Reflexion hervorgehobene Charakteristikum der Herrschaft der Negation (W23,4-6) angesichts des Positiven und des Negativen wiederholt. „Das Positive und das Negative machen die wesenhafte Bestimmung aus, in die" das Wesen „als in seine Negation verloren ist" (W65,3-5).[104] Wie noch zu

---

[103] M. Wetzel: Zum Verhältnis von Darstellung und Dialektik in Hegels Wissenschaft der Logik. In: Die Wissenschaft der Logik und die Logik der Reflexion. Hrsgb.: D. Henrich. Bonn, 1978, S. 162/3.

[104] Im Gegensatz zu Theunissen, der in der Radikalisierung von Henrichs Ansatz, nicht sehen will, wie die Herrschaft der Negation zu brechen sei (Theunissen, a. a. O., S. 326), bemerkt Kimmerle zutreffend, daß der Gegensatz die absolute Identität des Wesens nicht sprengt. Der

zeigen sein wird, vermag das Wesen diesen durch Selbstausschluß herbeigeführten Verlust seiner selbst erst als Grund zu kompensieren.

C. Widerspruch

Hegels Theorie des Widerspruchs ist nicht nur in der Hegelinterpretation als eines der interessantesten Themen seines Philosophierens empfunden, sondern auch von ihm selbst zum Kernpunkt der spekulativen Methode erhoben worden. Von einer Auffassung des Widerspruchs, wie sie sich in der modernen zweiwertigen Logik darstellt,[105] hebt sich Hegels Ansatz allein schon deshalb ab, weil er den Widerspruch nicht nur als Phänomen der subjektiven Reflexion, sondern auch als Phänomen der objektiven Welt, ja sogar des absoluten Geistes betrachtet.[106] Von hier aus erklärt sich seine Verurteilung der Intention, die Dinge vor dem Widerspruch bewahren zu wollen. Nach Hegel sind nicht nur alle Dinge in sich widersprüchlich, vielmehr proklamiert er den Widerspruch als Vorrecht lebendiger Naturen.

Preis, den Hegel allerdings für die Struktur des Wesens nach Kimmerle zu entrichten habe, bestehe darin, daß seine Dialektik „nicht kämpferisch, sondern letztlich auf Versöhnung gerichtet" sei. H. Kimmerle: Verschiedenheit und Gegensatz. In: Hegels Wissenschaft der Logik. Stuttgart, 1986, S. 265.

[105] Zu den Einwänden gegen Hegels Theorie des Widerspruchs seitens der formalen Logik vgl. I. S. Narski: Die Kategorie des Widerspruchs in Hegels „Wissenschaft der Logik". In: Hegels Wissenschaft der Logik, Formation und Rekonstruktion. Hrsgb. D. Henrich. Stuttgart, 1986, S. 178 – 197.

[106] Zu den generellen Einwänden gegen Hegels Theorie des Widerspruchs vgl. U. Richli, Form und Inhalt in Hegels Wissenschaft der Logik, Wien – München 1982, S. 92ff sowie M. Wolff: Über Hegels Lehre vom Widerspruch. In: Hegels Wissenschaft der Logik. Stuttgart, 1986, S. 107-128. Nach Wolff laufen sämtliche Einwände gegen Hegels Theorie vom Widerspruch auf den Vorwurf der „Homonymie" hinaus. Wolff, nach dessen Auffassung Hegel – aufbauend auf Kant – die „Fundamente" des Begriffs des Widerspruchs „tiefer zu legen" beabsichtige als die formale Logik es vermag, schlägt vor, „Hegels Sprachgebrauch als Paronymie zu deuten" (110-115).

Im wertenden Vergleich zwischen Widerspruch und Identität macht für Hegel der Widerspruch das „Tiefere" aus. Die Identität umschließt nur die „Bestimmung des... toten Seins" (W60,6-13). Der Widerspruch hingegen stellt sich als „die Wurzel aller Bewegung und Lebendigkeit" dar (W60,10ff). Daß Hegel bereits beim absoluten Unterschied eine zum Widerspruch parallele Bewertung vornehmen konnte (W34,30-33), vermag insofern nicht zu befremden, als er innerhalb seiner Theorie des Widerspruchs den Unterschied mit dem „Widerspruch an sich", also mit dem Widerspruch in seiner ersten Ausprägung identifiziert. Mit den „selbständigen Reflexionsbestimmungen", dem Positiven und dem Negativen, liegt der „*gesetzte* Widerspruch" vor (W51,8-12). Allerdings differenziert Hegel – wie sich gleich zeigen wird – beim Positiven und Negativen noch einmal in derselben Weise.

Für die spekulative Methode erweist sich das Herausarbeiten des Widerspruchs als unabdingbar. Im Gegensatz zum vorstellenden Denken, das für den Widerspruch, so wie Hegel ihn sieht, keinerlei Gespür entwickele und im Gegensatz zur geistreichen Reflexion, die zwar den Widerspruch verwende, wenn auch nur, um durch ihn den „*Begriff scheinen*" zu lassen – gilt für Hegels Philosophie: „Die denkende Vernunft... spitzt" das nur Verschiedene des Verstandes, das widerspruchslos neben – und nacheinander besteht," zum *wesentlichen* Unterschied, zum *Gegensatz*", zum Widerspruch zu (W62,20-39). Tatsächlich bedient sich Hegel, gerade in der Wesenslogik, immer wieder der spekulativen Methode, die ausgehend von der Identität bzw. vom Unterschied über die Verschiedenheit zum Gegensatz und schließlich zum Widerspruch gelangt.[107]

Doch nicht nur die Wesenslogik, sondern Hegels Philosophie insgesamt verfährt nach dem Prinzip des spekulativen Widerspruchs. Zentrum der Wissenschaft der Logik ist die Explikation der absoluten Idee. Hegel entfaltet sie als absolute Persönlichkeit. Das auf dieser Basis aufbauende System erreicht seinen Zenit in der Philosophie des absoluten Geistes, deren Grundprinzipien wiederum religiöser Natur sind. Dieser Ansatz geht soweit, daß

---

[107] Mit der Entwicklung der Bestimmung des Grundes, die Hegel als „aufgehobene Reflexionsbestimmung" (W70,17) betrachtet – wie er umgekehrt den aufgelösten Widerspruch mit dem Grund identifiziert (W55,5) – wird dieser Weg von der Identität zum Widerspruch um die Station des Grundes erweitert.

Hegel Philosophie von 1801 an als „Gottesdienst" versteht (MM2,131). Die Religionen der Weltgeschichte wie auch die Weltgeschichte selbst zentrieren sich um das Erscheinen Jesu Christi. Er ist einerseits die „Angel", um die sich der Komplex der Geschichte dreht (MM12,386), andererseits die Inkorporation der absoluten Idee (Rel IV 185).

Wenn es auch der Begriffslogik vorbehalten bleibt, den soeben geschilderten Ansatz angemessen darzustellen, so greift Hegel doch immer wieder auf das in der Wesenslogik gewonnene Prinzip der absoluten Reflexion, insbesondere das des Unterscheidens und des Widerspruchs zurück, um das Zentrum seiner Philosophie zu präsentieren. „Was aber ist der Geist? Er ist das Eine, sich selbst gleiche Unendliche, die reine Identität, welche zweitens sich von sich trennt, als das Andere seiner selbst... Diese Trennung ist aber" durch den – als Rückkehr zum Unendlichen konzipierten – Selbstbezug des Anderen aufgehoben. Die Struktur der absoluten „Reflexion" ermöglicht die Darstellung der Dreieinigkeit.[108] Hegel dirigiert mit dieser Konzeption sein gesamtes System. „Das Andere in der reinen Idee aufgefaßt ist der Sohn Gottes, aber dies Andere in seiner Besonderung, ist die Welt, die Natur und der endliche Geist" (MM12,391/2). Diese Unterschiede, in denen sich das Leben des Geistes abspielt,[109] begreift Hegel als „Widersprüche" (Rel IV 58).[110]

In der Wesenslogik schließt Hegel mit seiner Theorie des Widerspruchs unmittelbar an die *„selbständigen Reflexionsbestimmungen"* (W50,23-25), d.h. an das Positive und das Negative, an. Die selbständige Reflexionsbestimmung spezifiziert sich deshalb zum Widerspruch, weil sie in ein und derselben Hinsicht ihr Anderes „enthält" und „ausschließt" (W50,35-51,1). Der Widerspruch wird also durch die Spannung zwischen ‚enthalten' und

---

[108] Theunissens Behauptung, Hegel habe sich im Verlaufe seines Philosophierens vom Prinzip der absoluten Reflexion mehr und mehr distanziert (Theunissen, a. a. O., S. 331/2), läuft ins Leere. Zwar hebt sich dieses Prinzip in der Wesenslogik auf, doch nur um als absolute Form die Elemente der absoluten Reflexion auszubauen.

[109] Ein „Unterscheiden" als „Spiel der Liebe mit sich selbst" (Rel IV 93).

[110] Lakebrink stellt das „Wesen Gottes" als Widerspruch heraus. Darüberhinaus verankert er die Freiheit im Widerspruch als dem Prinzip der Selbstbewegung. B. Lakebrink: Die Europäische Idee der Freiheit. Leiden 1968, S. 286.

‚ausschließen' provoziert.[111] In seiner Konsequenz geht er an die Substanz der selbständigen Reflexionsbestimmung, da diese „in ihrer Selbständigkeit ihre eigene Selbständigkeit aus sich" ausschließt (W51,1-2).

Der Unterschied wurde als unfertiges Modell des Widerspruchs geführt (W51,8-10). Die eigentlichen Modelle des Widerspruchs werden durch das Positive und das Negative repräsentiert (51,13-15). Obwohl zunächst diese unterschiedenen Standard-Modelle des Widerspruchs, das Positive und das Negative, dasselbe Verhalten aufweisen, stellt sich dennoch die Frage, ob nicht eines der beiden den Widerspruch adäquater verkörpert als das andere. Geht man auf ihre Definitionen zurück, so zeigt sich das Positive als das in seine Gleichheit mit sich reflektierte Gesetztsein (W51,21-23).[112] In seiner Gleichheit mit sich schließt es das Negative von sich aus. Aus der Perspektive der ausschließenden Reflexion ergibt sich seine widersprüchliche Natur dadurch, daß es „durch *Ausschließen* des Negativen sich selbst zum *Negativen* von einem macht, also zu dem Anderen, das es ausschließt" (W51,27-29).

Betrachtet man hingegen das Negative, so stellt es sich per definitionem als das in seine Ungleichheit mit sich reflektierte Gesetztsein oder als das sich negierende Negative dar, das gerade dadurch sich auf sich bezieht oder „identisch mit sich" ist (W51,37-52,3). Basis seiner Identität ist dabei das Negieren des Negativen, mithin das Nichtidentische, das „Ausschließen der Identität", eine Implikation, die sich aus dem Positiven, wenn es denn als das *mit sich identische* Positive gefaßt würde, nicht gewinnen ließe. Das Negative verhält sich damit „*gegen die Identität identisch mit sich*". Es schließt „durch seine ausschließende Reflexion sich selbst von sich" aus. Das Negative repräsentiert daher den Widerspruch angemessener als das Positive. Gegenüber dem Positiven, das zum Widerspruch an sich herabsinkt, ist das Negative der gesetzte Widerspruch (W52,16-29).

Hegel begnügt sich keineswegs damit die Repräsentation des Widerspruchs durch das Positive und das Negative herauszuarbeiten. Der Widerspruch zeitigt wiederum Konsequenzen, denn von ihm ist zu zeigen: er „löst sich auf" (W52,30). In diesem Punkt kristallisiert sich – trotz aller Differenzen – eine Konformität zur

---

[111] Iber, a. a. O., S. 446.
[112] W43,1-16.

formalen Logik heraus. Eliminiert werden muß, soll nicht das gesamte dialektische Gebilde einstürzen, das nicht Haltbare, das zum Widerspruch führt. Als dieses nicht haltbare Element schält sich mehr und mehr die Selbständigkeit des Positiven und Negativen heraus. Die entwickelte oder gesetzte Selbständigkeit „ist es, was in Wahrheit im Widerspruch zugrunde geht" (W53,4-6).

Diese These kann insofern kaum überraschen, als die fragliche Selbständigkeit als eine solche gesehen wurde, die „ihre eigene Selbständigkeit aus sich" ausschließt. Tatsächlich stützt sich der Nachweis, den Hegel für das Zugrundegehen der Selbständigkeit des Positiven und Negativen führt, auf zwei frühere Überlegungen, aus denen er eine Folgerung zieht. 1.) Positives und Negatives entwickelten sich von Entgegengesetzten „zu fürsichseienden Selbständigen" (W53,11-13). 2.) Durch diesen Fortschritt wurde ihre Selbständigkeit „auch gesetzt" (W53,13-16). Die an dieses Resümee angeschlossene Folgerung, die Selbständigen „*richten sich zugrunde*" (W53,17-18), ergibt sich aus der Charakterisierung des Positiven und des Negativen als des mit sich Identischen, das „Beziehung auf Anderes ist" (W53,19-20).

Mit dem Positiven und dem Negativen tritt die ausschließende Reflexion nicht nur als bestimmende, sondern auch als „*setzende* Reflexion" auf (W53,1). Hegel bemüht sich immer wieder, diese Verfaßtheit der ausschließenden Reflexion – die er in der Folge auf Struktur des Grundes überträgt – hervorzukehren. Denn das Positive wie auch das Negative artikulieren sich als das „Setzen ihrer" und als „Setzen" ihres „Gegenteils" (W51,13-15). Jedes der beiden „macht sich... zu einem Gesetztsein" (W51,25-26).[113] Analysiert man aber die „ausschließende Reflexion... näher" (W53,21), so wird man auch das Gegenteil gewahr, denn die ausschließende Reflexion etabliert sich gerade durch das „Aufheben dieses Gesetztseins" als Fürsichsein (W53,22-24). Damit gilt: „Die ausschließende Reflexion der Selbständigkeit... macht sich zum Gesetztsein, aber ist ebensosehr Aufheben ihres Gesetztseins" (W53,30-32).

Dem an dieser Stelle drohenden Regreß entkommt Hegel durch eine Besinnung auf das Sichmachende, durch eine Betrachtung des Subjekts dieser Bewegung. Dieses gestaltet sich als „aufhebende Beziehung auf sich" (W53,33). Das Gesetztsein beim Positiven und Negativen wurde eingeführt als „das Negative eines Anderen" (W53,26-27). Genau dieser Aspekt wird durch die Kon-

---

[113] W51,29; 53,16-17; 53,31; 54,8-9.

zentration auf das Subjekt der Bewegung negiert. Denn die ausschließende Reflexion, die sich zum Gesetztsein macht, aber sich ebensosehr als Aufheben ihres Gesetztseins betätigt, ist im „Aufheben dieses Gesetztseins... nicht wieder Gesetztsein als das Negative eines Anderen" (W53,38-54,1).

Was sich in dieser Konstellation zu erkennen gibt, ist nichts anderes als die Voraussetzungsstruktur des Wesens. Das Wesen „setzt sich selbst voraus" (W16,30-31) oder es macht sich zum Gesetztsein, um durch Aufheben dieser Voraussetzung oder seines Gesetztseins es selbst zu sein (W16,31). Die ausschließende Reflexion als Selbstbewegung impliziert nichts Geringeres als die Rückkehr des Wesens aus dem Positiven und Negativen, in die es sich als in seine Negation verloren hatte. In dieser Rückkehr etabliert das Wesen sich jedoch als Grund des Positiven und des Negativen wie auch als Grund schlechthin.[114]

In der abschließenden Beschreibung der ausschließenden Aktivität des Wesens überbietet Hegel die Dialektik des Positiven und des Negativen, indem er die ausschließende Reflexion nicht mehr aus der Perspektive des Positiven und des Negativen, sondern aus der Perspektive der ausschließenden Reflexion als solcher betrachtet. Weil in der ausschließenden Reflexion das Negative auf das Negative, nicht aber die Negation auf das Sein einwirkt, liegt wiederum eine typisch wesenslogische und nicht eine seinslogische Dialektik vor. Diese wesenslogische Dialektik konstituiert sich auf der Ebene der ausschließenden Reflexion *nicht mehr symmetrisch*, wie dies beim gegenseitigen Ausschluß des Positiven und des Negativen noch der Fall war, sondern *reflexiv*.[115] Bei

---

[114] Überschaut man die Reflexionsbestimmungen insgesamt, so wird auch bei ihnen der Einfluß Fichtes auf Hegel offenkundig. Fichte errichtet seine Wissenschaftslehre mit drei logischen Grundsätzen: mit dem „der Identität,... des Gegensetzens und... des Grundes". Fichte, a. a. O., S. 123.

[115] Hösles Interpretation der Reflexion orientiert sich formallogisch an einer reflexiven, symmetrischen und transitiven Relation (V. Hösle: Hegels System, Hamburg 1987, S. 265). Zu Hösles Ansatz vgl. die instruktive Kritik von M. De La Maza: Die Sehnsucht nach dem endgültigen System. In: Hegel-Studien Bd. 25, 1990, S. 161-186, insbesondere S. 182/3. In der Wesenslogik spielen gerade die beiden ersten Relationen eine fundamentale Rolle. Hegel beginnt auf der Ebene der absoluten Reflexion oder später der Form stets reflexiv. Die symmetrische Komponente wird auf dem Wege der Entzweiung eingebracht.

der Beschreibung dieser Dialektik legt Hegel den Stellenwert des auf das Negative einwirkenden Negativen fest. Die ausschließende Reflexion „hebt... *erstens* das Negative auf, und *zweitens* setzt sie sich als Negatives, und dies ist erst dasjenige Negative, das sie aufhebt" (W53,33-35). Das unter „zweitens" geführte Negative zeigt sich damit als das sich selbst voraussetzende Wesen, das sich gerade auf diese Voraussetzung negierend konzentriert. „Die *ausschließende Bestimmung selbst* ist auf diese Weise sich das *Andere*, dessen Negation sie ist" (W53,36-38). So geht sie mit sich zusammen, um sich als „in sich zurückkehrende Einheit... des Wesens" oder als Grund zu etablieren (54,1-5).

Die Auflösung des Widerspruchs, die sich auf dem Hintergrund einer Auseinandersetzung mit einem abzuwehrenden regressus ad infinitum vollzog, erbringt als zentrales Ergebnis: „Der aufgelöste Widerspruch ist... der Grund, das Wesen als Einheit des Positiven und des Negativen" (W55,5-6). Die Prinzipien des Ausschließens, des Widerspruchs und der Auflösung des letzteren appliziert Hegel auf der Stufe des absoluten Geistes wiederum auf die als Persönlichkeit gefaßte absolute Idee. Das bei ihr aufgespürte Konzept der Dreieinigkeit, in dem das unendliche Eine „ausschließend" und doch Gemeinschaft ist, erscheint zum einen als „der härteste Widerspruch", zum anderen als „Auflösung desselben" (Rel IV 61).

Das vormals Selbständige, das Positive und das Negative, wird zur Bestimmtheit des Wesens und damit zum Unselbständigen herabgesetzt. „Die ausschließende Reflexion des selbständigen Gegensatzes macht ihn zu einem Negativen, nur Gesetzten" (W54,11-15). Das eigentlich Selbständige ist das Wesen, das sich nunmehr als Grund „*bestimmt*" hat (W64,27). Weil der sich als ausschließende Reflexion konstituierende Grund – wie bereits das Wesen oder die reine Reflexion – sein eigenes Anderes ausmacht, über das er sich mit sich vermittelt (W53,37-38), bleibt die Kontinuität der Wesenslogik gewahrt. Sie wird dadurch unterstrichen, daß Hegel erneut die Frage stellt, ob mit einer Unmittelbarkeit in der Wesenslogik der Anfang gemacht werden kann.[116]

Diese Frage beantwortet Hegel in einer Retrospektion, in der er den Grund als „*Gewordenes*" begreift. In dieser Retrospektion rückt er das Fundierungsverhältnis von Gegensatz und Wesen qua Grund zurecht. Die besagte Retrospektion weist den Gegensatz,

---
[116] W14,6-16,26.

das Positive und das Negative, als das „Unmittelbare" aus, mit dem der „Anfang gemacht wurde" (W54,28-34), das nunmehr aber als das vom Grund Gesetzte oder Ausgeschlossene gelten muß. In dieser Retrospektion verlieren Positives und Negatives ihre Selbständigkeit. Der gesamte Prozeß kann nur als reflexive, in sich zurückkehrende Bewegung gesehen werden, in der das Wesen sich aufhebt, um sich als Grund wiederherzustellen (54,20). Das ursprüngliche Abstoßen des Wesens hat sich zum Ausschließen entwickelt. „Das Wesen ist also als Grund so ausschließende Reflexion, daß es sich selbst zum Gesetztsein macht". Das Gesetztsein, „das Ausgeschlossene", ist das Positive und das Negative, der Gegensatz, der als „das sich an ihm selbst Aufhebende" die nur gesetzte, vordergründige „Selbständigkeit des Wesens" ausmacht (W54,31-37), wohingegen der Grund die eigentliche Selbständigkeit darstellt.

Der Grund

A. Der absolute Grund

Wenn die „Wahrheit des Seins... das Wesen" ist (W3,3) und wenn ferner das Wesen „*sich selbst als Grund*" bestimmt (W64,27), so muß der Grund als die Wahrheit des Seins angesehen werden. Angesichts des Grundes wird jedoch das qualitative und quantitative Sein nicht nur als Schein entlarvt. Der Grund zeigt sich vielmehr als die Bestimmung, in der „sich das Sein auflöst" (W64,34). Eingeleitet wird der Auflösungsprozeß des Seins dadurch, daß es sich als Unselbständiges erweist, das nur im Verschwinden ist. In seinem Übergehen in das Nichts läßt es sich nur als Werden denken. Dieser seinslogische Vorgang besitzt eine wesenslogische Parallele. „Wie das *Nichts* zuerst mit dem *Sein* in einfacher unmittelbarer Einheit, so ist auch hier zuerst die einfache Identität des Wesens mit seiner absoluten Negativität in unmittelbarer Einheit" (W64,28-31). Hegel stellt sofort unmißverständlich klar, daß er mit dieser Parallele mehr als eine oberflächliche Analogie intendiert. Die Reflexionsbestimmungen Identität und Unterschied sowie Positives und Negatives heben sich durch ihre Einheit mit ihrer jeweils anderen in ihrer Selbständigkeit auf. Lediglich die in ihrem „Untergang" zum Vorschein kommende Struktur, das Wesen als Grund, behauptet sich (W55,21-26).[117]

In der Wesenslogik wird immer wieder die Suche nach der eigentlichen Selbständigkeit sichtbar. Weder das Positive noch das Negative vermögen diesem Prädikat zu entsprechen.[118] Denn indem sich jedes der beiden „zu dem Anderen seiner macht", geht es „zugrunde". Wesen wie auch Grund dagegen entsprechen diesem Begriff sehr wohl, wenn auch in unterschiedlicher Intensität. Beide identifiziert Hegel mit der „Rückkehr des Seins in sich" (W64,32-33),[119] mit dem Unterschied freilich, daß das Wesen als solches das „unbestimmte Wesen" (W4,32-33), der Grund hingegen das „bestimmte Wesen" ausmacht (W69,32). Jedes der beiden realisiert sich dadurch, daß es „das, was es *an sich* ist, als Negatives" setzt, um sich Dasein zu verschaffen (W64,34-65,2). Aber der Grund ist nicht mehr das Wesen, das in die Reflexionsbestimmung als in seine Negation verloren ist, sondern der Grund konstituiert sich als „wiederhergestellte, gereinigte oder geoffenbarte Identität des Wesens" (W65,27-28).[120] Diese Identität des Grundes wird nicht mehr in den Strom der ineinander übergehenden Reflexionsbestimmungen gerissen (W26,36-27,3), stellt sie doch das „in seiner Negativität mit sich" identische Wesen dar (W65,20-21).

Daher führt Hegel den Grund als *das Modell* der eigentlichen Selbständigkeit an. Er unterstreicht nicht nur durch zusätzliche Attribute, wie wahrhafte (W142,22) oder „wesentliche Selbständigkeit" (W79,20-21) die Besonderheit der Selbständigkeit des Grundes, sondern er entfaltet sie hermeneutisch. Der Grund als

---

[117] In der Enzyklopädie parallelisiert Hegel den Grund sogar mit dem Werden (Enz §;114).

[118] Wie bereits hervorgehoben, zeichnet Hegel das Negative als absolute Reflexion sowie als absoluten Unterschied aus, ohne dies jedoch hinreichend zu belegen.

[119] W4,34ff;66,14-21. Möglicherweise wurde Hegel durch Fichte zur Figur der Rückkehr angeregt. Fichte diskutiert eine – „durch einen Kreislauf" – in sich zurückgehende „Tätigkeit". Fichte, a. a. O., S. 170ff.

[120] Von der Metaphorik der Reinigung macht Hegel bei der Substanz an Hand der Dialektik von Form und Inhalt Gebrauch (W193,31-32). Diese Dialektik dürfte allgemeiner als Prozeß des Wesens, „seine Unmittelbarkeit ewig" zu setzen „und ewig aus ihr" zurückzukehren, zu sehen sein. Vgl W159,4-5.

Absolutes begründet, ohne von anderem begründet zu werden. Wenn er zunächst auch aus dem Positiven und Negativen hervorging, so erweist er sich doch wegen seiner Bedeutung als das Tiefere, das seine scheinbare Abhängigkeit beseitigt. „Das Wesen, indem es sich als Grund bestimmt, bestimmt sich als das Nichtbestimmte, und nur das Aufheben seines Bestimmtseins ist sein Bestimmen" (W65,16-18). Diese Charakterisierung könnte Hegel weder vom Positiven noch Negativen geben.[121] Sie setzt die Anfangskonzeption der Wesenslogik fort, indem sie die widersprüchliche Verfaßtheit des Wesens – bestimmt und „nicht bestimmt" zu sein[122] – auf einer höheren Entwicklungsstufe diskutiert. Der „Grund ist... das durch sich selbst bestimmte Wesen, aber als *unbestimmt* oder als aufgehobenes Gesetztsein *Bestimmtes*" (W68,16-18). In affiner Weise begreift Hegel Substanz und Ursache (W195,14ff).

Im Prozeß der Selbstbestimmung des zunächst unbestimmten Wesens zeigt sich der Grund als das Unabhängige. Zwar wird bei der Genese des Grundes von einem „Ersten, Unmittelbaren", dem Gesetztsein oder dem Positiven und Negativen ausgegangen, weshalb der Grund „durch jenes Erste" bestimmt scheint (W65,22-25). Doch da der Grund die „wahrhafte Bedeutung" des Positiven und Negativen repräsentiert, ereignet sich der „absolute Gegenstoß". Durch ihn geht der Grund (und mit ihm das Begründete) nicht nur als gereinigte mit sich identische Negativität aus dem Positiven und Negativen hervor, vielmehr erweist der Grund sich in seiner negierenden Selbstbestimmung als „das Setzen jener Reflexionsbestimmtheit" sowie das „Setzen" seiner selbst (W65,10-39). Weil die Selbstbestimmung des Grundes in der Negation seines Bestimmtseins besteht, ist der Grund „nicht aus anderem herkommendes ...Wesen" (W65,17-21). Während das Wesen als solches noch aus dem Sein herkommt,[123] ist diese Abhängigkeit

---

[121] Wölfle, der zwischen der Struktur des Grundes und der des Gegensatzes keinen Unterschied festzustellen vermag, übersieht in seinem Drang, Hegel zu korrigieren, den Punkt der Besonderheit der vorliegenden Problematik völlig. Wölfle, a. a. O., S. 243, Anm 160.

[122] Leider gehen weder Henrich noch Theunissen, deren gründliche Analysen die Aufmerksamkeit der Literatur gerade auf diesen Gegensatz lenkte, auf die Fortsetzung dieser Problematik beim Grund oder bei der Substanz ein. Zur Diskussion dieser Problematik bei der Substanz vgl. die sehr gute Darstellung von B. Lakebrink, a. a. O., S. 296–321.

[123] W5,31-33;7,3;7,21.

nunmehr beseitigt. Das Sein als Ausgangspunkt für das Wesen ist aufgelöst. Die These der Selbstbegründung des Grundes dürfte an dieser Stelle der Wesenslogik freilich mehr programmatischer Natur sein. Denn daß der Grund nur aus sich herkommt (W65,33-34), kann Hegel erst am Ende des Grundkapitels, auf der Stufe des Grundes als dem absolut Unbedingten, endgültig absichern.

In der Selbstbestimmung des Grundes wird dem Sein eine völlig neue Rolle zugewiesen. Denn der Grund kann nicht nur als dasjenige verstanden werden, in dem sich das Sein der Seinslogik auflöst. Vielmehr ist der Grund als mit sich identische Negativität ebensosehr der Topos, in dem das Sein aufs Neue entsteht. Allerdings unterläßt es Hegel, den Schluß auf die Wiederherstellung des Seins explizit darzulegen. Dieser Schluß ergibt sich auf dem Wege der doppelten Negation wie folgt. Wenn die Reflexion die Aufhebung des Seins bedeutet, so resultiert aus der Aufhebung der Reflexion durch den Grund (W65,5-10)[124] die Aufhebung der Aufhebung des Seins, mithin – zweiwertig[125] – das Sein, jedoch nicht mehr das Sein des Anfangs, sondern das durch das Wesen als Grund „wiederhergestellte Sein" (W66,19-20).[126] Hegel bekräftigt diesen Ansatz, indem er die Reflexion oder den Schein und das Sein als zwei heterogene Gebiete behandelt. Denn mit der „aufgehobenen Reflexion" stellt sich eine „*Unmittelbarkeit*" oder das Sein ein, „das außer der Beziehung" zum Wesen oder dessen „Scheine identisch mit sich ist" (W66,16-18).

Durch das Akzentuieren zweier gegensätzlicher Gebiete[127] ergibt sich die Darstellung ihrer Vermittlung als Zentralproblem.

---

[124] W66,12-14.

[125] Günther legt stringent dar, daß Hegel sich im Rahmen einer zweiwertigen Logik bewegt. Allerdings möchte er Hegels Logik zugunsten einer mehrwertigen Logik umdeuten. (G. Günther: Idee und Grundriß einer *nicht-aristotelischen* Logik. Hamburg, 1959, S. 28). Patzig erblickt, auf Grund einer Fehldeutung des Hegelschen Widerspruchskonzepts, in der Wissenschaft der Logik den Boden für eine mehrwertige Logik. G. Patzig: Hegels Dialektik und Lukasiewiczs dreiwertige Logik, in: Das Vergangene und die Geschichte. Festschrift für R. Wittram, Göttingen, 1973, S. 443-460.

[126] Explizit führt Hegel diesen Schluß an Hand der Triade Sein, Wesen, Begriff durch (MM6,269).

[127] W68,21ff. Gerade diese Situation war mit dem anfänglichen Wesen, weil es des Gegensatzes entbehrte, nicht erreicht. Zu Beginn wurde das

Um sie als Vermittlung des Grundes (W66,18-25) zu gewinnen, greift Hegel auf die hauptsächlichen bisherigen Vermittlungsprozesse zurück: auf die Vermittlung der reinen und der bestimmenden Reflexion. Die *erste Gestalt* der Vermittlung ist die Vermittlung des Wesens mit sich selbst als reiner Reflexion, die reine Vermittlung. Eine *eigentliche Entzweiung* des Wesens hat sich *noch nicht ereignet*. Wesen und reine Reflexion sind noch „nicht... unterschieden" (W69,5-6). „Das Wesen als solches ist eines mit seiner Reflexion und ununterschieden ihre Bewegung selbst" (W69,22-23). Diese Bewegung zeigte sich als die Bewegung von Nichts zu Nichts. In ihr war der Gegensatz des Positiven und des Negativen noch nicht ausgebildet (W66,1-7). Die *zweite Gestalt* der Vermittlung wurde mit den Reflexionsbestimmungen expliziert. Da diese „wesentliche Selbständigkeit" besitzen (W69,10-11), *fand* auf dieser Ebene eine *eigentliche Entzweiung* des Wesens mit seinen Bestimmungen *statt*.

Aus diesen beiden Gestalten der Vermittlung konstruiert Hegel die „Vermittlung des Grundes" (W69,13) oder die „*reale Vermittlung* des Wesens mit sich" (W66,2).[128] Die zweifellos aus der Hegelschen Darstellung resultierenden Schwierigkeiten ergeben sich nicht zuletzt aus der Komplexität der Sache. Zum einen behandelt

---

Wesen zwar als Reflexion oder Scheinen definiert, aber weder war das „Scheinende...ein Positives, noch das *Andere*, in dem es scheint, ein Negatives" (W66,3-7). Der Schein war lediglich als das Negierte das Negative, nicht aber das Negative des Positiven.

[128] Mit der Gegenüberstellung von reiner und realer Vermittlung lehnt Hegel sich abermals an Fichte an. Auf der Ebene der reinen Vermittlung stellen Wesen und Schein lediglich „Substrate... der Einbildungskraft" dar. Zwischen ihnen besteht eine „*reine Beziehung*, ohne Bezogene" (W66,1-10). Die reale Vermittlung hingegen vermag eine feste Unmittelbarkeit sowie ein bezogenes Substrat vorzuweisen (W69,4-32). Fichte betrachtet bei der Ableitung der Anschauung die Entgegengesetzten „vor der Synthesis und nach ihr". „Vor der Synthesis" bilden die Entgegengesetzten ein „bloßes Verhältnis und weiter nichts". Es liegt ein „bloßer Gedanke ohne alle Realität" vor, so daß die „Einbildungskraft" den Entgegengesetzten „ein Substrat" unterschieben muß. „Nach der Synthesis" aber läßt sich etwas „festhalten". Die Entgegengesetzten erhalten „im Verhältnis auf sich... Gehalt und... Ausdehnung". Fichte, a. a. O., S. 224-226. Allerdings bemängelt Hegel an Fichtes Vorgehen die fehlende Ableitung der Entgegensetzung (MM20,396).

der Text das Problem des Grundes, zum anderen das Problem des wiederhergestellten Seins, wobei beide Probleme ineinander verwoben sind. Der letzte Fall erfährt erst am Ende des Grundkapitels eine Lösung.

Die fragliche Vermittlung des Grundes gestaltet sich wie folgt: Der Grund unterscheidet sich vom „Begründeten". Der Grund ist das „Nichtgesetzte", das nicht durch ein anderes Bestimmte. Er ist „nicht das Unbestimmte" der Seinslogik, sondern dasjenige, das sich als „*unbestimmt*" bestimmt hat, wohingegen das Begründete das vom Grund Bestimmte, das durch ihn „Gesetzte" ausmacht.[129] Wenn Hegel in diesem Umkreis der Wesenslogik von Grund und Begründetem spricht, so liegt der Akzent zunächst auf der Unterschiedenheit beider (W68,21-26). Für die ebenfalls vorhandene Identität derselben – eine Identität des Positiven (Grund) und des Negativen (Begründetes) – reserviert er die Terminologie „*Wesen überhaupt*" (W68,26-W69,2).

Das Wesen überhaupt aber ist „unterschieden von seiner *Vermittlung*" (W69,2-3). Während das Wesen überhaupt als Identität von Grund und Begründetem fest umrissen ist, bleibt der Charakter der Vermittlung zunächst offen. Lediglich so viel steht fest: Die Art und Weise der Vermittlung des Grundes ist auf dem Felde des Bestimmens zu suchen. Bei der Suche nach geeigneten Begriffen über die das Wesen überhaupt – die Identität von Grund und Begründetem – sich mit sich vermittelt, kommt auf keinen Fall die Vermittlung der reinen Reflexion in Frage. Denn in der reinen Reflexion hat das „Negative", die selbständige Reflexionsbestimmung, noch keinen Ort. Erst im Grund erhält sie ein „Bestehen" (W69,4-9). Genau so wenig kommt die Vermittlung der bestimmenden Reflexion in Frage. Denn deren Selbständige, das Positive und Negative, gehen zugrunde. Sie haben sich als „nur gesetzte" erwiesen (W69,10-13). Die zum Grund, genauer zum Wesen überhaupt gehörende Vermittlung kann mithin weder die der reinen, noch der bestimmenden Reflexion sein. Denn die erstere besitzt *kaum Bestimmungen*. Die zweite dagegen hat zwar Bestimmungen vorzuweisen, doch sind diese von flüchtiger Natur, denn es liegt nur die „rastlos zugrunde gehende Reflexionsbe-

---

[129] Auch diese Unterscheidung nimmt Wölfle nicht zur Kenntnis. Er orientiert sich am formellen Grund. Auf dieser Ebene stellen freilich Grund und Begründetes in gleicher Weise Gesetzte dar (Wölfle, a. a. O., S. 255).

stimmung vor" (W71,25-26). In den Reflexionsbestimmungen aber bestimmt sich das kaum entwickelte Wesen weiter. Sie machen sein Gesetztsein oder seine eigentlichen „*Bestimmungen*" aus (W54,8-15). Daher ist an ihnen festzuhalten. Werden sie im Grunde verankert, so ist ihre vordergründige Selbständigkeit aufgehoben und ihr *Bestehen* gesichert. Die gesuchte Konstruktion wird daher durch die Basis-Komponenten des Wesens, Bestehen (Reflexion in sich) und Gesetztsein, ermöglicht. Daß Hegel abermals auf diese Basis-Komponenten zurückgreift, unterstreicht einmal mehr die einheitliche Konzeption der Wesenslogik.

Hegel kennzeichnet die gesuchte Vermittlung des Grundes mit sich, die reale Vermittlung, als „Einheit der reinen und bestimmenden Reflexion".[130] Das Wesen als Grund hat sich mit einem Gesetztsein versehen, dem „Bestehen" zukommt. Umgekehrt ist das „Bestehen... ein Gesetztes" geworden (W69,13-16). Das Gesetztsein der bestimmenden Reflexion war das Negative, das Aufgehobene, der Schein als erste Bestimmung des Wesens, eine Unselbständigkeit, die ihr Bestehen durch die Sichselbstgleichheit der Reflexion erhielt (W22,30-23,28). Auf der Ebene des Grundes ist Hegel zu einer neuen Interpretation dieser Basis-Komponenten gezwungen. Das Gesetztsein wird nun einem weiter gefaßten Bestimmen, der Form, das Bestehen dagegen dem Unbestimmten zugeordnet.

a. Form und Wesen

Man wird mit Recht die Frage stellen, wieso Hegel an Hand der Problematik des Grundes an eine Dialektik von Form und Wesen

---

[130] Nach Wölfle liefert die immer wiederkehrende Abfolge von setzender, äußerer und bestimmender Reflexion das Gliederungsprinzip der gesamten Wesenslogik (Wölfle, a. a. O., 170/1). Zu dieser These fungiert die oben dargelegte Vermittlung des Grundes als Gegenbeispiel. Betrachtet man überdies die Wesenslogik an Hand der Nürnberger Schriften entwicklungsgeschichtlich, so sieht man: Hegel legt mit den *Vorentwürfen* zur Logik hinsichtlich ihrer grundlegenden Begriffe eine nahezu *komplette Wesenslogik* vor, in der *jedoch* die *Reflexion mit ihren Schattierungen nur zögernd und unvollständig Einzug* hält. Er kann mithin nicht die Wesenslogik mit Hilfe des stereotypen Rhythmusses von setzender, äußerer und bestimmender Reflexion komponiert haben.

gerät. Welcher Punkt der bisherigen Überlegungen gestattet es ihm, die gesuchte Vermittlung des Grundes mit der Form zu identifizieren? Schlüssel zur Beantwortung dieser Frage dürfte der Grund sein, der sich als Unbestimmtes bestimmt hat. Das Unbestimmte bildet die Grundlage, die mit ihrem Gegenteil, der Bestimmtheit, konfrontiert ist. Durch diesen Umstand drängt sich die Form auf, denn der „Form gehört überhaupt alles Bestimmte an; es ist Formbestimmung, insofern es ein Gesetztes, hiermit von einem *solchen, dessen* Form es ist, Unterschiedenes ist" (W70,4-6). Während das Gesetzte der Form zugeführt wird, erfährt das Bestehen im Unbestimmten, oder im Wesen überhaupt eine Verankerung. „Die Formbestimmungen dagegen sind nun die Bestimmungen als *an dem Wesen; es liegt ihnen zugrunde* als das Unbestimmte" (W69,33-36).[131]

Die Struktur des Grundes geht einerseits, weil sie als das Gesetzte, dem Bestehen zukommt und umgekehrt gefaßt wurde (W69,13-16), auf die der Reflexionsbestimmung zurück. Andererseits differieren beide Strukturen erheblich voneinander. Bei der Reflexionsbestimmung sind die zwei Komponenten, das Gesetztsein und die Reflexion in sich, zwar „verschieden", dennoch gilt dort vom Gesetztsein, daß es „zugleich Reflexion in sich selbst ist". Wegen dieses Sachverhalts ist für Hegel die Reflexionsbestimmung „*die Beziehung auf ihr Anderssein an ihr selbst*". Weil das Gesetztsein zugleich in sich reflektiert ist und auf diese Weise besteht, fehlt das „Bezogene". Die Reflexionsbestimmung ist keine Bestimmtheit, „welche bezogen würde auf ein Anderes" (W23,26-32). Gerade diese Position wird beim Wesen als Grund aufgegeben. Bei der Vermittlung des Grundes haben die „Bestimmungen oder das Gesetzte" so Bestehen, daß sie von ihrer „einfachen Identität unterschieden" sind. Sie „machen die Form aus *gegen* das Wesen" (W69,14-19). Trat zu Beginn der Wesenslogik

---

[131] Schubert erblickt – ausgehend von der Aristoteles-Interpretation Cassirers, in der die Kategorien als letzte Aussageformen des Seienden stets im Hinblick auf das Wesen und daher als Wesenheiten und nicht als Qualitäten zu sehen seien – eine Bezugnahme dieser Partien der Wesenslogik auf Aristoteles. Die Kategorien erhalten als Unselbständige an der selbständigen ousia, dem Hypokeimenon, Bestehen. Dabei hebe Hegel den Vorrang des aristotelischen Substanzbegriffes zugunsten einer Relationaltät auf. A. Schubert: Der Strukturgedanke in Hegels „Wissenschaft der Logik". Königstein/Ts. 1985, S. 189 – 199.

der Schein als das „*Bestimmte* gegen" die absolute Negativität (W12,18) oder als „*Anderes*", als „Bestimmtheit" des Wesens „gegen sich" auf (W12,28-29), so ist es nun die Form, die als der vom Wesen selbst initiierte Gegenpart fungiert.

Allerdings setzt der Aspekt der Bezogenheit ziemlich überraschend ein. Man muß ihn sich an Hand der Aufhebung der Reflexion, wie sie oben sichtbar gemacht wurde, verdeutlichen. Hegel verrät nur lapidar: „Ein Bezogenes tritt erst im Grund nach dem Moment der aufgehobenen Reflexion hervor" (W69,30-31). Diese Konstruktion der Bezogenheit ist das eigentlich Neue gegenüber den zwei vorangehenden Spielarten der Vermittlung, der reinen Vermittlung und der Vermittlung der bestimmenden Reflexion. Bei der letzteren existiert, wie gezeigt, kein Bezogenes, weil das Gesetztsein zugleich in sich reflektiert ist. Weil der Bezugspunkt als feste Grundlage dort fehlt, deshalb sind sämtliche Reflexionsbestimmungen für Hegel „freie... schwebende Wesenheiten" (W22,35-36). Bei der ersteren, bei der reinen Vermittlung, fehlt ein Bezogenes allein deshalb, weil Wesen und Reflexion „eines... und ununterschieden" sind (W69,22-23).

Aus der Konstruktion der Bezogenheit ergeben sich Konsequenzen für das wiederhergestellte Sein. Dieses kann nicht einfach nur als Unmittelbares betrachtet werden. Weil es „das durch das Wesen wiederhergestellte *Sein*" ist (W66,19-20), trägt es auch die Züge des Herstellers. Es ist das, wodurch das Wesen sich mit sich vermittelt. Es ist das „Bezogene" (W66,10), „das außer der Beziehung oder seinem Scheine identisch mit sich ist" (W66,17-18). Daher stellt sich mit dem Bezogenen nicht nur Unmittelbarkeit, sondern eine „feste Unmittelbarkeit oder" ein „Substrat" (W69,21-22), ja sogar das „bezogene Substrat" ein (W69,32).[132] Das durch das Wesen als Grund wiederhergestellte Sein kann so-

---

[132] Für Rohs ist die Identifikation der Unmittelbarkeit mit dem Wesen nicht aus der „Logik des Wesens", sondern nur dadurch „erklärbar", daß Hegel mit dem Paar Wesen – Form eine Kritik an Schelling vornimmt, dessen Terminologie Hegel aufgreife. Allerdings korrigiere Hegel dieses Vorgehen in gewissem Umfang selbst. P. Rohs: Form und Grund. Bonn 1969, S. 128/9 und 141. In der Tat hält Hegel die eigentliche Pointe zunächst zurück. Sie läßt sich wie folgt formulieren: Der Grund ist die sich auf sich beziehende Negativität, die sich als Unmittelbarkeit bestimmt, um sich auf dieses ihr Anderes zu beziehen (W79,3-12;93,39-94,3;94,11-15).

mit nicht mehr nur als das Unbestimmte der Seinslogik gelten, sondern es erweist sich als das *zugrundeliegende* „Unbestimmte", als das Andere der Bestimmungen, „das... gleichgültig gegen sie ist" (W69,35-36).

Obwohl bei der vorliegenden Konstruktion das Unbestimmte oder die Unmittelbarkeit die Grundlage ausmacht, auf die die Negativität einwirkt, liegt nur auf den ersten Anblick eine Parallele zum Konzept der Seinslogik, in dem das Sein den Grund und Boden abgibt, auf dem die Negation wirksam ist, vor. Denn in der Seinslogik sind Grund und Bestimmtheit nicht getrennt: „die Bestimmtheit als *Qualität* ist eins mit ihrem Substrat, dem Sein" (W70,6-8).[133] Gerade in der Trennung der Bestimmtheit – die mit dem Aufheben der Reflexion die Gestalt der Formbestimmtheit annahm – vom zu Bestimmenden besteht ein wesentlicher Punkt der Konzeption des Grundes: „es ist Formbestimmung, insofern es ein Gesetztes, hiermit von einem *solchen, dessen* Form es ist, Unterschiedenes ist" (W70,4-6). Darüberhinaus differenziert die Wissenschaft der Logik zwischen der Bestimmtheit der Wesens- und der Qualität der Seinslogik. Die erstere zeigt sich als Negativität, die letztere als Negation. Grundsätzlich gilt in der Seinslogik: „omnis determinatio est negatio" (S107,38), während die Negativität der Wesenslogik mehr und mehr die Züge der Form annimmt.

Die für die Reflexionsbestimmungen gültigen Komponenten, Reflexion in sich und Gesetztsein, werden somit beim Grund in die Komponenten Wesen und Form (W69,19-34) bzw. Grundlage und Form umgedeutet. Während bei den Reflexionsbestimmungen die Reflexion in sich das Bestehen des Gesetztseins ausmachte, ergibt sich beim Grund die „*Grundlage*" als „*Bestehen der Form*" (W70,22-23). Weil aber den Bestimmungen des Wesens nunmehr Bestehen zukommt, können sie nicht mehr als Reflexionsbestimmungen aufgefaßt werden. Wegen der Unbeständig- oder Flüchtigkeit der letzteren (W69,37-39) ergäbe sich sofort ein Widerspruch. Hegel muß daher eine neue Art von Bestimmung einführen: die Formbestimmungen. Sie führen die Aufgabe der Reflexionsbestimmungen – die Selbstbestimmung des Wesens zu realisieren – fort, wenn auch auf andere Weise. Denn dadurch, daß die Formbestimmung sowohl die Reflexionsbestimmungen als auch die Grundbeziehung – die letzte Reflexionsbe-

---

[133] Erst in der Quantität, genauer im „Quantum" setzt das „Abtrennen des Seins von seiner Bestimmtheit" ein (S417,34-36).

stimmung (W65,8-9) – umfaßt, umschließt die Form sowohl die Reflexion als auch die aufgehobene Reflexion (W70,11-17). „Die Form ist das vollendete Ganze der Reflexion; sie enthält auch diese Bestimmung derselben, aufgehoben zu sein" (W70,32-33).

Wenn die Form als das vollendete Ganze der Reflexion ausgegeben wird, so erhält damit die Frage nach dem Zusammenhang von Form und Wesen eine Antwort, die nur darin bestehen kann, daß die Form das Wesen umgreift. Um diese These zu erhärten, ist es erforderlich, über das bisherige Verhältnis von Form und Grund hinauszugehen. Denn der bisherige Ansatz, der „das einfache Wesen" als unbestimmte und „*untätige* Grundlage" deutet, an welcher die Formbestimmungen das Bestehen oder die Reflexion in sich haben", ist zwar notwendig, für das spekulative Denken jedoch, weil er dem Ansatz der äußeren Reflexion entspricht, keineswegs hinreichend (W70,39-71,7).

Spekulativ muß das Verhältnis von Wesen und Form als „Wechselbeziehung" gesehen werden (W70,26-27). Denn das Wesen als Grund ist durch die Identität von Grund und Begründetem (W68,21-69,2) und damit durch die Formelemente „des Grundes und des Begründeten...bestimmt". In dieser Bestimmtheit tritt es als eines der beiden Formelemente auf und ist selbst zum „Moment der Form" geworden (W70,27-30). Geht man umgekehrt von der Form aus, so ist sie „sich auf sich selbst beziehende Negativität" (W70,36-37) und damit Identität (W71,7-8) und somit Wesen. „Die Form hat daher an ihrer eigenen Identität das Wesen wie das Wesen an seiner negativen Natur die absolute Form" (W71,13-17).

Der Ansatz der äußeren Reflexion erhält durch die spekulative Auffassung der Form eine völlig neue Fundierung. Nicht die Grundlage, sondern die Form bildet das eigentliche Fundament. Denn die Form hebt sich selbst auf. Sie macht sich zum mit sich identischen Wesen (W71,20ff), zur Grundlage, um sich an ihr Bestehen zu geben. Weil die Form die Negativität oder das Unterscheiden ist, das „dieses Unterscheiden selbst" negiert, ist sie „Identität mit sich, welche das Wesen als das Bestehen der Bestimmung ist" (W71,28-31). Als dieses Unterscheiden, das sein Unterscheiden unmittelbar zurücknimmt, ist sie das „Scheinen" des Wesens „in sich selbst", seine „Reflexion" (W71,19-20), dasjenige „wodurch... das Wesen nicht Sein, sondern Wesen ist" (W71,8-9). Daher kann die Form nicht „wahrhaft vorausgesetzt, getrennt vom Wesen" sein, denn so fiele sie in die Reflexionsbestimmung zurück (W71,24-26). In der Wechselbeziehung von Wesen und Form zeigt sich damit die Form als „der Widerspruch, in ihrem Gesetztsein aufgehoben", d.h. auf eine Grundlage bezogen zu sein, „und an diesem Aufgehobensein das Bestehen zu haben" (W71,32-33).

Die Charakterisierung des Wesens läuft auf eine Charakterisierung als sich Unterscheidendes – das jedoch seine Unterschiede, weil sie nur Schein sind, immer schon aufgehoben hat – hinaus. Beim reinen Wesen ist dieses Unterscheiden als Scheinen nur unentwickelt vorhanden. Erst im weiteren Verlauf der Wesenslogik wird dem Unterscheiden des Wesens zu seinem „Recht" verholfen. Das sich von sich unterscheidende oder „sich von sich abstoßende" und zu sich zurückkehrende Wesen wird zur bewegten „Grundeinheit" (W71,5-7), die sich als Form etabliert (W71,6ff). Die Form übernimmt damit die Rolle des Wesens als sich auf sich beziehender Negativität, deren Momente die entwickelten „Unterschiede der Form und des Wesens sind" (W71,35-36). Sie avanciert damit selbst zum Grund, nämlich zum „Grund ihres Aufhebens" (W71,26-27). Zugleich bewahrt aber die Form den identischen Zug, mit dem der Grund eingeführt wurde. Gerade in ihrer widersprüchlichen Verfaßtheit zeigt sie sich als Grund, „als das im Bestimmt- oder Negiertsein mit sich identische Wesen" (W71,33-34).[134]

Der Eindruck der Dominanz des Formprinzips stellt sich nicht nur auf Grund der letzten Analyse ein, vielmehr arbeitet Hegel auch in der Folge das Übergewicht der Form heraus. Denn die Dialektik von Form und Wesen[135] eröffnet lediglich den Reigen

---

[134] Rohs hat mit Recht auf die Abhängigkeit Hegels von Schelling bei der Trias Grund, Wesen und Form, aber auch auf die Eigenständigkeit Hegels bei dieser Thematik hingewiesen. Während bei Hegel die „Form als Grund" aller Unterschiedenheit und Identität konzipiert sei, habe Schelling die Form wesentlich „äußerlicher aufgefaßt". Rohs, a. a. O., S.155.

[135] In den Vorlesungen zur Geschichte der Philosophie ergeht an Schelling die implizite Kritik, er sei über die Seinslogik nicht hinausgelangt. Denn der Hauptvorwurf, der „Unterschied wird immer wieder aus dem Absoluten entfernt", erfährt seine Begründung über die von Schelling praktizierte „Einbildung des Wesens in die Form" und umgekehrt (MM20,446ff). Gerade in diesem Punkt zeigt sich die Differenz zwischen Seins- und Wesenslogik. Während die erstere die Negation in das Sein einbildet, arbeitet die letztere einzig mit der selbstbezüglichen Negativität. Dieser Vorwurf richtet sich in der Logik gleichermaßen gegen Spinoza (W169,ff).

einer dreistufigen Dialektik, in dem die Dialektik von Form und Materie sowie die Dialektik von Form und Inhalt die Fortsetzung bilden. Hegel betont in dieser dreistufigen Dialektik dadurch den dominierenden Charakter der Form, daß sie als das Bleibende durchgehalten wird, während das Gegenelement dem Wechsel unterworfen ist. Darüberhinaus spricht er explizit von der „Herrschaft der Form" (W77,20).[136] Den dominierenden Charakter vermöchte der Form allenfalls der absolute Grund streitig zu machen. Er fungiert nicht nur als Überschrift für die drei genannten Arten von Dialektik, sondern er wird als „Bewegung" begriffen, in welcher der absolute Grund (W76,36ff) sich einen Inhalt verschafft (W66,26-29). Wie sich herausstellen wird, macht jedoch auch im Verhältnis von Form und Grund die Form den bestimmenden Faktor aus.[137]

Methodisch ist diese dreistufige Dialektik des absoluten Grundes vom spekulativen Ansatz bestimmt, den Hegel zuvor in den Reflexionsbestimmungen entwickelte. Dieser spekulative Ansatz besteht in nichts anderem, als im ständigen und konsequenten Durchlaufen der Reflexionsbestimmungen von der Identität bis zum Widerspruch bzw. bis zum Grund. Er beherrscht nicht nur die Wissenschaft der Logik,[138] sondern das System von Nürnberg an. „Spekulativ denken heißt ein Wirkliches auflösen und es sich so entgegensetzen, daß die Unterschiede nach Denkbestimmungen entgegengesetzt sind und der Gegenstand als Einheit beider gefaßt wird" (Rel I 33).[139]

Den spekulativen Weg durchläuft die Wesenslogik zunächst in der besagten dreistufigen Dialektik an Hand der Form. Obwohl diese These sich nur in der endgültigen Durchführung dieser Dialektik eindeutig belegen läßt, dürfte es nicht uninteressant sein, Hegels eigene Stellungnahme zu ihr zu erfahren. Der „Grund ist zunächst das Wesen, das in seinem Gesetztsein", der Form (W70,4-5), „mit sich *identisch* ist" (W78,10-11). Diese Identität, die dem Wesen als Grund zukommt, entfaltete die Wesenslogik

---

[136] Zur Interpretation des Wortes Herrschaft vgl. Iber, a. a. O., S. 209/10.
[137] Vgl. Rohs, a. a. O., S. 182/3.
[138] W79,27-80,35; 96,26 bzw. 99,9-11; 127,21-30; 142,19-27;167,15-16 und 167,35 sowie 169,9-10; 177,14-16; 183,1-9 und 188,3-5; 193,38-194,1; 197,27-31; 210,27-33.
[139] Rel I 153; W61,25-63,2.

bereits als Dialektik von Wesen und Form bzw. als Grundlage und Form (W68,27ff). Die Fortsetzung der Dialektik von Form und Wesen oder der anfänglichen Identität des Grundes bildet die Entzweiung des mit sich identischen Grundes in Form und Materie. Als „*verschieden* und gleichgültig gegen sein Gesetztsein" ist das Wesen als Grund die „Materie" (W78,11-13), die mit der Form konfrontiert wird. Im Inhalt schließlich wird sich dieser Unterschied nivellieren, denn die Komponenten des „*Gegensatzes*" – Form und Materie – sind im Inhalt – der formierten Materie – „als negierte gesetzt" (W78,14-18).[140] Mit dem negierten Gegensatz ist die Identität des sich in Form und Materie entzweienden absoluten Grundes wiederhergestellt, wodurch die Form zur „Grundbeziehung" wird.[141]

b. Form und Materie

Das Wesen bestimmt sich nicht nur als Form, sondern auch als Materie. Denn das Wesen hat sich nach den vorangegangenen Überlegungen als das „Unbestimmte, dem die Form ein Anderes ist" erwiesen. Mit dieser weitergehenden Selbstbestimmung hat das Wesen seine Position als „absolute Reflexion" endgültig aufgegeben. Als Unbestimmtes, das von einem Anderen – der Form – bestimmt wird, kann es nicht mehr als reines Wesen angesprochen werden, vielmehr muß es den Bedeutungsgehalt der Materie annehmen. Die Form verhält sich damit zu einem „formlosen Un-

---

[140] Unterstreichungen im obigen Absatz vom Verfasser.
[141] Wölfle, der an dem spekulativen Gliederungsprinzip vorbeigeht, sieht seine Erwartungen, daß Hegel bei der Form mit „verschiedenen Inhaltsbestimmungen" arbeitet, immer wieder enttäuscht (Wölfle, a. a. O. 250-252). Ihm entgeht, daß Hegel genau das durchführt, was man vernünftiger Weise erwarten kann, indem er das Moment der Verschiedenheit zunächst an der Form selbst aufspürt und entfaltet, um anschließend, nachdem sich die Form als absoluter Grund einen Inhalt gegeben hat, auf die Verschiedenheit der Inhalte zu achten. Darüberhinaus wird Wölfles These, die Wesenslogik sei nach dem Duktus von setzender, äußerer und bestimmender Reflexion konstruiert, an Hand der in Rede stehenden dreistufigen Dialektik abermals widerlegt, denn diese Dialektik etabliert sich als „Grundbeziehung überhaupt" (Form und Wesen), als „bestimmende Reflexion" (Form und Materie) und als Form „selbst" (Form und Inhalt) (W77,11-17).

bestimmten", der Materie.[142] Wie in der vorhergehenden Dialektik das Wesen als Identität der Form gesehen wurde, so wird nun auch die Materie als die Identität der Form ausgegeben. Doch durch die Umgestaltung des Paares Wesen und Form zum Paar Materie und Form gewinnt das Element des Andersseins bei der Darlegung der Identität noch mehr an Bedeutung. Denn die Materie fungiert als formloses Unbestimmtes, als „formlose" oder „unterschiedslose" „Identität", als „eigentliche Grundlage oder Substrat". „Die Materie ist also ...das Wesen..., mit der Bestimmung, das Andere der Form zu sein" (W72,3-12). Während bei der Reflexionsbestimmung das Gesetztsein und das Bestehen zwar als verschiedene Komponenten angesetzt wurden, die jedoch so dicht aufeinander bezogen waren, daß von einem eigentlich Anderen nicht gesprochen werden konnte, kristallisiert sich mit dem Paar Materie und Form das Element des Anderen in pointierter Weise heraus. Dennoch ist es nicht die äußere Reflexion, die durch das Erstarken der Andersheit das Verhältnis von Materie und Form diktiert. Darüberhinaus kann das Vehältnis von Form und Materie auch nicht als zufällige (W72,22-27), sondern nur als notwendige Relation gefaßt werden (W73,33-34).

Wie später bei dem Paar Grund und Bedingung, so beschreibt Hegel das Verhältnis von Materie und Form als ein Verhältnis des gegenseitigen Voraussetzens, ein Ansatz, der die Betonung der Andersheit beider noch einmal unterstreicht (W72,31ff). Aber das Voraussetzen ist im Sinne der Wesenslogik aufzufassen. Es wird nicht, wie sonst im Sprachgebrauch üblich, an eines der beiden, Form oder Materie, von außen durch das Denken herangetragen. Weil die Wesenslogik in letzter Konsequenz Voraussetzen reflexiv nimmt, ist es eines der beiden Elemente selbst, das sich voraussetzt. Dabei zeigt sich – wie dargelegt – die Form als diejenige, die sich voraussetzt. Sie ist diejenige, die sich aufhebt, die sich als das Bestimmende zum Unbestimmten macht, um an ihrem Aufgehobensein ihr Bestehen zu haben (W71,31-34). An dieses reflexive Voraussetzen der Form, das in der Dialektik von Wesen und Form entfaltet wurde, schließt Hegel das symmetrische Voraussetzen von Form und Materie an. „Die Form *setzt* die Materie voraus, eben darin, daß sie sich als Aufgehobenes setzt" (W72,31-

---

[142] Auf die Verwandtschaft zwischen Aristoteles und Hegel bezüglich des Paares Form und Materie geht ausführlich Rohs ein. Rohs, a. a. O., S. 157 – 172.

33). Weil aber die Form die Materie, das formlose Unbestimmte, bestimmt, und Bestimmendes und Unbestimmtes Andere sind, wird umgekehrt „die Form von der Materie vorausgesetzt" (W72,34-35).

Die Form kann nicht als setzender Grund der Materie gelten. Die Struktur des setzenden Grundes wird erst wieder beim absolut Unbedingten sowie im Verhältnis von erscheinender und an sich seiender Welt relevant (W136,35-38). Umgekehrt kann auch die Materie nicht als setzender Grund der Form gelten. „Form und Materie sind somit bestimmt, die eine wie die andere, nicht gesetzt durch einander, nicht Grund voneinander zu sein" (W73,9-11). Bei der Materie war dieser Sachverhalt eigentlich klar. Denn sie setzt die Rolle des Wesens überhaupt fort (W73,11-12). Sie kann daher nicht den setzenden Grund, sondern „nur die Grundlage für die Form abgeben" (W76,17-18).

Warum aber kann die Form nicht als setzender Grund der Materie gelten? Hatte Hegel nicht ausgeführt, daß „die Form sich... als Materie setzt, insofern sie sich selbst aufhebt" (W73,2-3)? Wenn Hegel später die an sich seiende Welt zum setzenden Grund der erscheinenden Welt deklariert, so ist dies nur möglich, weil die an sich seiende Welt nicht die Form, sondern die „absolute Form" enthält. Diese als sich aufhebende macht sich zum Gesetztsein, zur erscheinenden Welt (W136,35ff). Bei der Dialektik von Form und Materie tritt jedoch nicht die absolute Form, sondern nur die endliche Form auf. Diese These ist dadurch belegt, daß Hegel Form und Materie nicht nur als Andere, sondern als *Verschiedene* gegeneinanderstellt (W74,17).[143] Die Verschiedenheit beider ergibt sich aus ihrer Genese sowie aus ihrem Bedeutungsgehalt. Weil Form und Materie *als Verschiedene einander gleichgültig* gegenüberstehen, kann keine der beiden als setzender Grund des jeweils Anderen gesehen werden.

Form und Materie verhalten sich jedoch nicht nur als Verschiedene zueinander, vielmehr hält die Verschiedenheit in jedes dieser Elemente Einzug. Denn die Form löst sich auf und die Materie zerfällt. Die Form ist auf Grund ihrer Genese „das sich auf sich beziehende Negative", „der Widerspruch in sich selbst, das sich Auflösende, sich von sich Abstoßende" (W73,20-22). Mit dieser Definition der Form entfernt sich Hegel merklich von der Defini-

---

[143] Weil sich Form und Materie als Verschiedene gegenseitig voraussetzen, sind sie beide „endlich" (W76,13-18).

tion der absoluten Form (W71,17). Der Punkt der Abgrenzung der ersteren gegenüber der letzteren dürfte vor allem in der Charakterisierung der Auflösung liegen. Hegel diskutiert den Punkt der Auflösung anschließend auch bei der Materie. Die „Identität" der Materie „zerfällt in ihrer Negativität" (W75,29). Mit der Vokabel „zerfällt" aber hatte Hegel den Prozeß der absoluten Identität oder des absoluten Unterschiedes beschrieben, sich in Verschiedene aufzuspalten (W35,14).

Die Beziehung zwischen Form und Materie ist damit nicht mehr die Beziehung zwischen Form und Wesen als Beziehung im Anfangsstadium, sondern entwickelte, gesetzte Beziehung. Die sich auf die Materie beziehende Form „ist *gesetzt*, sich auf dieses ihr Bestehen als auf ein Anderes zu beziehen" (W73,23-24). Daher kann Hegel im Hinblick auf die Form das Resümee ziehen: die sich auflösende „Form muß sich *materialisieren*" (W73,34). In diesem Prozeß besteht ihre Auflösung. Weil die Notwendigkeit sich zu materialisieren auf die Selbstbestimmung der Form zurückgeht, kann er ferner die „Form als *Tätiges*" (W73,19) begreifen. Im Hinblick auf die Materie ist die Form zwar das Bestimmende, aber „nicht Grund, sondern nur das Tätige" (W76,14-15). Damit ist die Voraussetzungsstruktur der Form hinreichend entfaltet.

Die Voraussetzungsstruktur der Materie scheint zunächst anderer Natur zu sein. Die Form bezieht sich zwar auf die Materie, aber die Umkehrung scheint keine Gültigkeit zu besitzen, denn die Materie bezieht sich nur auf sich, sie ist „gleichgültig gegen" die Form (W73,24-25). Daher scheint die Materie das „Passive" gegenüber der aktiven Form auszumachen (W73,18-19).

Gerade die These der Gleichgültigkeit der Materie gegen die Form kann sich nicht halten (W74,2-4). Denn die Materie geht auf die Selbstaufhebung der Form zurück. Die Materie enthält dadurch die „aufgehobene Negativität", wenn auch „in sich verschlossen". Sie ist „nur Materie durch diese Bestimmung". Damit stellt sich aber die These der Gleichgültigkeit der Materie gegen die Form als falsch heraus, zumindest ist die Beziehungsstruktur der Materie anders zu sehen.[144] Die Materie bezieht sich nicht nur

---

[144] Kulenkampff beschreibt Hegels Dialektik als fortgesetztes Falschmachen vorher erzielter Ergebnisse. A. Kulenkampff: Antinomie und Dialektik. Zur Funktion des Widerspruchs in der Philosophie. Stuttgart, 1970.

auf sich, sondern auch auf Anderes, auf die Form, und die letztere ist darüberhinaus „Anderes" nur deshalb, „weil die Form nicht an ihr gesetzt, weil sie dieselbe nur an sich ist". Aus diesem Grund interpretiert Hegel die Form als Bestimmung oder als zu realisierende Erfüllung (W73,26-33), ja sogar als „Sollen" der Materie (W75,20). Diese Interpretation mündet in die modallogische Feststellung: „Die Materie muß daher formiert werden" (W73,29-33).[145]

Durch die Widerlegung der These des gleichgültigen Verhaltens der Materie gegen die Form (W73,13-14) ist jede der beiden auf die andere bezogen. Jede setzt die andere voraus, jede vermittelt sich, wie noch zu zeigen ist, mit der anderen. Ihre gegenseitige Vermittlung führt zur „Wiederherstellung ihrer ursprünglichen Identität" (W74,7-8), des absoluten Grundes. Erzielt wird diese Wiederherstellung dadurch, daß gezeigt wird: das andere, das „Äußere" eines jeden, ist im anderen der Anlage oder dem Ansichsein nach enthalten. Weil jede die andere, das scheinbar Äußere, dem Ansichsein nach enthält, kann die ursprüngliche Identität sich nur als „Erinnerung ihrer Entäußerung" ergeben (W74,8).[146] Weil Materie und Form als Momente des sich entzweienden absoluten Grundes oder der sich entzweienden absoluten Form fungieren, waltet zwischen ihnen nicht nur die Beziehung der Verschiedenheit, vielmehr liegt eine „Identität der Verschiedenen" und damit die Entgegensetzung vor, die sich „zur gegenseitigen Voraussetzung" gestaltet (W74,10-19).

Die angestrebte Vermittlung der sich gegenseitig voraussetzenden Momente des absoluten Grundes, Form und Materie, vollzieht sich auf wesenslogische Art und Weise. Jedes dieser beiden vermittelt sich „mit sich durch ihr eigenes Nichtsein" (W74,5-6). Diese Vermittlung wird dadurch ermöglicht, daß die „*Bewegung der Materie*" mit der „*Tätigkeit der Form*" identisch ist (W75,18-19).[147] Jede der beiden, Form und Materie, gibt ihre Selbständigkeit preis (W74,20-75,15), denn für jedes der beiden Momente

---

[145] Hegel wirft Kant vor, die „Bewegung" der Materie nicht abgeleitet, sondern vorausgesetzt zu haben (MM20,364).

[146] 74,32ff; 75,11ff; 75,23ff; 75,31ff

[147] Auch bei dieser Problematik dürfte Hegel sich an Fichte orientiert haben, denn Fichte vereinigt „die Tätigkeit der Form und der Materie". Fichte, a. a. O., S. 171.

gilt, daß die „Beziehung auf sich zugleich Beziehung auf sich als Aufgehobenes oder Beziehung auf sein Anderes ist" (W75,35-37).[148] Die ursprüngliche Einheit von Form und Materie ist damit nicht nur „hergestellt", sondern darüberhinaus gesetzt (W75/6). Die Form kann nicht mehr als „an sich seiende Bestimmung" (W73,26-33) oder als „Sollen" der Materie (W75,20) auftreten, denn durch die letzte Entwicklung, zur Identität der Tätigkeit der Form und der Bewegung oder dem Bestimmtwerden der Materie, ergibt sich als „Resultat... die Einheit des Ansichseins und des Gesetztseins" (W76,6-10). Hegel folgt also mit diesem Weg seiner spekulativen Methode, indem er – wie expliziert – die Bewegung des Wesens qua absolutem Grund unter den Aspekten der Identität, der Verschiedenheit und des Gegensatzes durchläuft. Die spekulative Methode erweist sich als Instrument der Differenzierung, mit deren Hilfe Hegel die Momente Grundlage, Materie und Inhalt zu einer aufsteigenden Kette von Gegenelementen der Form gestaltet.[149]

c. Form und Inhalt

„Inhalt" definiert Hegel als „Einheit" von Form und Materie oder als „formierte Materie" (W76,36ff). Weil die Materie sich als Identität der Form erwies (W71,39ff), deshalb kann der Inhalt auch als „formierte Identität" aufgefaßt werden (W78,13-14). Da Hegel die Materie bei ihrer Einführung als „formlose Identität" dargelegt hatte (W72,4-5), sind Materie und Inhalt in der Wissenschaft der Logik deutlich voneinander abgegrenzt. Trotz dieser Abgrenzung liegt eine Kontinuität zwischen Materie und Inhalt vor. Sie resultiert aus der Struktur der Selbstbestimmung des absoluten Grundes. Diese zeigte sich als negativer Selbstbezug der absoluten Form, durch den „die *eine* wesentliche Einheit", der absolute Grund, sich einer Bewegung unterzog, die zu seiner Ent-

---

[148] Schubert konstatiert – aufbauend auf der Aristoteles-Interpretation von N. Hartmann – bei Aristoteles eine „Aporetik von Materie und Form", die bei Hegel aufgehoben werde. Schubert, a. a. O., S. 199.
[149] Weil Wölfle diesen spekulativen Weg nicht sieht, identifiziert er die Grundlage qua Wesen mit der Grundlage qua Materie, weshalb er die Dialektik von Form und Materie als bloße „Wiederholung" der Dialektik von Form und Wesen ansieht. Wölfle, a. a. O., S. 250.

zweiung in Form und Materie führte (W74,10-16).[150] Der Inhalt ist nicht nur die wiederhergestellte (W75,39), sondern auch die „gesetzte Einheit" des absoluten Grundes (W76,38).[151] Weil er sich damit als „bestimmte oder gesetzte" (W77,24) Einheit etabliert hat (W77,1), deshalb muß der Inhalt nicht nur als Grundlage, sondern als „*bestimmte Grundlage*" (W77,6-7) der Form betrachtet werden.

Da diese Grundlage – der Inhalt – sich aus den Komponenten Form und Materie zusammensetzt, ergibt sich, daß Form und Materie gegenüber dem Inhalt ein „bloßes Gesetztsein" ausmachen (W77,29-30). Als Parallele drängt sich der wesenslogische Übergang des Positiven und Negativen zum Grund auf,[152] auch wenn er nun nicht mehr aus der Perspektive der Reflexion, sondern aus derjenigen der Form als Grund erfolgt. Die „absolute Einheit des Grundes" präsentiert sich auf dieser Ebene als Inhalt, als gesetzte, wiederhergestellte, „negative Einheit" von Form und Materie, in der die Form gegenüber dem Inhalt das „Aufgehobene und Unwesentliche" ausmacht (W77,8-9). Der Inhalt „ist daher gleichgültig gegen" die Form (W77,25-27).

Diese Gleichgültigkeit des Inhaltes gegen die Form stellt jedoch nur einen Aspekt – und zwar den unwichtigen – der Sachlage dar. Der andere Aspekt – der wichtige – wird erkennbar, wenn man nach dem Verhältnis von Inhalt und Grund fragt. Mit der Genese des Inhaltes scheint der „Grund... in dem Inhalt... verschwunden". Dieser Schein trügt jedoch. Denn Form und Materie besitzen durchaus Züge des Negativen und Positiven.[153] Somit lassen sie sich als Gesetztsein (W54,8ff) begreifen. Die „Reflexion" des Gesetztseins „in sich" wurde aber als „Identität des Grundes" ausgemacht (W68,21-33). Exakt diese Struktur kann man bei der vorliegenden Problematik antreffen, da Form und Materie in den Inhalt oder in den „Grund zurückgegangen" sind (W77,33-35)[154], Der Inhalt ist die „negative Reflexion der Formbestimmungen",

---

[150] N. Hartmann sieht in seiner Hegel-Deutung sowohl Form als auch Materie als einen „Typus des Grundes" an, und zwar so, daß deren Gegensätzlichkeit – „Negation und Position" – im Inhalt „relativiert" werde. N. Hartmann, a. a. O., S. 448-450.
[151] W76,1; 77,19
[152] W54,8-18.
[153] W72,34-73,1; 75,13-15.
[154] W76,20-23.

Form und Materie, „in sich", wodurch sich die Identität des Grundes erneut einstellt. Auf diesem Wege kristallisiert sich die „*Grundbeziehung*" wieder heraus. Die Gleichgültigkeit des Inhaltes gegen die Form gilt also nur „zunächst". In letzter Konsequenz erweist sie sich als falsch (W78,1-6). Weil der Inhalt als „formierte Identität" und die Identität als Grundlage der Form betrachtet werden kann, ist die Form als Grundbeziehung gegenwärtig. Der Grund hat sich einen Inhalt verschafft (W66,26-29) und der Inhalt hat die Grundbeziehung zur Form erhalten (W78, 6-8).

Gegenüber der anfänglichen Grundbeziehung, die als sich negierende Identität auftrat, kann angesichts der Definition des Inhalts als formierter Identität von einer Weiterentwicklung der ursprünglichen Identität des Grundes, der gesetzten „Identität gegen die Grundbeziehung" gesprochen werden. Dabei ist das „Gesetztsein... als Formbestimmung an dieser Identität" (W78,22-23). Diese Struktur, das Bestehen der „Formbestimmungen... *an dem Wesen*",[155] wobei das Wesen als Identität oder Grundlage begriffen wurde (W70,18-23), ergab sich schon mit Einführung des Grundes. Hegel hält einerseits an dieser anfänglichen Struktur fest, andererseits aber spezifiziert er sie dadurch, daß er die Grundlage sukzessiv zur Materie und schließlich zum Inhalt ausbaut. Mit der Interpretation der Variablen Grundlage durch das neue Modell Inhalt liegt nicht mehr die „Grundbeziehung überhaupt" oder die Form (W77,11-13) als „unmittelbares" Gesetztsein, die „Bestimmtheit als solche" vor, sondern die Form als „das totale in sich zurückkehrende Gesetztsein" (78,25-28).

Überblickt man die Bewegung des absoluten Grundes in ihrer Gesamtheit, so verwendet Hegel zu ihrer Darstellung die Variablen Unmittelbarkeit und Vermittlung (W69,3ff).[156] Während die letztere in dieser Bewegung konstant als Form agiert, durchläuft die Variable Unmittelbarkeit die Positionen Identität des Grundes (W68,28-69,2), Grundlage (W70,18-24), Materie (W73,11-12) und Inhalt (W79,9-10). An diesen Elementen besitzt die Form jeweils ihr Bestehen. Das mit der bestimmenden Reflexion eingeführte Moment des Bestehens, das mit dem Grund die Gestalt einer festen Unmittelbarkeit oder einer Grundlage annahm, erwies sich bei der Materie zunächst als das „unbestimmte Bestehen"

---
[155] W69,34-35; 70,3; 70,35-36; 71,31-33.
[156] W69,20-21; 79,4-29.

(W75,17), bis es sich im Übergang zum Inhalt als „materielles...
Bestehen" ergab (W78,19).[157] Gegenüber diesen Variationen behauptet sich die Form als der stabile und dominante Faktor. Daher ist das Identische, das dem Grund innewohnt, „unter die Herrschaft der Form" geraten (W77,20). Da ferner der Form das *Gesetztsein* (W78,20-27), die dem Grund innewohnende Identität aber dem *Bestehen* zugeordnet wird, resultiert die Einheit der Wesenslogik, soweit sie bisher betrachtet wurde, aus der im ersten Kapitel – dem Grundkapitel – entwickelten *Reflexionsbestimmung*, die sich aus den Komponenten *Bestehen* und *Gesetztsein* zusammensetzt.

Mit dem Inhalt ereignet sich der Übergang vom absoluten zum bestimmten Grund. Dieser Übergang vom absoluten zum bestimmten Grund ergibt sich dadurch, daß zum einen der „*Grund...* einen *Inhalt*" „hat" (W78,7-8), zum anderen aber, daß der „Inhalt... *bestimmt*" ist (W78,16). Damit besitzt der Grund nicht nur einen Inhalt *überhaupt* sondern einen *bestimmten* Inhalt. Freilich ist dieser Übergang als Fortsetzung der Selbstbewegung des Grundes zu sehen, die der absolute Grund vollzogen hat (W76,38ff). „Der Grund hat sich damit überhaupt zum bestimmten Grunde gemacht" (W78,28-29).

Inhalt führt Hegel als Einheit von Form und Materie oder als „formierte Materie" ein, doch verallgemeinert er in der Folge diesen Ansatz, ohne jedoch die erste Einführung zu suspendieren.[158] Tatsächlich versteht er allgemeiner Inhalt als Einheit der „Formbestimmungen" (W78,2-6). Da die Form in der Wesenslogik ständig variiert, bietet sich auch der Inhalt in ständig neuer Gestalt dar. Dies wird bereits auf der nächsten Stufe der Wesenslogik, der des bestimmten Grundes unterstrichen, wenn Hegel dort Grund und Begründetes als Formelemente (W79,25)[159] und den Inhalt als deren „Identität" begreift (W79,13-14).[160]

B. Der bestimmte Grund

Im absoluten Grund bilden nacheinander das Wesen, die Materie sowie der Inhalt die Grundlage der Form. Im bestimmten Grund

---

[157] W76,12.
[158] W98,21-22.
[159] W80,31-32; 80,39
[160] W79,6-10; 85,4-6; 85,13-14.

macht der bestimmte Inhalt die Grundlage der Form aus. Obwohl mit der Einführung des Inhaltes, durch die Verwendung des Ausdruckes formierte Materie, einem äußeren Verhältnis der Formelemente entgegengetreten wurde, stellt sich das Phänomen der Gleichgültigkeit erneut ein, dieses Mal allerdings zwischen Form und Inhalt. Der erneute Auftritt der Gleichgültigkeit resultiert aus der Genese des Inhaltes. Weil gegenüber dem Inhalt als formierter Materie, die Form zum Moment herabgesunken scheint, erweist sie sich gegenüber dem Inhalt als das „Unwesentliche" und somit als das ihm Gleichgültige (W77,26ff).

a. Der formelle Grund

Die Konsistenz der Wesenslogik innerhalb des Grundes wird an dieser Stelle abermals deutlich, denn Hegel greift mit dem formellen Grund exakt den Ansatz des absoluten Grundes auf, um ihn an Hand der zwischenzeitlich gewonnenen Ergebnisse auszubauen. Ausgangspunkt des letzteren war die Zweiheit von Wesen überhaupt und *Vermittlung*. Das Wesen überhaupt ergab sich aus der Identität von Grund und Begründetem. Es entwickelte sich aus festen *Unmittelbarkeit*, zum Substrat oder zur Grundlage. Die Vermittlung hingegen entwickelte sich zur Form (W68,35-69,35). Diese Zweiheit von *Vermittlung* und *Unmittelbarkeit* oder Grundlage und Form bildet auch die Basis des bestimmten Grundes (W79,3-6). In dieser gemeinsamen Struktur des absoluten und des bestimmten Grundes sind die Differenzen freilich nicht zu übersehen. Das Unmittelbare oder die Grundlage hat sich nunmehr als Inhalt gesetzt. Ihm steht die Vermittlung oder die Form mit den beiden Komponenten Grund und Begründetes gegenüber (W77,11-13).

Wegen dieser Entzweiung auf der Ebene der Form gestaltet sich die „Vermittlung" des bestimmten Grundes als „negative Einheit". Der bestimmte Grund bezieht sich wie der absolute, als Form, negativ auf sich, „macht" „sich dadurch zum Gesetztsein", zum Anderen seiner selbst, zum Begründeten, ohne in dieser Bewegung seine Identität preiszugeben. Diese Identität stellt den Inhalt und die Grundlage des bestimmten Grundes dar. Während also auf der Seite des Inhaltes Identität vorliegt, ergibt sich auf der Seite der Form Unterschiedenheit. Wegen der Gleichgültigkeit von Form und Inhalt pervertiert der bestimmte Inhalt zur „gleichgültigen Grundlage" (W79,6-16).

In der Entzweiung der Form ist keines der beiden Formelemente – Grund und Begründetes – selbständig. Sie befinden sich vielmehr „*in einer Identität*", dem Inhalt, „als aufgehobene". Diese Identität verleiht ihnen „Bestehen" (W79,25-32). Die Vermittlung des bestimmten Grundes ist als „negative Vermittlung" der Form die „*formelle Vermittlung*", die auf den Inhalt, dem positiv Vermittelnden, bezogen ist. Daher bleibt die Voraussetzungsstruktur von Vermittlung und Grundlage bzw. bezogenem Substrat, wie sie bereits für den absoluten Grund konstitutiv war, gewahrt. „Die beiden Seiten der Form... setzen" die Grundlage, den Inhalt, ihre Identität „voraus" (W79,10-29).

Die oben angesprochene Gleichgültigkeit zwischen Form und Inhalt läßt sich dahingehend charakterisieren, daß auf der Stufe der formellen Vermittlung „*erstens*" ein und derselbe Inhalt „nach *zwei Seiten* betrachtet" wird, nämlich unter dem Gesichtspunkt der zweiseitigen Form: Grund und Begründetes. Der Inhalt selbst verhält sich gegen diese Form „gleichgültig" (W79,35-80,1). Weil beide Seiten wegen der selbstbezüglichen Negativität der Form *zweitens* ineinander übergehen oder derselben Bewegung unterliegen, „ist jede die ganze Vermittlung oder die ganze Form". Weil ferner jeder Seite derselbe Inhalt zu eigen ist (W80,1-18), gilt: „Form und Inhalt sind so selbst eine und dieselbe Identität" (W80,20-21). Grund und Begründetes erweisen sich auf der formellen Ebene „sowohl dem Inhalt als der Form nach" als identisch (W80,22-23). Um das eine vom anderen unterscheiden zu können, müßte mindesten eine Bestimmung existieren, die dem einen, nicht aber dem anderen zu eigen ist. Gerade das ist unmöglich, denn „es *ist nichts im Grunde*, was nicht im *Begründeten ist*" und umgekehrt (W80,25-27). So spektakulär diese Formulierung auch klingen mag, so wenig kann sie den spekulativen Ansatz, der über das nur Identische hinaus zum Widerspruch vordringen will, befriedigen.[161]

Die von Hegel vorgenommene Einschätzung der formellen Vermittlung durch die Vokabeln gleichgültig und „äußerlich" (W81,2) verrät dessen Unzufriedenheit mit dem Entwicklungs-

---

[161] Hegel gebraucht die entsprechende spektakuläre Formulierung beim Verhältnis des Ganzen und der Teile (W145,9-10) sowie beim Verhältnis von Ursache und Wirkung (W197,5-9). Er müßte als Identitätsphilosoph par excellence gelten, wenn es mit Sätzen dieser Art sein Bewenden haben sollte.

stand der Problematik des Grundes. Die formelle Vermittlung kreist lediglich um ein und denselben, nicht aber um einen „verschiedenen Inhalt" (W80,33-36). Der identische Inhalt und die entzweite Form befinden sich in einem Kontrast, der eine Eigendynamik des bestimmten Grundes initiiert. Auf diese Eigendynamik wird durch die folgende Kritik hingewiesen: „Wenn nach einem Grunde gefragt wird, will man *dieselbe* Bestimmung, die der Inhalt ist, doppelt sehen", als Grund und als Begründetes (W80,27-30). Allerdings enden solche Intentionen leicht im „Formalismus" oder in einer leeren „Tautologie" (W81,7-10). Dies ist genau dann der Fall, wenn das Dasein lediglich in die Reflexion übersetzt wird. Hegel hätte sich niemals mit einer Abbildtheorie, die „das unmittelbare Dasein in die Form des Reflektiertseins umzusetzen" gewillt ist, zufrieden gegeben (W82,30-31). Vielmehr drängt er bei der Frage nach dem Grund des Daseins auf „eine andere Inhaltsbestimmung" (W85,21ff), damit man weiß „wie man mit dem Grunde" und „wie man mit dem Phänomen daran ist" (W83,31-32). Am Nichtwissen um den Zusammenhang von Grund und Phänomen krankt die Position des formellen Grundes, denn sie verkehrt, indem sie den Grund aus dem Dasein ableiten möchte (W83,22ff), den Grund zum Abgeleiteten (W82,29ff). Weil der Grund als das Selbständige ausgemacht wurde, muß gerade umgekehrt das Dasein aus ihm begriffen werden.

b. Der reale Grund

Auf der formellen Ebene ist der „bestimmte Grund erst in seiner reinen Form" ausgebildet. Grund wie auch Begründetes machen jeweils die „ganze Form" aus. Der Inhalt beider ist „derselbe". Gerade der Punkt der Identität unterstreicht den Mangel des formellen Grundes. Spekulativ gesehen eröffnet sich mit diesem Befund erneut der Weg von der Identität über den Unterschied zum Widerspruch. Die zweite Station auf diesem Weg besteht daher in der Markierung eines „verschiedenen Inhaltes" des bestimmten Grundes (W80,31-37). Hegel beschreitet diesen Weg, indem er die Äußerlichkeit des Verhältnisses von Form und Inhalt, die bisher eines der konstitutiven Merkmale des bestimmten Grundes ausmachte, in Frage stellt (W84,33ff).

Eine genauere Analyse dieses Verhältnisses gestattet Hegel beim bestimmten Grund die Explikationen verschiedener Inhalte. Die Form, Grund und Begründetes, wurde als Bewegung des

Grundes eingeführt, sich selbst als Begründetes zu setzen. Der Inhalt dagegen wurde keineswegs als Bewegung, sondern als Identität zwischen Grund und Begründetem, oder auch als Grundlage, an der die Form Bestehen besitzt, gesehen. Damit sind Form und Inhalt strikt getrennt. Aus ihrer Unterschiedenheit resultiert ein äußerliches Verhältnis von Form und Inhalt (W84,33-85,3).

Diese Trennung von Form und Inhalt hat jedoch nicht Bestand. Weil der Inhalt auf dieser Stufe der Wesenslogik als *„Identität des Grundes* mit sich selbst *im Begründeten"* und umgekehrt, mithin als Identität der Seiten der Form gefaßt wurde, verhalten sich „Form" und „Inhalt" gerade „nicht äußerlich" (W85,4-6). Aus dieser Struktur resultiert eine Verschiedenheit von Inhalten. Denn wenn jede der Seiten der Form – Grund und Begründetes – in der anderen enthalten und dort mit sich identisch ist, so stellt jede der beiden Seiten auf *je eigene Weise* oder *„in ihrer Bestimmtheit* die Identität des Ganzen" und damit den Inhalt *dar* (W85,6-12). Damit ergibt sich die Verschiedenheit von Inhalten mit Notwendigkeit. Der Inhalt „hat...diesen Formunterschied an ihm selbst und ist als Grund ein anderer denn als Begründetes" (W85,13-16).

Die inhaltliche Verschiedenheit der Formen nutzt Hegel aus, um auf das Argument der Tautologie einzugehen. Das Beheben der fehlenden inhaltlichen Verschiedenheit beendet die „formale" Phase der Explikation des bestimmten Grundes. Die Relation von Grund und Begründetem ist nicht mehr tautologisch. Der „Grund ist realisiert" (W85,17-20). Hegel nennt diesen Grund real.[162]

Die Verschiedenheit der Inhalte spürt Hegel beim Begründeten, nicht beim Grund, auf. Das Begründete besitzt einen *„zweifachen* Inhalt". Zum einen ist der Inhalt des Grundes „ebenso im Begründeten" vorhanden. Zum anderen aber weist das Begründete neben diesem Inhalt des Grundes „auch seinen eigentümlichen"

---

[162] Taylor erblickt angesichts des formellen und des realen Grundes folgendes „Dilemma": der formelle Grund erklärt „zureichend", aber tautologisch, der reale Grund erklärt nicht tautologisch, aber „unzureichend". In dieser Hinsicht existieren für Taylor sogar Parallelen zwischen Hegel und modernen empiristischen Philosophien. Die Suche nach einem vollständigen Grund sei für Hegel nur in einem systematischen Ganzen erfolgversprechend. C. Taylor: Hegel. Frankfurt, 1983, S.345 – 349. Diese Ausführungen sind zwar korrekt, sie verschweigen aber, daß Hegel dem Dilemma durch die Einführung des vollständigen Grundes sowie der Bedingung zu entkommen versucht.

Inhalt auf (W85,27-34). Diesen spezifischen Inhalt, der nur dem Begründeten zukommt, begreift Hegel als unwesentliche, „unmittelbare Mannigfaltigkeit". Sie steht zum Grund in äußerlicher, gleichgültiger Beziehung (W86,1-24). Obwohl Hegel an dieser Stelle den ihm durchaus geläufigen Term Vereinigung vermeidet, läßt sich das Begründete im realen Grund fast mengentheoretisch als Vereinigung des Grundes mit einer ihm fremden Mannigfaltigkeit verstehen. Betrachtet man den Übergang vom formellen zum realen Grund, so hat Hegel wohl abgeleitet, daß sich im Begründeten eine zweite – aus dem Grund nicht ableitbare – Inhaltsbestimmung findet. Daß diese zweite Inhaltsbestimmung jedoch als Mannigfaltigkeit zu sehen ist, wurde nicht nachgewiesen. Auf dieses Problem wird bei der Bedingung eingegangen.

Als Beispiel dieser Vereinigung gibt Hegel als Grund die „schwere Materie" an. Erst durch eine äußere „Modifikation" derselben entsteht das Haus als Begründetes. In ferneren Beispielen führt er Gott als Grund der Natur und die Natur als Grund der Welt an. Jedesmal kommt im Begründeten „noch eine weitere", dem Grund äußere, gleichgültige Mannigfaltigkeit hinzu (W87,20-88,26). Weil die Beziehung zwischen Grund und der jeweiligen Mannigfaltigkeit im Begründetem undurchsichtig ist, sinkt sowohl der „Grund als Inhalt" wie auch die „Beziehung" zwischen Grund und Mannigfaltigkeit zur „Grundlage" herab.[163] Da sich das Problem der Gleichgültig- oder Äußerlichkeit erhalten und nur vom Paar Form – Inhalt auf zwei verschiedene Inhalte verlagert hat, ergibt sich für Hegel das folgende Fazit: der reale Grund verkörpert „ebensosehr" einen „Formalismus" wie der formelle Grund (W88,30).

Wie man der Anmerkung zum realen Grund entnehmen kann, ordnet Hegel das Argumentieren auf der Ebene des realen Grundes der Sophistik zu. Gegen dieses durch und durch subjektive „Räsonnement aus Gründen" haben, wie er weiter darlegt, Sokrates und Plato die „Sache...selbst" bzw. die „*Idee*" gestellt (W90,24-27). Nach N. Hartmann bekundet diese Bemerkung nicht nur Hegels enge Bindung an den „Platonismus". Sie verrät auch, daß die Wissenschaft der Logik auf das, was Hegel Begriff oder Idee nennt, angelegt ist.[164] Diese Aussage wird durch Hegel

---

[163] W86,16;86,28.
[164] N. Hartmann. Die Philosophie des Deutschen Idealismus. Berlin 1960. S. 452.

selbst unterstrichen. Hegel hat das gesamte Grundkapitel mit einer Anmerkung eingeleitet, in der er Leibnizens Satz vom „*zureichenden Grund*" einer Interpretation unterzieht, in welcher der zureichenden Grund als der „*teleologische* Grund" betrachtet und als „Eigentum des *Begriffs*" gesehen wird (W67,1-68,4).

Die „Verknüpfung" von Grund und Begründetem erfolgt nicht als „eigene Reflexion" des realen Grundes, sie ist nur von außen erzwungen (W86,35-91,7). Die Beziehung beider Inhaltsbestimmungen wie auch die Beziehung der Form gestaltet sich somit als „*Beziehung auf Anderes*". In der realen Grundbeziehung tritt daher ein „Unmittelbares, nicht durch sie Gesetztes auf" (W87,3-7). Dieses andere, Unmittelbare, mit dem der reale Grund unweigerlich verbunden ist, wird die Wesenslogik als „Bedingung" bestimmen. Der reale Grund ist, wie in der Folge zu zeigen sein wird, „wesentlich bedingt" (94,22). Der Weg zur Bedingung führt über den vollständigen Grund.

Im formellen Grund zeigt sich der identische Inhalt unter divergierenden Aspekten der Form. Sie zerfallen auf der realen Ebene in die Verschiedenheit. Der identische Inhalt entzweit sich ferner im realen Grund in Inhaltsbestimmungen, denen die Form äußerlich inhäriert (W86,24-87,7)[165]. Wie oben dargelegt wurde, hatte Hegel bereits bei den reinen Reflexionsbestimmungen einen Zerfall konstatiert. Auch in der Dialektik von Materie und Form tritt, wenn auch aus anderen Gründen, ein Zerfall ein. Der Zerfallsprozeß ist integraler Bestandteil der in den Reflexionsbestimmungen entwickelten spekulativen Methode, der immer dann einsetzt, wenn die mit sich identische Negativität sich als Verschiedenheit bestimmt.[166]

c. Der vollständige Grund

Da der reale Grund seine Beziehung auf anderes nicht in sich zurücknimmt, hat sich eine Abkehr von der absoluten Reflexion

---

[165] W91,2-9.
[166] Hansen bezeichnet den spekulativen Weg, der mit dem bestimmten Grund beschritten wird, zutreffend, indem er den formellen Grund als Identität, den realen Grund als Verschiedenheit und den vollständigen Grund als „Identität Verschiedener" ansieht. F.-P. Hansen: Ontologie und Geschichtsphilosophie in Hegels ‚Lehre vom Wesen' der ‚Wissenschaft der Logik', München 1990, S 186 – 192.

ereignet (W23,16-24,2). Die Struktur des Grundes, mit sich in seinem Gesetztsein identisch zu sein, ist „verschwunden" (W86,36-37). Von ihr bleibt in der realen Grundbeziehung lediglich die Seite des „*Begründeten* oder des *Gesetztseins*" übrig (W91,8-10). Nach den bisherigen Überlegungen verweist jegliches Gesetztsein auf einen Grund, durch den es gesetzt ist. Mit diesem Kernsatz der Wesenslogik ist der reale „Grund selbst in seinen Grund zurückgegangen". Die Suche der Wesenslogik konzentriert sich daher auf „einen anderen", auf einen „neuen", eigentlichen Grund für das im realen Grund nur äußerlich Begründete. Hegel konstruiert den neuen Grund, den vollständigen, als die „*absolute Beziehung* der zwei Inhaltsbestimmungen", die im realen Grund nur unzureichend verbunden werden konnten. Der neue Grund ist so angelegt, daß er „den formellen und realen Grund zugleich in sich enthält".[167]

Soll der vollständige Grund die Vermittlung der im realen Grund unvermittelten Inhaltsbestimmungen leisten, so müssen sich die „zwei Inhaltsbestimmungen und deren Verknüpfung...im neuen Grunde" befinden (W91,10-28). Damit liegen im neuen Grund, der allerdings erst zu konstruieren ist, zwei Beziehungen oder „Etwas" vor. Sie sind „nur der Form nach unterschieden", besitzen jedoch „denselben Inhalt" (W91,32-38). Hegel hält sie als „gesetzte Beziehung" einerseits und als „*unmittelbare* Verknüpfung" bzw. „nur unmittelbare Beziehung" oder als „relativer Grund" andererseits auseinander (W91,38-92,9).

Wegen der Identität des Inhaltes und der Unterschiedenheit der Form läßt sich die Relation zwischen diesen beiden Beziehungen als formeller Grund auffassen (W92,10-12), denn der formelle Grund war gerade dadurch definiert, daß in ihm ein und derselbe Inhalt unter divergierenden Gesichtspunkten der Form betrachtet wurde (W79,35ff).

Weil der formelle Grund in den realen übergeht, und weil sich in der realen Grundbeziehung der Formunterschied am Inhalt geltend macht (W85,9-16), ergibt sich ein „gedoppelter Inhalt, der sich als Grund und Begründetes verhält" (W92,27-28). Diese Inhaltsbestimmungen sind jedoch, da die Grundbeziehung auf der realen Ebene aufgehoben ist (W91,8-9), nur im ersten Etwas „an

---

[167] N. Hartmann beschreibt die „Synthese des formellen und des realen" Grundes folgendermaßen. „Jener ist bereits vollständig, nur eben nicht real, dieser umgekehrt." N. Hartmann, a. a. O., S. 452.

sich" miteinander „verknüpft". *Die* Inhaltsbestimmung, *die als Grund* ausgewiesen wurde, kommt aber beiden Etwas zu. Sie ist den „beiden Etwas... nicht bloß gemeinschaftlich nach äußerer Vergleichung, sondern ihr identisches Substrat und die Grundlage ihrer Beziehung" (W92,18-31). *Diese Inhaltsbestimmung* macht daher das Element aus, worin das zweite Etwas „mit dem ersten Etwas unmittelbar identisch ist" (W92,37-38).

Über einen „Schluß" ergibt sich, daß die Grundbeziehung zwischen den beiden Inhaltsbestimmungen auch im „zweiten Etwas" Gültigkeit beanspruchen darf. „Die *Grundbeziehung* der Inhaltsbestimmungen im zweiten Etwas ist so durch die erste an sich seiende Beziehung des ersten Etwas vermittelt" (W93,2-5). Die angestrebte Vermittlung nimmt sich wie ein moderner algebraischer Isomorphismus aus. Weil in der ursprünglichen Beziehung oder im ersten „Etwas die Bestimmung B mit der Bestimmung A an sich verknüpft ist", und weil ferner das erste Etwas der *Form und dem Inhalte nach Grund* des anderen Etwas ist, „so ist im zweiten Etwas, dem nur die eine Bestimmung A unmittelbar zukommt, auch B damit verknüpft". Die Grundstruktur des ersten Etwas wird also vermittelst einer Grundstruktur isomorph auf das zweite Etwas abgebildet (W93,5-14).

Aus der vollzogenen Vermittlung zieht Hegel einige Folgerungen, die sämtlich dem Zweck dienen, die Struktur des so entstandenen vollständigen Grundes zu beschreiben. Weder die formelle noch der reale Grund kann als „Grund... an und für sich selbst" gelten. Der erste bezieht sich auf das zweite Etwas, auf den realen Grund oder die „*aufgehobene* Grundbeziehung" (W93,23-30). Der zweite hingegen ist nur deshalb Grund, weil er durch die „ursprüngliche Verknüpfung" als solcher „gesetzt" wurde (W93,30-35). Beide Elemente vermitteln sich also über ihre Negation. Der vollständige Grund unterliegt ebenfalls dieser Vermittlungsstruktur. Denn die in ihm gewonnene

„vollständige Vermittlung" bedeutet die „Wiederherstellung" der Identität des Grundes, obgleich ihm in diesem Prozeß die „Äußerlichkeit des realen Grundes" zu teil wurde. Der vollständige Grund präsentiert sich daher als „sich setzender" und „als sich *aufhebender* Grund" sowie als Vermittlung mit sich über seine „*Negation*" (W93,16-23).[168]

---

[168] Generell stellt Hegel den Grund als das „*durch sein Nichtsein in sich zurückkehrende*", also als das sich aufhebende und „*sich setzende*

Die jeweilige Negation erfaßt der Text als Voraussetzung. Der formelle Grund bezieht sich auf Inhalte, die nicht von ihm produziert werden, die er also voraussetzen muß. Der reale Grund wiederum „setzt die Form voraus" (W93,36-39). Die Struktur der gegenseitigen Voraussetzung beschreibt Hegel wiederum mit der Metaphorik des Abstoßens. Das Produkt des Abstoßens offeriert er in neuer Gestalt. Während die voraussetzende Reflexion beim absoluten Grund über die Elemente Form und Materie zum Inhalt führte, begreift Hegel die „voraussetzende Reflexion" des vollständigen Grundes als Produzenten der Bedingung (W94,1-7).

Greift man an dieser Stelle auf den oben dargelegten Ansatz von Hansen – der die Struktur des vollständigen Grundes als „Identität Verschiedener" ausweist – zurück, so muß man, mit Hegel, den formellen und den realen Grund als Gegensätze begreifen. Denn in der „Einheit der Identität und der Verschiedenheit" besteht die Struktur des Gegensatzes (W42,7-9). Es wird sich allerdings zeigen, daß dieser Gegensatz den des Positiven und Negativen transzendiert. Denn Hegel kennzeichnet den einen Pol als „die Formbeziehung des Grundes" und den anderen als „Bedingung" (W96,30-32).

Der vollständige Grund hat im Zusammenschluß von formellem und realem Grund die Äußerlichkeit des realen Grundes erhalten (W93,18-19). Um diese Folgerung aus dem obigen Schluß angemessen einzuschätzen, ist es wichtig zu sehen, daß Hegel bei der vorliegenden Problematik nicht von der äußeren Reflexion schlechthin, sondern von der äußeren Reflexion *des Grundes* spricht. Es liegt die „sich entäußernde Reflexion" vor, die sich als das „eigene Tun des Grundes" entfaltet. Dieses besteht darin, sich von sich selbst abzustoßen oder sich als Unmittelbarkeit vorauszusetzen, um sich auf sich als auf ein Anderes zu beziehen. Damit ist das Unmittelbare Bedingung einer realen, nach außen gerichteten Vermittlung des Grundes mit sich selbst (W94,16-23).

Im Gegensatz zu dem sehr guten Kommentar von P. Rohs, in dem die Ableitung der Bedingung offenbar als problemlos dargestellt wird,[169] sehe ich die Bedingung als nicht abgeleitet an. Im Gegenteil, es fällt mir schwer, Hegels Argumentation beim Über-

---

Wesen" dar (W66,14-15). Dieses fundamentale Phänomen gilt auch für die Momente, Form und Materie (W74,5-6;W76,38-77,1).

[169] Rohs, a. a. O., S. 215-226.

gang vom vollständigen Grund zur Bedingung zu verteidigen. Abgeleitet wird im Kapitel zum vollständigen Grund lediglich eine formelle und inhaltliche Beziehung des Grundes auf Anderes. Daß dieses Andere, auf das die Form (der Grund) sich bezieht, von Hegel als Bedingung *interpretiert* wird, ergibt sicher einen guten Sinn. Darüberhinaus schmiegt sich diese Interpretation weiterführend an den Kontext an. Denn wenn die Form sich auf die Bedingung als ihr Anderes bezieht, so geschieht dies in unterschiedlicher Weise zu ihrem Bezug auf die Materie als ihrem Anderen. Zwingend hergeleitet aber ist dieses Andere als Bedingung keineswegs.

C. Die Bedingung

a. Das relativ Unbedingte

Die Einheit der Wesenslogik tritt auch auf der Stufe des vollständigen Grundes prägnant hervor. Das Wesen wurde als die Negativität definiert, die sich als Unmittelbarkeit und umgekehrt bestimmt. Hegel eröffnet das in Rede stehende Unterkapitel mit der Umkehrung. „Der Grund ist das Unmittelbare" (W94,11). Warum kann Hegel den Grund als Unmittelbares ausgeben? Der vollständige Grund hatte sich als setzender und als sich *aufhebender* Grund gezeigt (W93,16-21). Der gesetzte Grund aber hat seine Aktivität verloren. Er ist als aufgehobener Grund das Unmittelbare (W101,33-34).[170] Als Reflexion hat er sich über diese Unmittelbarkeit mit sich selbst vermittelt (W94,12-15). Dieses Unmittelbare erhält im Vermittlungsprozeß des Wesens als Grund nicht mehr die Bedeutung des Scheins, des Gesetztseins, des zugrundeliegenden Unbestimmten oder auch der Materie, vielmehr nimmt das Unmittelbare nunmehr den Rang einer Bedingung ein. „Das Unmittelbare, auf das der Grund sich als auf seine wesentliche Voraussetzung bezieht, ist die *Bedingung*" (W94,20-22). Wie bei allen bisher diskutierten Arten der Unmittelbarkeit der Wesenslogik stellt sich auch die Bedingung über die voraussetzende Struktur des Wesens qua Grund ein.

---

[170] Eine von meiner Auffassung abweichende Auffassung findet sich bei Rohs: Der Grund ist deshalb das Unmittelbare, weil er „durch sich selbst" ist. Das Begründete hingegen ist „durch den Grund" und deshalb vermittelt. Rohs, a. a. O., S. 228.

Da sich die Reflexion in der Bestimmung des Grundes aufhebt, kann die zuletzt angesprochene Aktivität des Absoluten, sich zum Negativen oder zum Unmittelbaren zu machen, nicht mehr im engeren Sinn als Aktivität der absoluten Reflexion angesehen werden. Die Bewegung der absoluten Reflexion bettet sich in die Bewegung des absoluten Grundes ein, um sich über die Dialektik von Form und Wesen, Form und Materie sowie Form und Inhalt zur Dialektik von Grund und Bedingung zu entwickeln. Diese Relation baut die Form als „Grund" aus, wenn sie in der vorläufig letzten Konsequenz ihre „Bedingungen" „begründet" (W101,34-36). An diesem Konzept hat Hegel auch bei den enzyklopädischen Überarbeitungen der Wesenslogik festgehalten. „Dies Sichbewegen der Form ist *Tätigkeit*... des *realen* Grundes, der sich... aufhebt", um als „Betätigung der... Bedingungen" hervorzutreten (Enz §147). Das Sich – Bedingen der Form muß als eigentliches Resultat des bestimmten Grundes angesehen werden. Mit der Bedingung produziert der bestimmte Grund seine Negation, „das Anderssein seiner selbst" (W94,19-24).

Hegel charakterisiert die Bedingung durch drei Punkte. „Die Bedingung ist also *erstens* ein unmittelbares, mannigfaltiges Dasein" (W94,25-26). Eine Ableitung der Mannigfaltigkeit erfolgt allerdings nicht, auch nicht im weiteren Kontext zum realen Grund, dessen Bedingtheit Hegel nachzuweisen sucht (W94,22). Zwar wird zu Beginn der Wesenslogik das Dasein als Gesetztsein des Wesens (W21,26-28) und im weiteren Verlauf als das vom Grund Begründete begriffen (W68,9-11). Eine Fortführung dieser Thematik findet auf der Ebene des bestimmten Grundes statt. Dort fragt Hegel nach dem Verhältnis von Grund und zu begründendem Dasein (W80,28-30).[171] Doch die These, das Begründete sei als „unmittelbare Mannigfaltigkeit" zu begreifen (W86,9-10), bleibt unabgeleitet.[172] Dasselbe Problem stellte sich beim realen

---

[171] W81-84.
[172] Auch beim absolut Unbedingten, bei der Erscheinung sowie bei der Wirklichkeit spielt ein „*mannigfaltiges*" „*Dasein*" als „*Unwesentliches*" (W109,20-26) eine Rolle. Rohs (a. a. O., S. 230ff) spürt zwar die „Mehrheit" als „eine der Bestimmungen des Seins" in der Wesenslogik auf (W193,20), doch auch damit ist die Mannigfaltigkeit nicht abgeleitet. Hegel scheint sie wie selbstverständlich als eine Implikation der Verschiedenheit, die er wiederum in der Nähe der Seinslogik ansiedelt, zu behandeln.

Grund. Dort konnte Hegel zwar zwei verschiedene Inhaltsbestimmungen gewinnen, blieb aber den Nachweis, daß die zweite Inhaltsbestimmung als Mannigfaltigkeit aufzufassen sei, schuldig.

„*Zweitens* ist dieses Dasein", die Bedingung, „bezogen auf ein Anderes" (W94,26-27). Damit zieht Hegel neben dem Dasein eine zweite Kategorie der Seinslogik zur Kennzeichnung der Bedingung heran: das Sein-für-Anderes (W94,30-31). Nimmt man den dritten Punkt zum zweiten hinzu, so läßt sich mit seiner Hilfe die Hinsicht des Sein-für-Anderes klären. „*Drittens*" bildet „die Bedingung... die Voraussetzung des Grundes" (W94/5). Weil der Grund sich als Anderes setzt, weil er genauer sich als Bedingung voraussetzt und weil ferner die Struktur des Grundes die Identität von Vorausgesetztem (Bedingung) und Setzendem (Grund) impliziert (W94/5), macht die Bedingung den Inhalt des Grundes aus. Damit ist die noch fehlende Hinsicht des Sein-für-Anderes eingeholt. Die Bedingung ist Sein für den Grund. Als Bedingung ist die im real Begründeten vorhandene daseiende, unmittelbare Mannigfaltigkeit dazu verurteilt, ihre Eigenschaft, „vom Grunde frei" zu sein, zu verlieren.[173]

Die Realisierung dieses Prozesses ist allerdings mit Widerständen belastet. Im vollständigen Grund „befreit sich" der Inhalt „von" der Form, dem Grund (W95,5-6), da jedes der beiden dort das Andere voraussetzt (W93,37-39). Von der Genese der Bedingung aus betrachtet baut sich mithin ein Spannungsfeld zwischen Form und Inhalt bzw. zwischen Grund und Bedingung auf. Die Bedingung ist „nur *an sich*... Inhalt. Sie „*soll*" „erst Inhalt werden". Sie bildet das „Material für den Grund" (W95,1-13).

An das Sein-für-Anderes ist in der Seinslogik das Ansichsein und das Sollen gekoppelt. Erfüllt die Bedingung das Sollen, so „tritt" sie in „Beziehung" zum Grund. Sie gibt ihre zum Grund äußerliche Position, die sie als bloßes Dasein ihm gegenüber einnimmt, auf und „macht das *Ansichsein* des Grundes aus" (W95,13-19). Auch aus dieser Perspektive ergeben sich Spannungen. Die zweite Charakterisierung der Bedingung, „nicht für sich, sondern für Anderes", ja sogar das Ansich des Grundes zu sein, kollidiert mit ihrer ersten Charakterisierung, der Unmittelbarkeit.

---

[173] Dieser zunächst neutrale Aspekt der Bedingung kündigte sich schon beim realen Grund an, denn die im Begründeten zum Inhalt des Grundes hinzukommende Mannigfaltigkeit wurde als „vom Grunde frei" angesehen (W86,6-10).

Denn die Unmittelbarkeit widerspricht der Bezogenheit (W94,26-95,16), die der Bedingung als Sein-für-Anderes nun einmal zu eigen ist (W94,31-35). Nimmt man beide Elemente zusammen, so ist die Bedingung „das Unbezogene", dem die Eigenschaft, Bedingung zu sein, „äußerlich ist" (W96,10-11). Damit steuert die Bedingung auf einen Widerspruch zu. Die Bedingung ist „an sich... Inhalt" des Grundes, jedoch ein unerfülltes Ansich, da sie erst Inhalt werden soll. Somit ist sie zunächst unbezogen. Als Unbezogenes aber ist die Bedingung nicht Bedingung, sondern, als nicht bedingt, das Unbedingte. Im Lichte der obigen drei Charakterisierungen stellt sich damit die Bedingung in dem folgenden Spannungsfeld dar: sie „macht... das Ansichsein des Grundes aus", aber als Unbezogenes ist sie nicht Bedingung, sondern genau das Gegenteil, nämlich „das Unbedingte für" den Grund (W95,18-19). So erweist sie sich als die *widersprüchliche Beziehung* „der gleichgültigen Unmittelbarkeit und der wesentlichen Vermittlung" (W96,24-26).

Für den Grund erzwingt die Wesenslogik denselben Widerspruch (MM6,115). Grund und Bedingung stehen zunächst einander „gegenüber". Ihre Trennung wird an Hand des Etwas besonders deutlich. Das Etwas besitzt außer einer Bedingung auch einen Grund (W95,22-23). Die Bedingung hat sich als das „Unbezogene" (W96,10), als „Moment der unbedingten Unmittelbarkeit" erwiesen, der Grund hingegen als die Bewegung der Reflexion, der sich auf sich beziehenden Negativität. Der dem Grund eigentümliche Widerspruch resultiert aus eben dieser Struktur. Denn der Grund ist als selbstbezügliche Negativität „gleichfalls ein Unmittelbares und *Unbedingtes*". Ohne Bedingung aber macht der Grund nur die „leere Bewegung der Reflexion" aus, die die Bedingung als „Voraussetzung außer ihr hat" (W95,23-33). Damit ist der Grund trotz seiner „Selbständigkeit" als ein solcher ausgewiesen, der sich durch ein „außer" ihm befindliches „Ansichsein" vermittelt (W96,21-27).

Durch das Herbeiführen des – dem Grund und der Bedingung – gemeinsamen Widerspruchs von unbezogener Unbedingtheit (W96,9-10) und Vermittlung (W96,14-15) wird augenscheinlich, daß der spekulative Ansatz auch den bestimmten Grund beherrscht. Denn der formelle Grund verkörpert den Aspekt der Identität, der reale Grund den der Verschiedenheit und der vollständige Grund den des Gegensatzes, der an Hand der Vermittlung von Grund und Bedingung, der „*bedingenden Vermittlung*"

(W94,7), auf doppelte Weise zum Widerspruch zugespitzt wird.[174] Die Auflösung des letzteren erfolgt auf der Stufe des bedingten Grundes (W97,38).[175]

b. Das absolut Unbedingte

Bedingung und Grund zeigen sich zunächst als Unbedingte. Diese Prädizierung erfährt jedoch eine Einschränkung, durch die sie zu „Relativ-Unbedingten" degradiert werden. Die Einschränkung ergibt sich am deutlichsten aus einer zweiten Formulierung der Widersprüchlichkeit der Bedingung bzw. des Grundes, die Hegel an die erste anschließt. Beide, Grund und Bedingung, müssen nach der zweiten Formulierung deshalb als widersprüchlich gelten, weil sie selbständig bestehen und doch nur Momente ausmachen. Damit können sie lediglich eine relative Unbedingtheit für sich beanspruchen (W96,26-29). Die zweite Formulierung darf nicht als neutrale Umformulierung der ersten verstanden werden. Denn durch Betonen des Momentcharakters von Grund und Bedingung wird eine neue Einheit angekündigt. Jedes der beiden stellt sowohl unter dem Gesichtspunkt der Form als auch unter dem des Inhalts ein Ganzes dar (W98,11-12). Auf Grund der Natur der Reflexion (W34,32ff) war diese These eigentlich zu erwarten.

Nicht nur beim Wesen sowie beim Positiven und Negativen (W55,28-37), sondern auch bei den beiden Relativ-Unbedingten zieht Hegel die Metaphorik des Scheins heran (W96,29-34). An den beiden letzteren spürt er Verhaltensweisen auf, die er beim Positiven und Negativen entdeckt hatte: jedes nimmt „Sinn" und „Bedeutung" aus dem Anderen und dennoch stellt jedes eine selbständige Instanz dar (W56,18-29). Die Relativ-Unbedingten tragen somit die Struktur der Selbständigkeit und der Bezogenheit. Trotz dieser Affinitäten kann man die Relativ-Unbedingten, Grund und Bedingung, nicht unter das Negative und das Positive subsumieren, denn „jedes... hat seinen eigentümlichen Inhalt" (W96,32-34). Weder Bedingung noch Grund lassen sich „nur als Schein eines Anderen an ihm" erfassen (W97,38-39).

---

[174] Richli legt bei der Beschreibung der Komposition der Wesenslogik im vorliegenden Umkreis die Akzente mehr auf das Setzen und Voraussetzen. Richli, a. a. O., S. 158-160.
[175] Rohs, a. a. O., S. 236–238.

Die partielle Negation der Dialektik des Ineinanderscheinens angesichts von Grund und Bedingung kann ihre Berechtigung nur aus der Tatsache nehmen, daß mit dem Grund eine vom Positiven und Negativen qualitativ andere Ebene erreicht ist. Zu Beginn der Wesenslogik tritt das Wesen als das „unbestimmte Wesen" auf (W4,33), dessen Aktivität darauf abzielt, „sich *Dasein* zu geben" (W5,34-36). Während das Wesen auf der Ebene der bestimmenden Reflexion wie auch auf der Ebene des Positiven und Negativen in seine Negation verloren ist, hat es als Grund gerade sein Identität mit sich wiedergewonnen und sich als das „bestimmte Wesen" gesetzt (W68,21-69,32). Positives und Negatives sinken angesichts des Grundes zum Gesetztsein „herab" (W54,7-16). Der absolute Grund versieht sich zwar noch nicht mit einem ihm gemäßen Dasein, immerhin „gibt" er „sich einen Inhalt" (W66,26-29). Dieser Inhalt hat sich nunmehr zur Bedingung spezifiziert (W94,35-95,3).

Hegel beweist die These, daß Grund und Bedingung nicht nur ineinander scheinen, indem er zunächst die Bedingung betrachtet, *mit der Intention*, ihre Eigenständigkeit und ihren Zusammenhang mit dem Grund zu klären. Die Analyse beansprucht in der Wesenslogik nahezu eine Seite (W97,5-37). Im Hinblick auf die Mittel, die sie einsetzt, ist sie aber eher zu kurz als zu lang geraten. Denn Hegel durchläuft in ihr die Wissenschaft der Logik von ihrem Anfang bis zum Grund und von da aus wieder zurück bis zum Anfang. Diese Gegenläufigkeit verfolgt den Zweck, den Anfang der Wissenschaft der Logik mit dem nunmehr erreichten Diskussionsstand zu verknüpfen. Durch diese Operation wird nicht nur dem Gesichtspunkt der Kontinuität Rechnung getragen, sondern auch das seinslogische Kategoriengefüge aus der Perspektive des Wesens gesehen. Im vorliegenden speziellen Fall wird das Dasein unter dem Doppelaspekt der Bedingung und des Grundes betrachtet.

Die Bedingung wurde als „unmittelbares Dasein" eingeführt, dem eine zweifache Form zu eigen ist, „das *Gesetztsein*, nach welchem es als Bedingung Material... des Grundes ist, – und das *Ansichsein*, nach welchem es die Wesentlichkeit des Grundes... ausmacht" (W96,36-97,3). Diese zweifache Form scheint „dem unmittelbaren Dasein äußerlich" zu sein (W97,4). Wie der bisherige Verlauf der Wissenschaft der Logik jedoch gezeigt hat, trügt dieser Schein. Denn Sein und Dasein haben sich in der Wissenschaft der Logik als „*Werden* zum Wesen" (W97,7-8), ja sogar als

„Zurückgehen in den Grund" erwiesen (W101,1-2). An Hand dieser Bewegung vermag Hegel Strukturen der Seins- in die der Wesenslogik einzuordnen. Die Integration der Seins- in die Wesenslogik vollzieht sich über eine Analyse der „Natur" des Seins (W97,7-9). Zu Beginn der Wesenslogik wurde die „Natur" des Seins in der „Bewegung des Seins" erblickt, sich zu erinnern, um „durch dieses Insichgehen zum Wesen" zu werden (W3,25-27). Auf dem Hintergrund der Natur der Reflexion, sich zum Gesetztsein zu machen (W34,30-36), kann Hegel noch einen Schritt weitergehen. Weil das Sein Werden zum Wesen, das Wesen aber Reflexion ist, deshalb besitzt auch das „Sein" die „Natur, sich zum Gesetzten und zur Identität zu machen" (W97,7-9). In der Seinslogik werden das anfängliche Sein, wie auch das Nichts, als solche gesehen, die sich an ihnen selbst aufheben (S100,6-10). Auf der Ebene des bedingten Grundes lautet der entsprechende Satz über das Dasein: das Dasein ist „an ihm selbst nur dies, in seiner Unmittelbarkeit sich aufzuheben und zugrunde zu gehen". Wenn aber das Dasein sich an ihm selbst in den Grund aufhebt, so kann ihm das Gesetztsein wie auch das Ansichsein, mithin die „Form, wodurch" es „Bedingung ist", „nicht äußerlich" sein, vielmehr macht die Bedingung den wesentlichen Charakter des Daseins aus (W97,6-14).

Aber Hegel drängt über dieses Resultat hinaus. Das eigentliche Ziel des in Rede stehenden Absatzes besteht darin, die „Bedingung" als „ganze Form der Grundbeziehung" nachzuweisen (W97,30-31). Der Beweis krankt, weil Hegel zwar die Form der Bedingung, nicht aber die des Grundes in der Weise terminologisch vorbereitet hat, wie sie im Beweis benutzt wird. Daher sollte zunächst die Form des Grundes, *wie sie im Beweis benutzt wird*, eruiert werden. Unbestritten gilt der Grund als „voraussetzende Reflexion" (W97,19) oder als selbstbezügliche Negativität, die sich als *Unmittelbarkeit setzt*. Während die letztere auch weiter wie bisher benutzt wird, identifiziert Hegel die selbstbezügliche Negativität mit dem *Ansich* des Grundes. Beide Elemente – *Gesetztsein* und *Ansich* – bilden die Form der Grundbeziehung, die Hegel implizit verwendet. Beide Elemente lassen sich nun bei dem Sein qua Bedingung nachweisen. Denn das Sein qua Bedingung ist das durch die voraussetzende, selbstbezügliche Negativität des Grundes *gesetzte Ansichsein* (W97,14-20), das demzufolge als vermittelte Unmittelbarkeit auftritt (W97,20-26). Die Bedingung kann daher nicht mehr nur als zugrunde gehendes Dasein angesehen werden, vielmehr gilt, daß sie als Bedingung „sowohl zugrunde geht, als" sie auch „Grund ist" (W97,34-35). Oder die Bedingung muß deshalb als der ganze Grund angesehen werden, weil sie sein vorausgesetztes Ansichsein ausmacht, das sich im Untergang als Grund erweist.[176] Somit eignet ihr derselbe Grad an Selbständigkeit, der dem Grund zu eigen ist, wodurch sie das Prädikat der Unbedingtheit gleichfalls für sich in Anspruch nehmen darf.

Die umgekehrte Richtung behauptet, daß der „bedingte Grund" nicht nur in sein Anderes, die Bedingung, scheint (W97,38-39), sondern „selbständig" ist und „seinen eigentümlichen Inhalt" besitzt (W96,29-34). Zum Beweis geht Hegel vom Grunde aus. Weil der Grund als bestimmtes Wesen, das Wesen aber als negativer Selbstbezug gefaßt wurde, muß der Grund als selbständige Instanz gesehen werden, die sich setzend (W97/8) wie auch voraussetzend verhält (W98,3-4). Als diese produziert der Grund seine eigene Bedingung. Der negative Selbstbezug des Wesens, der sich zum Leitmotiv der gesamten Wesenslogik aufschwingt, kommt beim Übergang vom Grund zur Bedingung voll zur Geltung. In diesem Zusammenhang wird erneut erkennbar, wie sehr die Wissenschaft der Logik von Fichtes Wissenschaftslehre beeinflußt ist. Der Grund „bezieht sich negativ auf sich selbst und setzt sich sein Ansichsein als ihm Anderes entgegen". Die Bedingung macht sein Ansichsein aus, in dem er sich in der Gestalt „des unmittelbaren Daseins" voraussetzt (W98,5-9). Erst mit dieser Selbstbewegung des Grundes ist die zu Beginn des absoluten Grundes aufgestellte These, das Dasein setze „einen *Grund* voraus" (W68,9-11), eingelöst. Denn erst jetzt wurde gezeigt: das Dasein „ist wesentlich nur durch" die voraussetzende Aktivität des Grundes. Damit ist der bedingte Grund als „das Ganze", genauer als „Ganzes der Form" ausgewiesen (W98,8-11).

---

[176] Hegel steuert die Herleitung eines Großkreises an, der den Anfang der Wissenschaft der Logik mit dem Grund verbindet. Der voraussetzungslose Anfang der Wissenschaft der Logik wird durch diesen Großkreis als vorläufig dahingestellt. Denn Hegel konstruiert – wie anschließend gezeigt wird – in der Dialektik von *Grund und Bedingung das absolut Unbedingte, das sich als das unbestimmte Unmittelbare*, als das Sein des Anfangs, *voraussetzt* (W100,2ff), um aus diesem „Grundlosen" als Wesen (W106,38-39), das sich mit Sein erfüllt hat (W104,10-14), hervorzugehen.

Die oben angesprochene partielle Negation der Dialektik des Ineinanderscheinens von Grund und Bedingung zielt also auf die Identität dieser Momente ab. Letztere ergibt sich dadurch, daß jedes der beiden sich zum Ganzen der Form wie auch „des *Inhaltes*" ausweitet (W98,11-12). Zum Beweis dieser These bezüglich des Inhaltes ist „der eigentümliche Inhalt der Bedingung" (W98,13) in den Blick zu nehmen. Er muß als „derselbe Inhalt, den der Grund hat" (W98,22-23) nachgewiesen werden. Der Nachweis ergibt sich folgendermaßen. Der Inhalt der Bedingung ist „wesentlicher Inhalt" „nur" wegen der voraussetzenden Reflexion des Grundes. Damit hat sich die Auffassung, die Bedingung sei „nur unmittelbares Material" für den Grund (W96,1-2), als falsch erwiesen. Die Bedingung ist „nicht bloß formloses Material", sondern sie hat, als Material *für den Grund*, die Form – Grund und Begründetes – „an" ihr. Sie ist die durch den Grund „formierte Materie" und damit „Inhalt" des Grundes (W98,19-22). Da der Grund keinen anderen Inhalt besitzt, ist obige Behauptung bewiesen.

Wegen dieses Zusammenhanges erscheint das Dasein in einem neuen Licht. War es zu Beginn der Seinslogik lediglich in sich negiertes Sein (S114,26-28) und wurde es zu Beginn der Wesenslogik als Gesetztsein, später als das vom Grund Gesetzte und anschließend als Material für den Grund, als „Passives" gedeutet (W96,13), so ist es nunmehr als Bedingung und Inhalt des Grundes dargestellt. Die „Wahrheit des Daseins ist", die „Bedingung" für den absoluten Grund – der sich auf diese Weise bestimmt hat –, auszumachen (W101,9-10). Diese Wahrheit empfängt es jedoch nicht von außen. Das Dasein „hat, weil es sich in seiner Unmittelbarkeit selbst aufhebt und zugrunde geht (W97,6-7), die „Form" der Grundbeziehung „an ihm", ja es ist sogar „an ihm selbst die Grundbeziehung". Daher kann es nicht mehr als Passives (W96,13) gelten, vielmehr stellt es sich in höchster Weise als aktiv dar: „es macht sich durch sich selbst zum Moment eines Anderen" (W101,5-6), zum Moment des absolut Unbedingten.

So gesehen nimmt die oben angekündigte neue Einheit, das absolut Unbedingte, konkrete Züge an. Weil Grund und Bedingung ineinander übergehen und sich gegenseitig voraussetzen, verweisen sie auf eine ihnen gemeinsame Einheit, die ihre vorausgesetzte „Grundlage" bildet, an der sie „Bestehen" haben (W98,25-33). Grund und Bedingung faßt Hegel wegen ihrer Eigenschaft, das Ganze auszumachen, als „Seiten" dieser Einheit oder der fraglichen „Totalität" (W99,24) auf. Diese Totalität transzendiert den formellen Grund, bei dem die ineinander übergehenden „Seiten" lediglich „Seiten der Form" ausmachten.

Das „wahrhaft" (W98,34-35) oder „absolut" Unbedingte[177] (W99,31), die „Sache an sich selbst" (W98,5), die „unbedingte Sache" (W99,12) oder die Totalität verhält sich setzend wie auch voraussetzend (W99,31-32). Grund und Bedingung sind durch sie gesetzt. „Diese beiden Seiten setzen die Totalität so *voraus*, daß sie das Setzende derselben ist" (W99,24-25). Diese Totalität muß als Grund wie auch als Bedingung verstanden werden. Sie erweist sich als „die Bedingung, welche selbst Grund ist". Sie tritt in doppelter „Gestalt" auf, denn sie hat sich in diese zwei „Momente abgestoßen": In die Bedingung, in der sie die „Gestalt der aufgehobenen Grundbeziehung, einer unmittelbaren, einheitslosen, sich selbst äußerlichen Mannigfaltigkeit" annimmt und in die „Gestalt einer innerlichen, einfachen Form, welche Grund ist" (W99,12-21). Wie das Positive und das Negative beim Rückgang in den Grund ihre Selbständigkeit verloren und zu Bestimmungen herabgesetzt wurden (W54,11-15), so ist mit dem absolut Unbedingten das „Verhältnis von Grund und Bedingung verschwunden". Beide „sind zu einem Scheine herabgesetzt" (W99,29-31). War die Selbständigkeit der Bedingung und des bestimmten Grundes bereits dadurch eingeschränkt, daß jedes sich als nur Relativ-Unbedingtes erwies, so unterliegt nunmehr ihre Selbständigkeit einer weiteren Restriktion. Statt als partiell Selbständige ineinander zu scheinen, machen sie den Schein der absoluten Sache aus, in deren Tätigkeit sie lediglich den Rang von Komponenten genießen. „Es ist ein Tun der Sache sich zu bedingen" und als Grund in ihren – von ihr selbst gesetzten – Bedingungen mit sich zusammenzugehen (W99,33-37).

c. Hervorgang der Sache in die Existenz

Weil das absolut Unbedingte als Grund sich negativ auf sich bezieht, sich „zum Gesetztsein" macht, sich voraussetzt oder sich als

---

[177] N. Hartmann parallelisiert das wahrhaft Unbedingte mit dem wahrhaft Unendlichen der Seinslogik (N. Hartmann, a. a. O., S. 452–454). Diese Parallele ergab sich zwar schon auf der Stufe der reinen Reflexion (Theunissen, a. a. O., S. 304ff, 370ff), aber nicht in der nunmehr vorliegenden seinsträchtigen Weise.

Anderes setzt, haben sich die zwei Seiten, Bedingung und Grund, ergeben (W100,2-3). Es spielt daher beim absolut Unbedingten die fundamentale Struktur des Grundes oder der Reflexion, sich zum Gesetztsein zu machen, wiederum eine entscheidende Rolle. Freilich wäre es verkehrt, von einer bloßen Wiederholung zu sprechen, denn die Voraussetzungsstruktur des Wesens fällt auf den verschiedenen Stufen der Wesenslogik sichtlich unterschiedlich aus. Grund und Bedingung sind als wesenslogische Elemente des absolut Unbedingten vehement seinslogisch durchsetzt und schon dadurch unterscheiden sie sich deutlich von allen vorangehenden Bestimmungen der Wesenslogik.

Das absolut Unbedingte macht sich ferner zu einem „Gesetztsein, das die in ihren Seiten vollständige Reflexion" ist (W100, 5-6). Durch diese Charakterisierung wird jedes vorangegangene Gesetztsein der Wesenslogik zu einem vorläufigen degradiert. Die Vorläufigkeit des Setzens des bestimmten Grundes zeigte sich als „entäußertes...Setzen", in dem zunächst die Unbezogenheit der Bedingung zur beziehenden Form im Vordergrund stand. Sie basierte auf einer „Vermischung" von solchen Inhalten, die keine Beziehung zum Grund aufwiesen und solchen, die das „Material" des Grundes „werden sollten" (W95,34-96,14). Das „Tun der Sache" oder des absolut Unbedingten geht insofern über dieses Tun des Grundes hinaus, als sich durch die Identität ihrer Seiten ein „*Zusammengehen*" des absolut Unbedingten „*mit sich*" (W99,37) oder die „identische Formbeziehung... ergeben" hat (W100,6-7).

Mit dem Tun der Sache kehrt Hegel an den Anfang der Wesens- wie auch der Seinslogik zurück. Der Anfang der Wesenslogik war durch das Wesen gekennzeichnet, das seine Negativität als Unmittelbarkeit und umgekehrt bestimmt (W13,20ff). Diese Struktur liegt auf der Ebene des absolut Unbedingten ebenfalls vor. Mit der Entwicklung des Wesens zum absolut Unbedingten ist jedoch eine Entwicklung seiner gegensätzlichen Komponente verbunden. Aus der Unmittelbarkeit ist die Bedingung und aus der Negativität der Grund, ja sogar das absolut Unbedingte geworden. Der Gegensatz der Komponenten wird auf diese Weise erneut verschärft. Erbrachte zu Beginn der Wesenslogik die selbstbezügliche Negativität des Wesens den Schein oder die reflektierte Unmittelbarkeit, so erbringt das absolut Unbedingte im negativen Selbstbezug „die Seite der Bedingungen" oder „das reflexionslose Unmittelbare". Die Negation der Reflexion aber ist das Sein. Mit dem reflexionslosen Unmittelbaren ergibt sich daher „der wiederhergestellte Kreis des Seins" (W100,9-12). Das absolut Unbedingte hat sich auf diese Weise in zwei Seiten abgestoßen.

Deren *eine Seite* ist die „erste Unmittelbarkeit" (W100,27), das reflexionslose, formlose, grundlose, einheitslose Sein, die anfängliche Unmittelbarkeit der Seinslogik, in der sich das absolut Unbedingte, sich selbst bedingend, voraussetzt. Das Werden des Seins – das die Wissenschaft der Logik entwirft – kann daher nicht mehr nur als „Anfangen von sich als dem wahrhaft Ersten und Unmittelbaren" angesehen werden, vielmehr zeigt sich die erste Unmittelbarkeit der Wissenschaft der Logik, das Sein, nur als das vom Wesen qua absolut Unbedingten „Vorausgesetzte" (W101,6-8).[178] Weil das absolut Unbedingte „darin seine Form hat", sich als äußerliches Sein vorauszusetzen, deshalb ist „die Unmittelbarkeit des Seins... nur Moment der Form" (W101, 13-16).

Mit dieser Seite des absolut Unbedingten, der Seite der Bedingungen, kehrt Hegel nicht nur zum Anfang der Wissenschaft der Logik zurück, um das unbestimmte Unmittelbare des Anfangs als Vermitteltes[179] oder Gesetztes, sondern auch, um die Dominanz der Form nachzuweisen. Unbestimmtheit und Unmittelbarkeit bilden nur die Startbedingungen der Wissenschaft der Logik, die auf ihren höheren Stufen, wie *„Wesen"* oder *„Allgemeinheit"*, erneut zu diskutieren sind. Dabei schiebt sich immer wieder die „Form"

---

[178] E. Angehrn erblickt in dieser Operation eine gegenseitige „notwendige Verwiesenheit" von Sein und Wesen. E. Angehrn: Freiheit und System bei Hegel. Berlin, New York, 1977, S. 48.

[179] In der ersten Auflage der Seinslogik ergibt sich das Sein des Anfangs als *„Abstraktion* und *Negativität"* durch Aufheben aller „Mannigfaltigkeit des vielfach bestimmten Bewußtseins" (weshalb es als „Nichts" zu begreifen ist). Weil dieser Zugang „hinter der Wissenschaft" der Logik liegt (N57,5-11), indem er die Phänomenologie des Geistes voraussetzt (N35,3ff), hat die Logik „innerhalb ihrer selbst" und zwar „vom Wesen aus, jene einseitige Unmittelbarkeit des Seins als eine vermittelte" darzustellen (N57,12-14). Dieses Programm wird in der zweiten Auflage durch die Adjunktion eines Beginns, der nicht die Phänomenologie des Geistes voraussetzt, sondern der nur auf einen „Entschluß" zurückgeht (S58,28ff), nicht außer Kraft gesetzt. Durch den Vollzug der obigen Vermittlung ist das Sein „als Existenz... *gesetzt"* (S92,16-26).

als beherrschendes Prinzip in den Vordergrund.[180] Sie entwickelt sich zum „Begriff" (MM6,568) und schließlich zur „Idee", die sich in einem noch umfassenderen Großkreis – dem „*Kreis von Kreisen*" – als Sein des Anfangs voraussetzt, um aus diesem „einfachen Grund" als „*erfülltes* Sein" zu sich zurückzukehren (MM6,571/2). Die sachlich greifbare Parallele zwischen dem absolut Unbedingten der Wesens- und der Idee der Begriffslogik[181] wird von Hegel dadurch unterstrichen, daß er beim Übergang von der Idee zur Natur abermals auf die beim absolut Unbedingten (W100,13) verwendete Terminologie des Sichentlassens zurückgreift (MM6,573).

Wie präsentiert sich dieser Sachverhalt des Sich-Entlassens des absolut Unbedingten in die Unmittelbarkeit des Seins – einschließlich seiner Rückkehr zu sich – auf der *anderen* „Seite dieses Scheinens des Unbedingten", der Seite der Form? Der Absatz, in dem dieser Perspektive nachgegangen wird, läßt sich in drei Teile untergliedern. Der *erste Teil* leitet eine weitreichende Aussage über die Form der unbedingten Sache ab. Die Aussage lautet: die Form der absoluten Sache „hebt... ihr eigenes Setzen auf, oder ihr Setzen macht sich somit unmittelbar selbst ebensosehr zum *Werden*" (W101,29-31). Der Beweis dieser Aussage ergibt sich wie folgt: Die Form setzt sich in den Bedingungen voraus, sie setzt sich als ihr Anderes, jedoch nur, um diese hervorgerufene „Verschiedenheit" zu negieren. In dieser Bewegung besitzt sie ihr Leben. Die Beseitigung der Verschiedenheit geschieht, indem die

---

[180] Die Form ist in ihrem jeweils Anderen bei sich selbst. Hegel entwickelt die jeweilige Dialektik zwischen der Form und ihrem Anderen aus der Perspektive der Form. Dabei orientiert er sich an Aristoteles: Das jeweils Andere ist der Natur und dem Wesen nach das Spätere (Rohs, a. a. O., S. 256).

[181] Aus der Perspektive der Idee diskutiert Hegel ebenfalls die „Abstraktion" des Seins des Anfangs (MM6,572). Wie das absolut Unbedingte als Grund das anfängliche Sein der Seinslogik als „erste Unmittelbarkeit" gesetzt hatte (W100,25-27), so erweist sich auch angesichts der Idee das Sein des Anfangs als „*Negation, Gesetztsein*... und *Vorausgesetztsein*" und daher als vermittelt. Auf diese Weise verschwindet der falsche Schein, „als ob der Anfang ein Unmittelbares" und die Idee „Resultat wäre" (Enz § 238-242). Zu der Problematik der Rückkehr der Idee an den Anfang der Seinslogik vgl. H. F. Fulda: Das Problem einer Einleitung in Hegels Wissenschaft der Logik, Frankfurt 1965, S. 275.

Form die Bedingungen „zu Momenten" integriert. Mit dieser Integration hebt sie „ihr eigenes Setzen" qua Voraussetzen auf (W101,17-31).

Im letzten Schritt des Beweises betrachtet Hegel „Setzen" und „Werden" offenbar als gegenseitige Negationen.[182] Leider wird diese Struktur von Hegel nur flüchtig dargelegt. Diese Leerstelle ist umso bedauerlicher, weil dieser Schritt bei der Genese des Begriffs, als Zusammenspiel von Seins- und Wesenslogik, eine zentrale Rolle spielt. Zwar hat Hegel an verschiedenen Stellen der Wesenslogik den Unterschied zwischen beiden Logiken dargelegt, wobei er die Reflexion als Negation des Werdens oder des Übergehens herausstellte. Die Umkehrung jedoch, das Erfassen der Negation der Reflexion als Werden, erfährt in der Wesenslogik eine vergleichsweise stiefmütterliche Behandlung. Daß die Negation der Reflexion oder des Setzens als Resultat das Werden besitzt, muß man an der fraglichen Stelle erschließen. Daß tatsächlich Setzen und Werden als Negationen voneinander zu betrachten sind, bestätigt die Begriffslogik, wenn auch nur im Ergebnis. Im Verhältnis von Seins- und Wesenslogik fungieren nicht nur Sein und Wesen als Negationen voneinander, sondern „das Werden" ist „zu einem Setzen geworden und umgekehrt hat das Setzen oder die Reflexion des Wesens sich aufgehoben und sich zu einem Nichtgesetzten, einem ursprünglichen Sein hergestellt" (MM6,274).

Der *zweite Teil* des Absatzes (W101,31-38) nimmt zur Seite der Form die der Bedingung hinzu, um nunmehr aus der Perspektive der Form die Einheit beider Aspekte zu konstatieren. „Beides", „die Bewegung der Bedingungen" und der negative Selbstbezug des Grundes, „ist daher eine Einheit".[183] Auf diese Einheit – als Identität der „Bewegung" des „Werdens" des Daseins und dem „Tun der Reflexion" – hatte Hegel zuvor aus dem Blickwinkel der Bedingungen die Argumentation angelegt. Wegen des Wechsels der Perspektive gilt aber das Hauptinteresse nicht mehr den Bedingungen, sondern der „Reflexion... der unbedingten Sache",

---

[182] Die Relationen, die Rohs konstatiert, nämlich das „Werden als Setzen" und umgekehrt (Rohs, a. a. O., S. 255), sind m. E. nur haltbar, wenn man sie als negative Einheiten interpretiert.

[183] In der Dialektik von Form und Materie konstatierte Hegel die Identität zwischen dem „Tun der Form" und der „Bewegung der Materie" (W76,6-7).

d.h. der Form des Grundes. Dabei sind in der Darstellung des Grundes als gesetztem und aufgehobenem Grund die Parallelen zu vorangehenden Expositionen unübersehbar. Dieses Anspielen auf vormals explizierte Strukturen des Grundes erfolgt in der Absicht, um in dem nun folgenden *dritten Teil* (W101,38-102,12) den sich abzeichnenden Kontrast zu den vorangehenden Konfigurationen des Grundes gebührend herauszustellen.

Der Kontrast besteht darin, daß die Struktur des Wesens wie auch des Grundes nachhaltig aufgehoben wird. Charakteristisch für die Struktur des Grundes war die Vermittlung mit sich selbst über die Negation. Diese Verfaßtheit des Grundes war bisher auch für das absolut Unbedingte oder die unbedingte Sache verbindlich. „Diese Reflexion also ist die Vermittlung der unbedingten Sache durch ihre Negation mit sich". Durch ein unmittelbar an dieses Resümee angeschlossenes „Oder vielmehr" signalisiert Hegel jedoch eine bevorstehende Korrektur. Sie ergibt sich wie folgt. Die unbedingte Sache „ist zuerst Voraussetzen,... Aufheben ihrer selbst" zur Unmittelbarkeit (W102,2-3). Weil sie diese Unmittelbarkeit zu ihrer „Bedingung bestimmt" (W101,22), erweist sie sich zunächst als „bestimmendes Setzen" (W102/3). Weil sie selbst die Bedingung als ihr Moment integriert (Teil 1 des in Rede stehenden Absatzes), wird dieses bestimmende Setzen zum „Bestimmen aus sich". Daraus resultiert die Aufhebung der bisherigen Gestalt des Grundes. Sie wird durch eine doppelte Negation produziert. Das absolut Unbedingte setzt sich selbst voraus oder setzt sich als Anderes, nämlich als Dasein, um sich mit sich selbst zu vermitteln. Das Dasein ist die Bedingung der Möglichkeit der Selbstvermittlung des absolut Unbedingten. Durch Integration der Bedingung[184] – die sich ebenso zum Moment der Form macht wie umgekehrt die Form die Bedingung zu ihrem Moment deklariert – hebt sich das Voraussetzen, das sich Anderssetzen des absolut Unbedingten, wiederum auf. Hegel wiederholt zunächst das in Teil 1 erzielte Ergebnis, daß das „Aufheben des Setzens" mit dem „Werden an sich selbst" identisch ist (W102,5-6), um zum entscheidenden Resultat überzugehen: „Darin ist die

---

[184] Durch die Integration der Bedingung ist der Widerspruch der gleichgültigen Unmittelbarkeit und der wesentlichen Vermittlung, durch den sowohl die Bedingung als auch der Grund charakterisiert wurde (W96,24-26), aufgelöst.

Vermittlung als Rückkehr zu sich durch die Negation", die für die bisherige Wesenslogik konstitutiv war, „verschwunden" (W102,6-8).

An dieser Stelle kündigt sich erneut ein gravierender Einschnitt in der Wesenslogik an. Die mit dem Positiven und Negativen einsetzende (W65,5-10) und mit Introduktion des Grundes vollzogene Aufhebung der Reflexion (W69,8-9) führt zu einer Struktur des Grundes, in der sich das Wesen als feste Unmittelbarkeit oder Substrat von seiner Vermittlung unterscheidet. Die nunmehr herbeigeführte Aufhebung der Vermittlung reduziert erst einmal das absolut Unbedingte scheinbar vollkommen auf Unmittelbarkeit, wenn auch auf eine Unmittelbarkeit besonderer Gattung – die Existenz.[185] Daß Existenz keinesfalls als reine Unmittelbarkeit verstanden werden kann, ergibt sich aus der Art und Weise der Selbstaufhebung des absolut Unbedingten: Seine Form hat sich nur verhüllt.

Das absolut Unbedingte ist als weiter entwickeltes Wesen zu begreifen. Denn zu der Struktur des „Scheinens des Unbedingten" (W101,17), das sich auf dem Wege des Ineinanderscheinens seiner Momente gestaltet, hat sich die Struktur des Werdens gesellt. Daher charakterisiert Hegel das absolut Unbedingte als Und-Aussage aus beiden Elementen. Das absolut Unbedingte ist „einfache, in sich scheinende Reflexion und grundloses absolutes Werden" (W102,8-9).[186] Hegel verbindet diese Doppelstruktur des absolut Unbedingten zu einer einzigen, indem er das „Setzen", das sich in „Einheit" mit dem „Werden" befindet (W101,30-31), als „Gesetztwerden der Sache" begreift, um es als „*Hervortreten... in die Existenz*" zu deuten (W102,12-13). Dieses Gesetztwerden oder Hervortreten ist an die oben betrachtete Aufhebung der Struktur des absolut Unbedingten, einschließlich des Grundes und der Bedingung gekoppelt. „Das Hervortreten... ist... nur durch das Verschwinden der Vermittlung vermittelt" (W102,11-12).

Das „Gesetztwerden der Sache", sieht Hegel als „Hervortreten" oder als ein „sich Herausstellen *in die Existenz*" (W102,12-14). Dies impliziert den spektakulären Satz: „Die Sache *ist, eh sie existiert*" (W102,17-18). Wirft sich die Sache in die Existenz hinaus,

---

[185] Mit Verschwinden der Vermittlung bleibt die Unmittelbarkeit „allein übrig". Rohs, a. a. O., S. 257.
[186] N. Hartmann spricht in diesem Zusammenhang vom zeitlosen Werden. N. Hartmann, a. a. O., S. 455.

so muß sie bereits sein. Sie „ist ... als Wesen oder als Unbedingtes" und sie besitzt als Grund und als Bedingung ein gedoppeltes „Dasein" (W102,18-21). Hegel greift mit diesem Satz auf bereits entwickelte Sachverhalte zurück. Ebenso verhält es sich mit der in diesem Zusammenhang erhobenen Forderung der Gesamtheit der Bedingungen. In der Entzweiung der unbedingten Sache in Bedingung – die äußerliche Mannigfaltigkeit – und Grund – die innerliche Form (W99,12-21)[187] – machen die Bedingungen den ganzen „Inhalt der Sache" (W100,16-17) oder die „*Totalität*" ihrer „Bestimmungen" aus (W100,10-11), eine Totalität, die ihrerseits „durch die Form bestimmt" wird (W102,32-34).[188] Formbestimmungen aber sind Reflexionsbestimmungen[189] die logisch, d. h. mit Notwendigkeit auseinander hervorgehen. Mit „einer" sind daher „wesentlich die anderen gesetzt". Entzweit sich also die unbedingte Sache, setzt sie sich in ihren Bedingungen voraus, so „muß" sie wegen ihrer logischen Verfaßtheit den gesamten Komplex der Reflexionsbestimmungen berücksichtigen, „denn alle machen die Reflexion aus" (W102,29-34).

Wenn Hegel vom sich Herausstellen der Sache in die Existenz spricht, so darf diese Darstellung nicht als einseitige Bewegung der Sache nach außen mißverstanden werden. Denn Hegel sieht den Prozeß des Hervortretens „als „reine" (W102,12-15) oder „tautologische Bewegung der Sache zu sich" (W103,4-5). Die „Reflexion" des Grundes auf der Stufe der unbedingten Sache „in anderes" macht nur seine „Reflexion in sich" aus (W103,23-24). Das Sich-Hinausbewegen des absolut Unbedingten geht nur auf es selbst zurück und kann nur als dessen eigenes Tun verstanden werden. Dadurch „erhält" es die äußere Mannigfaltigkeit nicht auf äußerliche Weise. Vielmehr identifiziert es sich so mit seinem Ge-

---

[187] Der absolute Grund entzweite sich – zwecks Selbstbestimmung – in Form und Materie (W74,10-16). Trotz dieser Affinität zwischen absolutem Grund und unbedingter Sache behauptet sich die Differenz. Während sich der absolute Grund – über die Einheit seiner Momente – einen Inhalt sicherte (W66,26-29), wirft sich die unbedingte Sache in die Existenz hinaus.

[188] Die „Vollständigkeit der Bedingungen ist die Totalität als am Inhalt". Die „Form" „bezieht" diesen Inhalt, die Gesamtheit der „Bedingungen", „zu Momenten der Sache", um so die „Existenz *an ihnen*" hervorzubringen (W183,12-13).

[189] W70,11-12.

setztsein, zu dem es sich selbst macht, daß es „nicht als ein Verschiedenes vom Begründeten zurückbleibt" (W103,15-21). Das Sollen der Bedingung, als Material für den Grund zu sein, ist durch diese vollständige Reflexion oder Vereinigung beider Seiten endgültig aufgehoben. Zwar bestimmt Hegel abschließend die Sache als Konjunktion von Unbedingtem und Bedingung oder von Unbedingtem und Grundlosem, mithin als ein Zusammen so heterogener Elemente wie Wesen und Sein (HE § 91), doch hat sich das Unbedingte oder die Reflexion in dieser „*Vereinigung*" selbst zum Sein oder Grundlosen gemacht (W103,13ff).[190] Die „Existenz" ist daher der „*mit sich selbst* zusammengehende Grund" (W137,35-36).

Die Bewegung der absoluten Sache beschreibt Hegel mit Hilfe einer eindrucksvollen Metaphorik. Die „Sache" hat sich „in die Äußerlichkeit des Seins hinausgeworfen" (W100,10-12). „In der Bedingung entläßt" sich „das Wesen... als eine Unmittelbarkeit" des Seins (W100,13-14). Das Unbedingte gibt sich als „*bedingende* Voraussetzung" die Gestalt des „formlosen Seins" (W100,15-18). Die Form – die weiterentwickelte Reflexion – „versenkt" sich in die Äußerlichkeit des Seins (W100,35-36). Seins- und Wesenslogik spielen derartig ineinander, daß für das absolut Unbedingte „*die Sphäre des Seins* selbst die Bedingung" ausmacht (W100,24-26). Die umgekehrte Richtung von der Unmittelbarkeit zur Negativität, die aus der anfänglichen Definition des Wesens resultiert, wird ebenfalls metaphorisch untermalt. In dem reflexionslosen Unmittelbaren „wuchert die Form als Bestimmtheit des Seins

---

[190] Philosophiegeschichtlich setzt sich Hegel an dieser Stelle sowohl mit Kant als auch mit Jacobi auseinander. Nach Hegel besteht das „gemeinsame Werk Jacobis und Kants" darin, „der *vormaligen Metaphysik*... ein Ende gemacht, und damit die Notwendigkeit einer völlig veränderten Ansicht des Logischen begründet zu haben" (MM4 455). Dieses große Lob ist freilich mit herber Kritik gepaart. Weder Kant noch Jacobi habe „die Vereinigung des Unbedingten mit dem Bedingten" geleistet (MM20,353;359;322). Vor allem in ethischer und in religionsphilosophischer Hinsicht ergeben sich für Hegel aus der nicht vollzogenen Vereinigung fatale Konsequenzen. Während Hegel aus dem unmittelbaren Standpunkt Jacobis ableitet, daß „alles... gerechtfertigt" ist (MM20,326; vgl. Rel I 83-96), sieht er in dem Ansatz Kants die Gefahr der „Absolutheit" des Subjekts in seiner „Endlichkeit" (Rel I 122ff).

fort", deren Unwesentlichkeit sie als Bedingung schließlich „abstreift" (W100,31-35). Die Äußerlichkeit des Seins oder die „zerstreute Mannigfaltigkeit" „*erinnert* sich" (W102,28-29), sie evoziert ihr Inneres.[191]

Zu Beginn der Wesenslogik lag das Scheinen des Wesens in sich oder die Reflexion in sich vor. Mit der Reflexionsbestimmung wird diese ursprüngliche Reflexion beibehalten, jedoch um eine Reflexion in anderes so erweitert, daß die letztere in die erstere „umgebogen" ist. Die Reflexionsbestimmung produziert den „wesentlichen Schein" (W23,1-3). Diesen Ansatz erweitert die Wesenslogik Zug um Zug als Gang nach außen wie auch nach innen. Die vorläufig letzte Station stellt das absolut Unbedingte dar. Mit ihm ist „das Wesen als Totalität gesetzt" (HE §73). Dieses produziert nicht mehr nur den „wesentlichen Schein", sondern die „äußerliche" oder „wesentliche Unmittelbarkeit" (W103,13-20), das „*wesentliche Sein, die Existenz*" (W104,12-13). Die feste Unmittelbarkeit (W69,21) hat sich auf diese Weise über die Stationen Grundlage, Materie, Inhalt oder Bedingung zur Existenz entwickelt. Im Hervortreten in die Existenz ist der Grund so „mit sich selbst vereint", daß seine „Reflexion in anderes seine Reflexion in sich selbst ist" (W103,23-24).

---

[191] Daß Hegel sich bei dem Gegensatz Mannigfaltigkeit – Form an Kant orientiert, wird sehr schön bei Rohs herausgearbeitet. Rohs, a. a. O., S 230ff.

Die Erscheinung

Die Existenz

Die Existenz ist die durch „Aufheben der Vermittlung" zustande gekommene wesentliche Unmittelbarkeit (W103,29-31). Wie Hegel in der Seinslogik das Etwas oder das Daseiende vom Dasein unterschieden hatte, so unterscheidet er nunmehr das Ding oder das Existierende von der Existenz. Da die Unterscheidung in der Seinslogik eine vergleichsweise breite Darstellung erfahren hatte, kann Hegel sich in der Wesenslogik auf eine kurze Darstellung beschränken. Beide Darstellungen weisen als gemeinsamen Kern die „negative Einheit", genauer das „Insichsein" auf (W108,22-109,12). In der Seinslogik bezeichnet Hegel das Etwas als Vorstufe des Fürsichseins, des Dings, der Substanz und des Subjekts. Mit diesen Punkten markiert er zentrale Stationen der Wissenschaft der Logik. All diesen Stationen ist die „Beziehung auf sich durch Negation des Andersseins" gemeinsam, wobei dem Etwas diese Charakteristik in nur ganz unbestimmter Weise zu eigen ist (N74,19-75,7). Das Ding realisiert diese Charakteristik präziser als das Etwas, weil es in seiner wesentlich Unmittelbarkeit als „Reflexion der Vermittlung in sich" betrachtet wird. Trotz aller Verflechtung mit anderen Existierenden (Enz §123) begreift Hegel das Ding daher als Verhalten zu sich selbst (W112,9ff).

A. Das Ding und seine Eigenschaften

a. Ding an sich und Existenz

Die Analyse der Existenz oder spezieller des Dings fördert zwei Komponenten zu Tage: das *„Ding an sich"* und dessen äußerliche Existenz.[192] Beide Komponenten, das Ding an sich oder das *„we-*

---

[192] Zu Hegels Auseinandersetzung mit der Problematik des Dings an sich bei Kant vergleiche man Schubert, a. a. O., S. 209 – 238. Allerdings wird man sich nicht in jedem Fall der Deutung Schuberts – das Wesen als „relationale Rekonstruktion des Dings an sich" (235) – anschließen können.

sentliche Unmittelbare" einerseits (W109,14-16) sowie das durch die aufgehobene Vermittlung entstandene *mannigfaltige* und *äußerliche Dasein* (W109,21-23), „die unwesentliche Existenz des Dinges" (W109,34) andererseits, fallen in der Analyse des Dings in „*gleichgültige Bestimmungen* auseinander" (W108,17-19). Ursache für dieses Auseinanderfallen ist das Verschwinden des Grundes, das mit dem Hervortreten der Existenz verbunden war. Weil das Ding an sich aus der aufgehobenen Vermittlung oder dem zugrunde gegangenen Grund (W103,26) resultiert, kann es nicht den „Grund des unwesentlichen Daseins", sondern „nur die *Grundlage* desselben" ausmachen (W110,1-4).

Philosophiegeschichtlich sieht Hegel das Zurückdrängen des Grundes zugunsten der Grundlage angesichts der Problematik des Dings an sich in der Philosophie Kants realisiert. Kants theoretische Philosophie wird auf diese Weise unter den Standpunkt der Reflexion subsumiert. Der Ort, an dem die Subsumption stattfindet, läßt sich indes noch genauer festlegen. Hegel betrachtet das Ding an sich nicht nur als „unbewegte, unbestimmte" Grundlage (W110,2), sondern als die „wesentliche Identität der Existenz" (W110,32-33). Für das Verhältnis von Existenz und Identität gilt in der Wesenslogik, daß die Existenz „sich auf die wesentliche Identität als auf ein Anderes bezieht" (W110,21-22). Da diese Relation das Verhältnis von Form und Materie bestimmte,[193] wird der theoretische Ansatz Kants auch mit der Dialektik von Form und Materie in Verbindung gebracht. „Dies Verhältnis wird... in der Kantischen Transzendentalphilosophie so angenommen, daß der empirische Stoff, das Mannigfaltige der Anschauung und Vorstellung, zuerst *für sich* da ist, und daß dann der Verstand...ihn...in die Form der *Allgemeinheit* erhebe" (MM6,258).[194]

Kant hatte die Zweiteilung von Ding an sich und Erscheinung vorgenommen, um die Freiheit des Menschen zu retten.[195] Es ist interessant zu sehen, daß Hegel aus demselben Motiv heraus diese Zweiteilung und die aus ihr resultierende Theorie des Erkennens, die sich als Gang in das Gemüt des menschlichen Subjekts konstituiert, verwirft. „Dieser grellen Darstellung des subjektiven

---

[193] W71,37-39; 72,31-34.

[194] Kant setzt das als „*Materie*" konzipierte „Mannigfaltige der Erscheinung" der „*Form* der Erscheinung" gegenüber. Kant: Kritik der reinen Vernunft, B34.

[195] I. Kant: Kritik der reinen Vernunft, B 564ff.

Idealismus widerspricht unmittelbar das Bewußtsein der Freiheit" (W115,1-3). Allerdings trägt Hegel diese Rejektion lediglich in einer Anmerkung vor. Bei der Analyse der theoretischen Philosophie Kants konzentriert sich seine Kritik vor allem auf das besagte Zurückdrängen des Grundes zugunsten der Grundlage. Weil das Ding an sich in der Philosophie Kants nur als unbestimmte Grundlage auftrete, deshalb agiere die der Existenz eigentümliche Reflexion *„außer dem Ding an sich"* (W110,5ff). Das Ding an sich „soll keine bestimmte Mannigfaltigkeit an ihm selbst haben". Sie werde dem Ding durch ein ihm äußeres „Anderes", durch das „Bewußtsein" (W114,26-31), das sich äußerlich auf das Ding an sich als seine Identität oder seine Grundlage beziehe, zugesprochen (W110,6-15).[196] Die „Verschiedenheit" oder Mannigfaltigkeit komme in der Existenz nur durch diese Beziehung zustande. In dieser Sichtweise kann Hegel den Ansatz Kants nur der äußeren Reflexion zuordnen.

Um den Standpunkt Kants zu widerlegen, konzentriert sich Hegel auf die Struktur der Beziehung zwischen der wesenlosen, mannigfaltigen Existenz und dem Ding an sich. Aus dieser Beziehung leitet er ein zweites Ding an sich ab. Denn das Andere des Dings an sich, das Wesenlose, „ist nichts für sich Bestehendes", es konstituiert sich vielmehr „als Beziehung auf das Ding-an-sich". So gesehen ist das Andere nur ein „Reflex" des Dings an sich, es „ist nur als das Abstoßen von diesem". Bar jeglicher Eigenständigkeit „geht" das Andere „zugrunde" und wird selbst zum abstrakten, unbestimmten Ding an sich (W110,26-111,2). Dasselbe Resultat gewinnt Hegel aus der Perspektive des Dings an sich (W111,3-10).

Die äußere Reflexion verbindet diese beiden Dinge an sich durch einen „Schluß" (W111,23ff).[197] Weil jedes „nur ein *anderes* überhaupt" darstellt (W111,18), macht jedes nur den Widerschein des Anderen aus. Jedes der beiden nimmt seine Bestimmtheit in gleicher Weise nur aus dem Anderen (W111,35-112,1). Damit erweisen sich die zwei Dinge an sich ununterscheidbar (W112,2-7). Beide *„fallen in der Tat in eins zusammen"* (W112,18-19). Die

---

[196] Bei der Analyse des Dings beläßt Hegel das Andere in seiner allgemeinen Form. Erst in der folgenden Anmerkung identifiziert er es in der Auseinandersetzung mit Kant mit dem „Bewußtsein" (W114, 30-31).
[197] W18,25-30.

äußere Reflexion vermittelt daher nicht zwischen zwei verschiedenen Dingen an sich, vielmehr stellt sie sich „Verhalten des Dings an sich nur zu sich selbst" dar (W112,8-9). Hegels Kritik der theoretischen Philosophie Kants gipfelt in der Feststellung: es gibt nur ein Ding an sich, „das in der äußerlichen Reflexion sich zu sich selbst verhält, und es ist dessen *eigene Beziehung auf sich als auf ein Anderes*, was dessen Bestimmtheit ausmacht" (W112,19-22).[198] Diese Beziehung identifiziert Hegel mit der „Eigenschaft des Dings" (W112,21-24).

Hegels Herleitung eines zweiten Dings an sich nimmt sich, von der unzureichenden Durchführung einmal abgesehen, mehr als künstlich aus. Statt Kants theoretische Philosophie gewaltsam unter die selbstbezügliche Negativität zu subsumieren, hätte er besser die objektive Struktur der Eigenschaft sofort aus der Perspektive des Wesens entwickelt, um sie gegen Kants Theorie der Erkenntnis zu setzen.

b. Die Eigenschaft

Obwohl Hegel immer wieder die Seins- von der Wesenslogik abgrenzt, besteht zwischen beiden Büchern eine Reihe von Parallelen, auf die an dieser Stelle kurz einzugehen ist. In der Wissenschaft der Logik wie auch in der Enzyklopädie parallelisiert Hegel die Trias Sein, Nichts, Werden mit der Trias Identität, Unterschied und Grund.[199] Insbesondere die letzte Parallele, diejenige zwischen Werden und Grund, wurde durch die Grundbeziehung des absolut Unbedingten, in der sich ein absolutes Werden etablieren konnte, unterstrichen. Aus diesem absoluten Werden oder dem Gesetztwerden der Sache, dem Grund, geht, parallel zur Seinslogik, in der das Dasein aus dem Werden resultiert, die Existenz hervor.[200]

An diese Reihe von Parallelen schließt sich die bereits diskutierte Parallele zwischen dem Etwas oder dem Daseienden und

---

[198] W112,15.
[199] W64,28-65,8; Enz §114, Anm.
[200] Die bekannte Passage der Seinslogik, „Aus dem Werden geht das Dasein hervor", findet sich erst in der zweite Auflage. Daß sich Hegel bei der Überarbeitung der Seinslogik an dem in der Wesenslogik verwendeten Ausdruck „Hervorgehen" (W105,24-25) zur Beschreibung des Zusammenhangs von Werden und Dasein orientierte, dürfte naheliegen.

dem Ding oder dem Existierenden zwanglos an. Doch auch in der zuletzt genannten Parallele fordert, wie bei den vorher angeführten Parallelen, die Differenz ihr Recht. Die Differenz besteht darin, daß das Etwas nur durch das „Negative" aus dem Sein, das Existierende nur durch die „Negativität der Reflexion" zu erhalten ist (W112,26-29). Die Qualität – und damit auch das Etwas als ihr logischer Abkömmling – ist „Beziehung" der Negation „auf ein Anderes", auf das Sein (W112,26-33). Dadurch sind Qualität und Etwas der „Veränderung" ausgesetzt (W23,38-24,1). Die Negativität der Reflexion hingegen zeigt sich von Anbeginn (W16,21-22) als „Beziehung *auf sich* als auf ein Anderes" (W112,30-34). Dieser Ansatz, der bisher die Wesenslogik beherrschte, bestimmt auch die Eigenschaft. Er unterstreicht daher erneut die Einheit der Wesenslogik.

Ein Ding ist, was es ist, ausschließlich durch seine Eigenschaften.[201] Nur durch sie ist es von anderen Dingen unterschieden (W116,25-30). In seinen Eigenschaften besitzt es daher seine Identität mit sich. Die Eigenschaften wiederum sind andere als das Ding selbst. Aus diesem Grund bezieht sich das Ding in den Eigenschaften auf sich als auf ein Anderes. Im Gegensatz zur Qualität und zum Etwas der Seinslogik ist die Eigenschaft der „*Veränderung entnommen*" (W112,36-113,5). Denn die Eigenschaft ist durch ihre obige Definition „*an sich selbst bestimmt*". Ihre Beschaffenheit, die zugleich als Bestimmung auftritt, besteht darin, „im Verhalten zu Anderem *nicht in* das Anderssein" überzugehen (W113,1-5).[202]

---

[201] Das Ding kann nicht als „Träger seiner Eigenschaften" begriffen werden, vielmehr besteht es aus ihnen (N. Hartmann, a. a. O., S. 456). So auch Schubert, a. a. O., S. 206ff. Nach Schuberts Ansicht setzt Hegel beim Ding die bereits oben angesprochene Transformation der „aristotelischen Substanz in Relationalität" fort.

[202] In der Seinslogik führt Hegel den Begriff des Anderen an Hand des Etwas zunächst symmetrisch ein, denn Etwas und ein Anderes sind „auf gleiche Weise Andere" (S112,26-27). Doch der Begriff des Anderen läßt sich, wie Hegel weiter ausführt, reflexiv nehmen. Wird das „Andere für sich" oder „an ihm selbst" betrachtet, so ergibt sich der Begriff der „Veränderung" (S113,27ff). Diesen ersten Begriff der Veränderung, bei dem das „an sich" seiende, (kurzfristig) stabile Etwas immer auch „für-Anderes" ist, setzt Hegel mit einem zweiten Begriff der Veränderung fort, den er aus dem Paar „Bestimmung" und „Beschaffenheit"

Damit ist das Ding der Wesenslogik durch zwei Aspekte charakterisiert. Zum einen „verhält" sich ein Ding durch seine Eigenschaften zu anderen Dingen. Zum anderen „erhält" sich die Eigenschaft in ihrer Relation zu anderem (113,4-14). In aller Veränderung der Existenz oder des Dings „verliert sich" die Eigenschaft nicht (W113,13-14). Deshalb begreift Hegel sie als „reflektierte Qualität" (W113,20).[203] Es ist allerdings zu betonen, daß Hegel an dieser Stelle ein Programm vorstellt, das die Wesenslogik erst auf der Ebene der Wirklichkeit einzulösen imstande ist. Denn erst die Wirklichkeit ist als die Instanz ausgewiesen, die durch ihre „Äußerlichkeit nicht in die Sphäre der *Veränderung* gezogen" wird (W175,24-26). Im Gegensatz zur Eigenschaft werden Existenz und Ding durchaus mit der Veränderung konfrontiert. Die Veränderung des Dings resultiert aus seiner seinslogischen Komponente, die sich mit dem in die Existenz entäußernden absolut Unbedingten wiederhergestellt hat (114,1-2).

Die soeben unterstrichene Einheit der Wesenslogik läßt sich noch exakter umreißen. Die Negativität der Reflexion oder die Beziehung des Wesens auf sich als auf ein Anderes spezifiziert das erste Kapitel des ersten Abschnittes der Wesenslogik zum in sich reflektierten Gesetztsein. Genau diese Dopplung läßt sich beim Ding und dessen Eigenschaften nachweisen. Denn die Eigenschaften eines Dings machen „die äußerliche Reflexion und die Seite des Gesetztseins des Dings" aus (W113,9-10). In dieser „Äußerlichkeit" des Dings erhält sich die Eigenschaft (W113,21-22). Weil aber die Eigenschaften die „eigenen Bestimmungen" des Dings repräsentieren, ist das Ding in ihnen „in sich reflektiert" (W113,28-37). Formallogisch wird dadurch das Ding zum Modell des Wesens oder der bestimmenden Reflexion.

Wenn Hegel in diesem Zusammenhang von äußerer Reflexion spricht, so ist einem Mißverständnis vorzubeugen. Gegenüber der Position Kants macht Hegel geltend, daß die Eigenschaften des Dings nicht „Gesetztsein einer äußerlichen Reflexion", etwa des Bewußtseins sind. Die dem Ding eigene äußerliche Reflexion ist

---

ableitet. Der zweite Begriff der Veränderung ist grundsätzlicherer Natur. Er beinhaltet die dem Etwas immanente „Negation" (S120,13-121,13), seine „Grenze" (121,14-122,15), seine „Endlichkeit" (S128,17-22).

[203] Erst wenn sich die Qualität in einer *äußerlichen Beziehung* als *immanente Bestimmung* zeigt, ist sie Eigenschaft (N81,23-25).

so zu verstehen, wie sie sich beim bedingten Grund entfaltete (113,34-114,3), als „sich entäußernde Reflexion" (W94,19-20). Sie wird durch die Eigenschaft verwirklicht. Mit dieser Auffassung dürfte sich Hegel bei der Auffassung des Dings der Position des Neuplatonismus angenähert haben.[204] Die Eigenschaft macht nicht bloß ein vom Bewußtsein produziertes Gesetztsein aus, vielmehr ist sie „der in seine Äußerlichkeit übergegangene und damit wahrhaft in sich reflektierte Grund" (W114,9-11).[205] Das Ding kann zwar nicht „als Grund seiner Eigenschaften bestimmt" werden (W114,6-7), so wie weder die Form als Grund der Materie oder umgekehrt angenommen werden konnte, aber es liegt die für den Grund typische „Identität mit sich in seinem Gesetztsein" (W113,35) oder ein „an sich seiendes Gesetztsein" vor (W114,12). Damit existiert das Ding „wesentlich", wie es umgekehrt in seiner Äußerlichkeit an sich ist (W114,17).[206]

c. Die Wechselwirkung der Dinge

Die Betonung der äußerlichen Unmittelbarkeit als Ansichsein oder integralem Bestandteil der Existenz gehört zur genuinen Intention der Wesenslogik. Diese Position bildet die Basis, auf der Hegel die Kritik an Kants theoretischer Philosophie bestreitet. Kants Problematik des Dings an sich schiebt Hegel mit dem Hinweis auf die existierende Relation von Ding und Eigenschaft beiseite. Durch diese Relation ist das Ding an sich ein Ding geworden, dem nicht erst Eigenschaften verliehen werden, sondern das von sich aus „Eigenschaften hat" (W116,4-5). Für die Objektivität der Eigenschaften spricht das Faktum, daß die Dinge „sich durch sich selbst voneinander unterscheiden" (W116,7). Weil sie die Eigenschaft besitzen, „dies oder jenes im Anderen zu bewirken und auf eine eigentümliche Weise sich... zu äußern" (W113,14-16) und weil somit das „Ding... durch seine Eigenschaften Ursa-

---

[204] Hegel sagt im Hinblick auf den Neuplatonismus: „Denn unter Gott verstehen wir das absolute Wesen aller Dinge" (MM19,82). Platon habe im Timaios „Gott und das Wesen der Dinge" unterschieden. Die Einheit beider sei bei ihm nach der Sache nach vorhanden, wenn auch nicht „bestimmt ausgesprochen" (MM19,83/4).
[205] In der Enzyklopädie wählt Hegel für diesen Prozeß den Ausdruck ‚übersetzen‘ (Enz § 123, Zusatz).
[206] W116,2

che" wird (W113,22-23), liegt mit den Dingen eine objektive allseitige „Wechselwirkung" und „Wechselbeziehung" (W116,9-10) vor.[207]

Die Eigenschaften definieren ein Ding, legen es in seinem Sosein und Wassein fest. Damit hat Hegel seine eigene Position des Dings zunächst umrissen. „Die Dinge selbst fallen hiermit nur in diese Kontinuität, welche die Eigenschaft ist, und verschwinden als bestehende Extreme, die außer dieser Eigenschaft eine Existenz hätten" (W117,7-10). Das philosophische Interesse Hegels ist damit vom Ding an die „*Eigenschaft übergegangen*" (W116,37-38). Das Ding ist „nichts außer" seinen Eigenschaften (W116,9-11). Durch diese Erkenntnis ist das Ding herabgesetzt zu einem unwesentlichen Umfang von Eigenschaften (116,34ff). Die Eigenschaft und nicht das Ding behauptet sich als das „*Selbständige*" (W117,12-13).

Bei der Analyse des Dings an sich wurde der spekulative Weg nur sporadisch beschritten. Hegel diskutiert zwar das spekulative Moment der „Verschiedenheit", doch dieses wird nicht entfaltet, sondern von außen an die Problematik herangetragen (W110,10-11). Offenkundig ist Hegel zunächst vollauf damit beschäftigt, das Ding an sich in Kants theoretischer Philosophie als (unhaltbare) Grundlage der Eigenschaften herauszustellen, um diesen Ansatz transzendieren zu können. Bereits bei der Dialektik von Form und Grund hatte sich Hegel gegen eine ausschließliche Deutung des Grundes als Grundlage der Form ausgesprochen. Durch die Interpretation der Grundlage als Materie wird das abgesteckte Feld keineswegs verlassen. Kants Ansatz, der nach Ansicht Hegels die Formen des Bewußtseins an eine sinnlich vorgegebene Materie anheftet, muß mit Notwendigkeit der äußeren Reflexion anheim fallen.

Mit dem Übergang des Dings an sich in die Eigenschaft beschreitet Hegel den spekulativen Weg nicht mehr sporadisch, vielmehr durchläuft er ihn nun in seiner Gesamtheit. An Hand der Eigenschaften, insbesondere des in ihnen gegenwärtigen bedingten Grundes, ergab sich das Moment der Identität des Dings mit sich. Da ferner das Ding nur durch seine Eigenschaften von anderen Dingen unterschieden ist und diese ihm nicht durch eine fremde

---

[207] Die Enzyklopädie spricht von einer „*Welt* gegenseitiger Abhängigkeit" und einem „unendlichen" Zusammenhang „von Gründen und Begründeten" (Enz § 123).

Reflexion zukommen, sondern seine eigene Bestimmungen ausmachen, ist die Eigenschaft nicht nur die mit sich identische Reflexion, sondern ebenso „der in sich reflektierte Unterschied" (W116,25-30).

Zu diesen beiden Momenten *Identität* und *Unterschied* gesellt sich das der *Verschiedenheit*. Denn mit dem Übergehen vom Ding zur Eigenschaft präsentiert sich die Relation zwischen beiden „mit umgekehrtem Werte". Während zunächst das Ding als das „Wesentliche", die Eigenschaft aber unter dem Aspekt einer „äußerlichen Form" erschien, zeigt sich nunmehr die Eigenschaft als das „*Bestehen*" des Dinges, wodurch sie als „*selbständige Materie*" ausgezeichnet ist. Weil die selbständige Materie – die als chemischer Stoff aufgefaßte Eigenschaft (W118,2-8) – „einfache Kontinuität mit sich ist, hat sie die Form zunächst nur als *Verschiedenheit* an ihr" (W117,23-35). Wie beim realen Grund schließt Hegel von der Verschiedenheit auf die Mannigfaltigkeit. Dieser Schluß, nach dem das Ding aus mannigfaltigen selbständigen Materien besteht (W117,35-36), ist zwar naheliegend, doch auch an dieser Stelle unterbleibt seine Legitimierung.

B. Das Bestehen des Dings aus Materien

Zur Rechtfertigung des Übergangs von der „Eigenschaft in eine Materie" könnte Hegel sich auf die „Chemie" berufen, die, wenn sie die Eigenschaften als Materien behandelt, „die Eigenschaften in ihrer Wahrhaftigkeit zu handhaben überzeugt ist" (W118,2-10). Diese Berufung geschieht aber keineswegs, zumindest nicht explizit. Der Übergang ergibt sich, wie soeben dargelegt wurde, vielmehr innerhalb der Philosophie mit „Notwendigkeit" und zwar deshalb, weil die Materien „das Wesentliche und damit das wahrhaft Selbständige der Dinge sind" (118,20-23).

Dennoch gibt auch die durch den spekulativen Weg sichtbar gewordene „Reflexion der Eigenschaft in sich" nur die halbe Wahrheit oder „nur die eine Seite" der vorliegenden Problematik wieder (W118,24-25).[208] Durch die sich in den Dingen kontinu-

---

[208] Diese von Hegel verwendete Formulierung ist insofern irreführend, als man die ‚andere Seite' erwartet, eine Formulierung, die im näheren Kontext jedoch ausbleibt. Dieses Phänomen, das so oder ähnlich einige mal zu beobachten ist, belegt, daß Seins- und Wesenslogik unter

ierende Eigenschaft wurde zwar die „Dingheit... zu einem unwesentlichen Momente herabgesetzt" (W118,27-30),[209] doch bleibt die Dingheit als negatives Moment *„erhalten"* (W118,31-32). Sie ist insofern an der Eigenschaft vorhanden, als die letztere sich als Klasse begreifen läßt, in welcher der „Unterschied der Dinge *aufgehoben"* ist (W118,33-34). Hegel geht in diesem Punkt mit der formalen Logik – die eigenständige Elemente durch eine charakteristische Eigenschaft zu einer Klasse zusammenfaßt – konform. Aus dieser Auffassung resultiert die „wiederhergestellte ...Dingheit", die „negative Selbständigkeit gegen die positive des Stoffes" (W118,37-38). Dieselben Komponenten ergeben sich aus der Betrachtung der „Bewegung der Eigenschaft" (W119,19-120,3).

Durch diese beiden Komponenten – Dingheit bzw. Ding (W121,12-13) und Materie bzw. Stoff – ist das einzelne Ding „oder *dieses* Ding" gegenüber dem vormals unbestimmten Ding an sich zwar vollkommen bestimmt (W119,2-10), dennoch bewertet Hegel diese vollkommene Bestimmtheit als unwesentlich. Denn zum einen wird durch die Materien gerade das die Eigenart der Dinge konstituierende Moment – der „Unterschied" zu anderen Dingen – „aufgehoben" (W119,11-18). Zum anderen sind die fraglichen Komponenten – Materien und Ding – dialektisch unzureichend verknüpft. „Das Ding besteht aus selbständigen Materien, die gegen ihre Beziehung im Dinge gleichgültig sind" (W120,5-8). Die Gleichgültigkeit der Verknüpfung kommt prägnant dadurch zum Ausdruck, daß die Materien oder Stoffe durch ihre Verknüpfung im Ding sich nicht aufheben, „sondern als Selbständige undurchdringlich füreinander" bleiben (W120,15-17), oder nebeneinander bestehen. Die das Ding bestimmende Verknüpfung spezifiziert sich damit zu einer aussagenlogischen Konjunktion, zu einer „Menge" (W120,10) oder „Sammlung" von

---

erheblichem Zeitdruck verfaßt wurden. Die zu erwartende ‚andere Seite' greift Hegel unter der Formulierung „Seite der Bewegung der Eigenschaften" (W119,19) auf. Daß die Darstellung der Wissenschaft der Logik der – mehrfachen – Überarbeitung bedürfe, dazu hat sich Hegel noch eine Woche vor seinem Tode öffentlich bekannt (S22,25ff). Immerhin äußert er unmittelbar nach Abschluß der Wesenslogik Zufriedenheit darüber, sich „vors erste ...die Bahn gebrochen zu haben" (Briefe I 426).

[209] W116,14-16;117,17ff.

Materien (W120,30ff) oder zu einem „Auch" (W120,21ff). Das Ding wird auf diesem Weg rein quantitativ bestimmt. Dialektisch gilt für seinen „Zusammenhang, keinen Zusammenhang zu haben" (W120,23-25).

C. *Die Auflösung des Dinges*

Die pejorative Bewertung der erreichten vollkommenen Bestimmtheit als unwesentlich kann nur unter dem spekulativen Blickwinkel ihre Rechtfertigung erhalten. Die erzielte vollkommene Bestimmtheit ist spekulativ unzureichend, denn das Nebeneinander der Materien verdeckt den *Widerspruch*, durch den das Ding erst in eigentlicher Weise bestimmt ist.[210] Mit der Abwertung dieses Ansatzes schickt sich Hegel an, den oben begonnenen spekulativen Weg, auf dem bereits die Stationen *Identität*, *Unterschied* und *Verschiedenheit* passiert wurden, durch die Formulierung des *Widerspruchs* zu Ende zu gehen.

Der dem Ding eigentümliche Widerspruch wird über eine seinslogische Kategorie, die Kategorie der Veränderung vorbereitet. Das als Menge oder Sammlung bestimmte Ding präsentiert sich als das „veränderliche" (W120,28-32). Die Materien oder Stoffe sind frei. Sie „zirkulieren aus *diesem* Ding unaufgehalten hinaus oder herein" (W120,28-36). Aus diesem Grund ist das Ding nicht nur kraftlos (W120,15),[211] das seiner Veränderung letztlich nichts entgegenzusetzen vermag, sondern auch das „schlechthin auflösbare", ja es stellt sogar die „Auflösung seiner selbst" dar (W121,4-10). Damit ergibt sich eine weitere wesenslogische Parallele zur Seinslogik, denn die letztere hatte das Etwas im Zuge der Erörterung der Kategorie der Veränderung als das Endliche und in letzter Konsequenz als das Vergehende expliziert.

Der Auflösung ist das Ding deshalb preisgegeben, weil ihm neben seiner Charakterisierung als Menge oder Sammlung von Ma-

---

[210] So nimmt es nicht Wunder, daß Hegel die Auffassung, das Ding bestehe aus selbständigen Materien, die sich zueinander gleichgültig verhalten, der Vorstellung zuordnet (W122,25-123,32). Von der Denkweise der Vorstellung hatte er sich bei der Einführung des Widerspruchs abgesetzt (W60,4ff).
[211] W117,31.

143

terien, dem „Auch", noch ein zweiter Aspekt zukommt, der es, zusammen mit dem ersten, als *widersprüchlich* ausweist. Denn die einzelnen Materien sind, ihrer Genese nach, Eigenschaften. Eigenschaften „beziehen sich nur auf sich selbst". Diese „Reflexion-in-sich betrifft aber lediglich ihre „Form", nicht aber ihren „Inhalt" (W121,12-19). Inhaltlich gilt: „Die eine Materie ist nicht, *was* die andere ist". Aus dieser Perspektive erweist sich das Ding nicht nur als gleichgültige, sondern auch als „*negative* Beziehung" oder „Punktualität" (W121,22-25).[212]

Durch die Hinzunahme des auf inhaltlichem Wege gewonnenen Aspektes der Punktualität wird der *Widerspruch* unvermeidbar. Er kommt rein formallogisch zum Vorschein. Das Ding „ist nur das Auch" (W121,7) und „nicht nur das Auch" (W121,20). Im letzten Fall, im Fall der Punktualität gilt: „In dem Bestehen der einen Materie besteht daher die andere *nicht*". Im ersten Fall dagegen gilt: „und ebensosehr besteht sie *auch*" (W121,34-35). Dialektik und formale Logik stehen einander gegenüber. Wenn es formallogisch den Anschein hatte, als seien die Materien in ihrer Selbständigkeit „undurchdringlich füreinander" (W120,16-17), so hat sich nunmehr in ihrem Bestehen eine singuläre Stelle aufgetan, in der eine Materie in der anderen Fuß faßt. Unter dialektischen Gesichtspunkten muß diese singuläre Stelle als Aufgehobensein des Bestehens gedeutet werden. So gesehen korrigiert die Dialektik die formale Logik, denn die Materien „*durchdringen*" sich (W121,39). Umgekehrt korrigiert der formale Standpunkt die Dialektik, denn die Materien „*berühren* sich in dieser Durchdringung *nicht*" (W122,3-4).

Auf Grund dieser Überlegungen schaltet sich Hegel nochmals in die wissenschaftliche Diskussion der zeitgenössischen Chemie ein, aus der er den Begriff der Pore aufgreift. Einerseits verurteilt

---

[212] Bereits in der Phänomenologie des Geistes kennzeichnet Hegel das Ding durch die nämlichen zwei Charakteristika: 1) Durch das „Auch" und 2) durch die „ausschließende" „Punktualität" (Phän 90-92). Dennoch sind bei der fraglichen Problematik die unterschiedlichen Ansätze der Phänomenologie des Geistes und der Wesenslogik unverkennbar. Die Phänomenologie des Geistes operiert bei der vorliegenden Problematik auf der Ebene der Seinslogik, denn man findet in ihr exakt das Charakteristikum wieder, das Hegel in der Wesenslogik von ihr aufstellt: Das „Sein", das „das Negative an ihm hat" (Phän 90). Ferner ist die „Negation als *Bestimmtheit* ... unmittelbar eins... mit der Unmittelbarkeit des Seins" (Phän 92).

er diesen Begriff als undialektisch, da mit ihm ein Vermeiden der Theorie der „*Durchdringung*" der Materien und damit des Widerspruchs intendiert wird (W123,30-38).[213] Andererseits zieht er den Begriff der Pore heran, um noch einmal auf die widersprüchliche Struktur der Existenz hinzuweisen. „Die Materien sind daher wesentlich porös, so daß die eine besteht in den Poren oder in dem Nichtbestehen der anderen; aber diese anderen sind selbst porös; in ihren Poren oder ihrem Nichtbestehen besteht auch die erste und alle die übrigen" (W122,4-8). Weil das Bestehen einer Materie zwei gegensätzliche Elemente enthält, nimmt der Widerspruch die folgende Gestalt an: das Bestehen der Materien „ist zugleich ihr *Aufgehobensein* und... das *Bestehen*" ihrer selbst (W122,8-12). Das Ding muß demnach als der Widerspruch „des selbständigen Bestehens" und dessen „Negation" verstanden werden (W122,12-14).

Hegel ist jedoch nicht nur an der Formulierung, sondern in gleichem Maße an der Auflösung des Widerspruchs interessiert. Der aufgelöste Widerspruch zeigte sich als Grund (W52,30ff).[214] Der an dieser Stelle der Wesenslogik erreichte Grund kann jedoch nur als Grundlage interpretiert werden. Dies geschieht freilich in anderer Weise als zu Beginn des Existenzkapitels. Die vollkommene Bestimmtheit des Dings durch seine Eigenschaften oder Materien, allerdings im „Elemente der Unwesentlichkeit" (W119,16-18), bildet nunmehr die Basis oder die Grundlage zur endgültigen Darstellung der Existenz. All ihre diskutierten Elemente zusammengenommen ergeben die „Vollständigkeit" der Existenz. Die Vollständigkeit der Existenz zeigt sich darin, daß „*in Einem* an sich seiendes Sein oder *selbständiges* Bestehen und *unwesentliche* Existenz" vorliegt (W122,17-19).

Mit Hilfe des Distributivgesetzes der formalen Logik läßt sich die letzte Aussage wie folgt umformulieren: die Existenz besitzt „ihr Ansichsein in der Unwesentlichkeit oder ihr Bestehen in einem Anderen". Dasjenige, das sein Bestehen einem Anderen verdankt, versteht Hegel nicht nur als das Unwesentliche, sondern

---

[213] Hegel subsumiert sowohl die formale Logik, die das Ding nur als Konjunktion oder Menge deutet, als auch die zeitgenössische Chemie, die mittels des Ansatzes der „*Kleinheit*... der Poren" das gegenseitige Durchdringen der Materien ausschalten möchte, unter die Vorstellung (W123,30-34).
[214] W63,19-39.

schärfer als das Nichtige. Mit diesem Verständnis läßt sich die Existenz in ihrer „Wahrheit" erfassen. Die „Grundlage" der Existenz besteht in nichts anderem als in ihrer eigenen „*Nichtigkeit*" (W122,20-22).

Fragt man nach der *Einheit der Wesenslogik*, so wird deutlich, daß Hegel mit dieser endgültigen Bestimmung der Existenz an den Anfang der Wesenslogik zurückkehrt, denn mit der Nichtigkeit stellt sich die Thematik des Scheins wieder ein. Da diesem Nichtigen nunmehr Existenz zukommt, hat sich freilich die Basis verändert. Hegel begreift daher diesen Bereich, in dem die „Momente des Scheins Existenz haben", nicht nur als Schein, sondern auch als realen Schein oder Erscheinung (W127,4-5). Die Erscheinung stellt sich damit als „Einheit des Scheins und der Existenz" dar (W127,17).

Die anfänglichen *Momente des Scheins* waren die an sich seiende Negativität und die reflektierte Unmittelbarkeit. Sie erwiesen sich als die *Momente des Wesens* selbst (W11,38-12,2). Da das Wesen als in sich bleibende Bewegung beschrieben wurde, in der es seine Negativität als Unmittelbarkeit und umgekehrt bestimmt, muß diese Bewegung auch auf der Ebene der *existierenden* Momente des Scheins stattfinden, wenn die Einheit der Wesenslogik garantiert sein soll. Die Richtung von der Negativität zur Unmittelbarkeit wurde durch die Negativität des Grundes bei seinem Heraustreten in die Existenz bereits dargelegt, denn die Existenz ist nichts anderes als der zur Unmittelbarkeit gewordene Grund, das Ding. Die Umkehrung jedoch scheint mit der Existenz zu stagnieren, denn die Negativität des Wesens ist in der Unmittelbarkeit des Existierenden oder des Dings „zunächst erloschen" (W104,30-31). Weil aber das Ding, die „reflektierte Unmittelbarkeit des Grundes" ausmacht (W113,38-114,3), die insofern *über sich hinausgeht*, als die Existenz sich zur „Erscheinung" fortentwickelt, deshalb ist diese Unmittelbarkeit der Existenz „an ihr selbst... absolute Negativität" (W126,7-10).

Die oben eingeführte Einheit von Schein und Existenz gibt nur einen Aspekt der Erscheinung wieder. Den anderen erhält man, wenn man sich vergegenwärtigt, daß Hegel zu Beginn der Wesenslogik *Schein* und *Wesen* identifizierte. Der Schein zeigte sich als das Wesen in einer Bestimmtheit (W13,3-4). Aus diesem Grund kann Hegel die obige Einheit, die Erscheinung, mit Fug und Recht als das „Wesen in seiner Existenz" begreifen (W126,11-12). Aus der doppelten Erfassung der Erscheinung resultiert ein gravierender Unterschied innerhalb der Existenz, der ihren Fortgang zur Erscheinung beleuchtet: Hegel charakterisiert retrospektiv die anfängliche Existenz als *unmittelbare* oder *wesenlose* Existenz, die Erscheinung hingegen, wegen ihrer Verbindung zum Wesen, als „*wesentliche*" oder „*reflektierte*" Existenz (W126,13).[215]

Die Erscheinung

A. Das Gesetz der Erscheinung

Das Ding wurde durch selbständige Materien dargestellt. Letztere erwiesen sich als widersprüchlich, weil sie einerseits ein unmittelbares Bestehen oder eine unmittelbare Selbständigkeit ausmachten, andererseits aber in einer fremden „Selbständigkeit, also in der Negation der eigenen" Selbständigkeit Bestehen besaßen. Diese Struktur beansprucht schon beim Schein Gültigkeit. Sie beherrscht auch die Existenz, sowie die gesamte Erscheinung (W127,6-15).

Jedes Erscheinende ist ein Existierendes, das auf ein anderes Erscheinendes zurückgeht. Somit ist es „durch seine Negation" vermittelt.[216] In dieser Negation kommt dem Existierenden „sein Bestehen" zu (W128,2-5). Damit unterliegen die einzelnen Dinge oder allgemeiner die Erscheinenden zunächst demselben Vermittlungsprozeß wie die allgemeinen Materien, wenn sich auch der Gesamtzusammenhang der Erscheinenden in einem anderen Lichte präsentieren wird als der oben dargestellte undialektische Zusammenhang der Materien.

---

[215] W126,13-15;126,30-38;127,18-19.

[216] Aus dem Konzept der negativen Vermittlung ging die Selbständigkeit des Wesens (W12,11-13) sowie die wesentliche Selbständigkeit des Grundes (W79,20ff) hervor. Dadurch, daß Hegel diese Konzeption der Selbständigkeit auf das absolut Unbedingte (W101,39-102,1), auf die Erscheinung (W129,37-38) und auf die absolute Notwendigkeit (W187,14ff) überträgt, unterstreicht er abermals die *Einheit der Wesenslogik*.

Denn neben dem gerade beschriebenen Vermittlungsprozeß läßt sich der Erscheinung noch ein zweiter Charakterzug abgewinnen. Der in Rede stehende Gesamtzusammenhang der Erscheinenden ist durch eine doppelte Negation geprägt, durch die das Erscheinende eine gewisse Stabilität erlangt. „Das Existierende ist daher die *Rückkehr* seiner in sich selbst durch seine Negation und durch die Negation dieser seiner Negation" (W128,5-7). Das Erscheinende ist mit diesem zweiten Charakterzug gegenüber der unmittelbaren Selbständigkeit der Materien als „*wesentliche Selbständigkeit*" ausgewiesen (W128,8). Einerseits ist das Erscheinende, weil es von anderen abhängt, nur ein Gesetztsein. Andererseits aber wird es in dieser Abhängigkeit gerade *begründet*. So ist das Erscheinende „Existenz zugleich mit ihrer Wesentlichkeit, Gesetztsein mit seinem Grunde" (W128,10-12).

Dieses Auftreten des Grundes weitet sich zu einem allgemeinen Begründungszusammenhang aus. Denn der „Grund des ersten" Erscheinenden trägt die nämliche Struktur, da er sich ebenfalls als begründetes Gesetztsein erweist (W128,13-14). Das Erscheinende ist „in ein Anderes reflektiert" und dieses Andere ist ebenfalls nur „in ein Anderes reflektiert" (W128,14-16). Die Erscheinung ist damit gegenüber dem Zusammenhang der Materien, der sich eigentlich als zusammenhanglos erwies, als „Zusammenhang der sich gegenseitig begründenden Existierenden" gekennzeichnet (W128,21ff). Im Begründungszusammenhang der Erscheinung hat jedes Ding ein anderes Ding zu seiner Voraussetzung.

Gegenüber der Existenz kommt damit in der Erscheinung der Grund in tieferer Weise zum Vorschein. Denn in der Existenz tritt der Grund nur als bedingter Grund auf. Der bedingte Grund macht sich als voraussetzende Reflexion zum unmittelbaren Dasein (W97,38-98,9). Er übersetzt sich durch Aufheben seiner selbst in die Existenz (Enz §123). Auf diese Weise ist er der in „seine Äußerlichkeit" reflektierte und übergegangene Grund, der dadurch anderen Einflüssen preisgegeben ist (W113,36-114,2). Im Gegensatz zur Existenz kristallisiert sich der Grund in der Erscheinung heraus „wie er in seiner Wahrheit ist, nämlich" als „Erstes", „*Vorausgesetztes*", das andere Erscheinende begründet (W128,26-27).

Dem im Begründungszusammenhang der Erscheinung drohenden regressus ad infinitum, der schlechten Unendlichkeit, entkommt Hegel durch das Beleben der Struktur der Rückkehr, die er mit der Konzeption des Gesetztseins eingeführt hatte. Durch diese Konzeption relativiert sich die wesentliche Selbständigkeit des Erscheinenden. Sie kommt ihm nur deshalb zu, weil es durch anderes vermittelte „Rückkehr in sich selbst ist" (W128,18) – eine Rückkehr des Erscheinenden über Erscheinende in sich. Das Erscheinende kann mit dieser Bestimmung nur als Nichtiges oder als „Nichts" (W128,19) bewertet werden. Da es nur in einem Anderen besteht, erweist sich seine Existenzgrundlage als seine „Nichtigkeit" (W122,22).

Die Rückkehr der Erscheinenden nimmt sich daher als „Rückkehr des Nichts durch Nichts zu sich selbst" aus (W128,19-20). Diese Bewegung aber hatte die Wesenslogik zu ihrem Beginn als die Bewegung des Scheins wie auch des Wesens dargestellt.[217] Das Erscheinende vollzieht – wenn auch auf einer mit Sein angereicherten Ebene – die Bewegung des Scheins und des Wesens, wodurch sich seine Selbständigkeit als der „*wesentliche Schein*" zu erkennen gibt (W128,21). Der Unterschied zwischen beiden Ebenen zeigt sich darin, daß die „haltlosen Momente" des Scheins in der Erscheinung unmittelbare (W127,13-15), ja sogar wesentliche Selbständigkeit, erlangen.

Diese Analyse betrachtet Hegel als *negativen* Aspekt der Erscheinung, dem er einen *positiven* entgegensetzt (W128,28-30). Wenn ein Existierendes auf ein anderes zurückgeführt wird, das als Existierendes selbst wieder in einem anderen Existierenden begründet ist, so impliziert dies nach den obigen Überlegungen ein „*Gesetztsein*, das sich auf ein *Gesetztsein* bezieht". Das Existierende als Erscheinung „bezieht sich in seiner Negation oder in seinem Anderen, das selbst ein Aufgehobenes ist, *auf sich selbst*". In dieser mit sich identischen Struktur erblickt Hegel den *wesentlichen* „*Inhalt* der Erscheinung". Er präsentiert sich einerseits „in der Form des *Gesetztseins*" und andererseits als Identität mit sich (W129,2-6).

Die erste Komponente des Inhaltes der Erscheinung, die Seite „des negativen Daseins", ist „dem Übergehen, Entstehen und Vergehen unterworfen". Diese Seite, die Seite „des Vergänglichen", muß man als seinslogische Komponente ansehen. Ihr wird die

---

[217] Hegel unterscheidet zwischen der „*Bewegung von Nichts zu Nichts*" und der „Bewegung des Nichts zu Nichts". Die erstere ist eindeutig die Bewegung des Wesens. In der letzteren hingegen zeigt sich, weil Hegel den Schein mit dem Nichtigen identifiziert, das Wesen in einer Bestimmtheit oder der „absolute Schein" (W14,15-23).

wesenslogische Komponente gegenübergestellt, die Seite, die „jenem Wechsel" entnommen ist und die das „*Bleibende*" des Vergänglichen ausmacht (W129,6-15). Während die erste Komponente die Erscheinung in ihrer Verschiedenheit und Mannigfaltigkeit repräsentiert, enthält die zweite Komponente diese „Mannigfaltigkeit auf den *einfachen Unterschied* reduziert". Sie macht die „Reflexion der Erscheinung" aus (W129,12-19).[218] Beide Komponenten zusammen garantieren die „vollständige" Charakterisierung der Erscheinung. Trotz ihrer Heterogenität sind die Seiten untrennbar. Sie machen „Ein", wenn auch nur gleichgültiges, Bestehen aus. Diese gleichgültige Einheit zweier verschiedener Inhalte nennt Hegel „*Gesetz* der *Erscheinung*" (W129,20-35). Jede dieser Seiten, die Komponente der Vergänglichkeit – die „*Unmittelbarkeit* des Seins" – und die Komponente des Bleibenden oder des Gesetzes (W130,2-4) – die „reflektierte Unmittelbarkeit" – ist an die andere gebunden. Jede „*ist nur, insofern die andere ist*" (130,10-31).

Das Gesetz regelt die Erscheinung. Ohne Gesetze würde sich die Erscheinung als regelloses Gebilde oder, wie Hegel es formuliert, als haltlose Mannigfaltigkeit ausnehmen (W127,13-15).[219] Umgekehrt hätten die Gesetze ohne die empirische Vielfalt der Erscheinung nichts zu regeln. Erscheinung und Gesetz sind also so aufeinander angewiesen, daß keine Seite „für sich" sein kann (W130,29). Das Gesetz besteht nicht ohne Erscheinung, es befindet sich „nicht jenseits der Erscheinung" (W131,24), und die Erscheinung bewegt sich nicht ohne Gesetz, sonst wäre sie gesetzlos. Die Erscheinung insgesamt weist beide Elemente auf, „*das Gesetztsein des Einen*" ist „*auch Gesetztsein des Anderen*" (W129,27-28).

Das Gesetz besteht – wie die gesamte Erscheinung – aus zwei Seiten, die ebenfalls so zusammenhängen, daß „das Gesetztsein der einen Seite...das Gesetztsein der anderen" ausmacht (W133,20-21). In der Wissenschafts- und Philosophiegeschichte

---

[218] Der Ausdruck Reflex wird von Hegel in diesem Zusammenhang nicht verwendet. Man findet ihn jedoch bei der vorausgegangenen Diskussion von Ding an sich und Existenz (W110,26). Er geht möglicherweise auf Schelling zurück. F. W. J. Schelling: Fernere Darstellung aus dem System der Philosophie. Ausgewählte Werke, Schriften von 1801 – 1804. Darmstadt, 1968, S. 284/5.

[219] W161,4-5.

wurde immer wieder der Versuch unternommen, Erscheinung und Gesetz mit der inhaltlichen Differenzierung unwesentlich und wesentlich auseinanderzuhalten. Bei Hegel entfällt diese Perspektive zwar nicht, doch betont er mehr die Gemeinsamkeiten beider Seiten. Diese findet er über den Inhalt. „Erscheinung und Gesetz haben einen und denselben Inhalt" (W130,32-33). Diese Identität bildet die „Grundlage der Erscheinung" (W131,3-6). *Unter dem Aspekt des Inhalts* läßt sich der von Hegel gewählte Ausdruck Reflexion der Erscheinung durch Widerspiegelung der Erscheinung einigermaßen korrekt übersetzen. Dennoch verwendet Hegel den Ausdruck Widerspiegelung nicht wörtlich, vielmehr beschreibt er „das Reich der Gesetze" als „das ruhige Abbild der existierenden und erscheinenden Welt" (W131,26-27).[220]

Doch die Abbildthese erfährt eine deutliche Modifikation. Das Gesetz ist nicht in voller Allgemeinheit das Abbild der Erscheinung, sondern nur ihr ruhiges Abbild. Das Gesetz ist der „ruhige Inhalt der Erscheinung" (W132,13-14), nicht die Erscheinung selbst, denn diese wurde als das Fließende, Veränderliche, Vergängliche eingeführt. Diese fließende Komponente ist „nicht im Gesetz enthalten" (W132,8). Die Erscheinung besitzt insofern noch „einen anderen Inhalt" als das Gesetz (W132,2), sie „enthält noch mehr, nämlich den unwesentlichen Inhalt" (W131,8). Das Gesetz hingegen macht das Wesen der Erscheinung aus. Dasjenige, „wodurch die Existenz Erscheinung ist", ist das „Gesetz" (W131,21-23). Mit der Abbildtheorie und der Charakterisierung des Gesetzes – bleibend, ruhig und unbewegt zu sein – ist es nicht möglich, den „unruhigen Wechsel" der Erscheinung im Gesetz aufzuspüren (W132,13-15). Weil die „Seite der unruhigen Form oder der Negativität" sich nicht im Gesetz findet, ist die Abbildtheorie zu transzendieren (W132,19-20).

An Hand dieses Vergleichs von Gesetz und Erscheinung ergibt sich eine einschneidende Umwertung des Gesetzes. Galt das Gesetz zunächst als „*wesentliche* Erscheinung" (W131,35), so kann es wegen des an ihm festgestellten Mangels „nur die positive Wesentlichkeit" der Erscheinung ausmachen (W133,15-16). Welche Bedeutung dieser Umwertung beizumessen ist, ergibt sich, wenn man dem Zusammenhang der soeben angesprochenen Bestimmungen – Inhalt und Form – nachspürt. Üblicherweise wird He-

---

[220] Bei der Darstellung der Existenz begreift Hegel die Extreme als „widerscheinend" (W111,37).

gels Wissenschaft der Logik gegenüber der formalen Logik als inhaltlich ausgerichtete Theorie angesehen. Gegen diese Sichtweise ist nichts einzuwenden. Sie geht aber an der Sache vorbei, wenn die Betonung des Inhalts zu Ungunsten der Form ausfallen sollte. Hegels entscheidender Einwand gegen die formale Logik besteht nicht darin, daß diese mit zu viel, sondern mit zu wenig Form arbeite (MM19,239). Das Formelement in der Wissenschaft der Logik kann gar nicht hoch genug angesetzt werden. Hegel selbst bezeichnet seine Logik als „Wissenschaft der absoluten Form", allerdings mit dem Zusatz, daß diese Form eines Inhaltes bedarf, „welcher seiner Form gemäß sei" (MM6,267).

Die adäquate Relation von Inhalt und Form, „nach welcher die Inhaltsbestimmungen Momente der Form sind" und ineinander übergehen, ist bei dem Gesetz – wie es bisher entwickelt wurde – nicht gegeben (W133,17-18). Weil die Seiten des Gesetzes nur nebeneinander stehen, folgt die eine nicht aus der anderen. Unter spekulativem Aspekt sind die Seiten des Gesetzes damit lediglich verschiedene. Sie sind nur äußerlich miteinander „verbunden" und noch nicht aus der Perspektive der „Negativität" dargestellt. Hegel demonstriert diesen Vorwurf des gleichgültigen, äußerlichen Verhaltens dieser Komponenten zueinander am Beispiel des Fallgesetzes, in dem Raum und Zeit nur nebeneinander gestellt, nicht aber aufeinander bezogen sind (W132,24ff).

B. *Erscheinende und an-sich-seiende Welt*

Die Auffassung des Gesetzes als ruhigem Abbild der Erscheinung ändert sich, wenn man Gesetz und Erscheinung nicht in ihrer Verschiedenheit, in der sie gleichwertig nebeneinander bestehen, sondern in ihrer Gegensätzlichkeit betrachtet. Das Erscheinende als solches wurde eingeführt als das Ding oder das Existierende, das den Grund seines Bestehens in einem anderen Existierenden besitzt, auf das wiederum dieselbe Struktur zutrifft. Das Erscheinende ist somit generell Reflexion in Anderes. Gerade dieser Sachverhalt trifft – in seiner Ausschließlichkeit – auf das Gesetz nicht zu. Im Gesetz ist der reine Bezug auf Anderes unterbrochen und in eine Identität mit sich, in einen Selbstbezug umgebogen. Das Gesetz ist „nicht in ein Anderes, sondern in sich reflektiert". Dadurch ist aber das Gesetz das *„Andere der Erschei-*

nung", es bildet nicht nur die „Grundlage" der Erscheinung, es steht auch zu ihr im „Gegensatz" (W133,33-134,21).

Die Andersheit des Gesetzes gegenüber der Erscheinung als solcher war eigentlich von Anfang an klar. Sie ergab sich aus der von Hegel vorgenommenen Zuordnung, die das Gesetz unter das Bleibende und die Erscheinung unter das Wechselnde subsumierte. Daraus resultiert die Gegensätzlichkeit von Gesetz und Erscheinung als Gegensatz von Ruhe und Bewegung.[221] Die längst vorhandene Andersheit von Gesetz und Erscheinung wurde lediglich durch ihr Nebeneinander, durch die Betonung, daß beide „*Ein* Bestehen" (W129,28) oder eine „nur erst...*unmittelbare* Identität" (W131,39) ausmachen, kaschiert. Diese explizit vorhandene Andersartigkeit von Gesetz und Erscheinung wird nunmehr begrifflich exakt, an Hand eines „*Beweises*" (W134,39) zur Struktur des Gesetzes und seiner Seiten, adjungiert.

Das Gesetz muß als das Andere der Erscheinung angesehen werden, weil es über eine von ihr abweichende Reflexionsstruktur verfügt. Das Erscheinende ist in Anderes reflektiert, aber dieses andere ist ebenfalls ein Erscheinendes. Folglich ist das Erscheinende stests auch in Erscheinendes oder „*in sich reflektiert*". Diese „Reflexion des Gesetztseins" oder des Erscheinenden „in sich ist das Gesetz".[222] Die divergierende Reflexionsstruktur des Gesetzes gegenüber der Erscheinung zeigt sich also darin, daß die Erscheinung in Anderes, das Gesetz aber in Anderes und in sich reflektiert ist (W134,7-22). Mit dieser Auffassung des Gesetzes revidiert sich die obige Position hinsichtlich der Seiten des Geset-

---

[221] Neben der Identität und dem Unterschied greift Hegel damit zwei weitere der fünf obersten Gattungen des Seienden auf, die Platon im Sophistes erörtert. In diesem Dialog zeigt Platon u. a., daß die Bewegung an der Ruhe und die Ruhe an der Bewegung teilhat. Zu dieser Problematik bei Platon vergleiche man: B. Mojsisch, Platons Sprachphilosophie im ‚Sophistes'. In: Bochumer Studien zur Philosophie, Bd. 3, 1986, S. 35 – 62 sowie B. Mojsisch, Platon, Plotin, Ficino, ‚Wichtigste Gattungen – eine Theorie aus Platons ‚Sophistes'. In: Bochumer Studien zur Philosophie, Bd. 10, 1988, S. 19 – 38. Ferner: R. Rehn: Der logos der Seele. Hamburg, 1982.

[222] In dieser Fassung des Gesetzes, in der Hegel – im Gegensatz zu Wölfles These – auf die bestimmende Reflexion, also auf das erste Kapitel des ersten Abschnittes, zurückgeht, wird erneut die *Einheit der Wesenslogik* deutlich.

zes. Weil das Gesetz wegen seiner gedoppelten Reflexionsstruktur „negative Reflexion in sich ist, verhalten sich seine Seiten nicht nur als verschiedene" (W134,28-29).

Gesetz und Erscheinung differieren. Dennoch sind sie aufeinander bezogen. Die vorher nur Verschiedenen sind nunmehr „in ihrer negativen Einheit verschiedene" Komponenten (W135,2-4), wodurch sie, laut Definition, als Gegensätze ausgewiesen sind (W42,6-9). Hegel beschreitet also auch hier konsequent den spekulativen Weg. Gesetz und Erscheinung machen *als Andere* „*Ein*" gegensätzliches „Bestehen" aus. Das Gesetz vereinigt nicht nur verschiedene Seiten in einem neutralen Nebeneinander, sondern als negative Einheit oder als mit sich identisches Unterscheiden beinhaltet es „solche, deren jedes sein Anderes an ihm selbst enthält und zugleich als Selbständiges dies sein Anderssein von sich abstößt" (W135,4-6).

Damit ist der Defekt des Gesetzes, nur das ruhige Abbild der Erscheinung auszumachen, behoben, denn das Gesetz hat das „mangelnde Moment der negativen Form... gleichfalls erhalten" (W135,8-9). Bildete vorher die Erscheinung als solche gegenüber dem Gesetz dadurch, daß sie das Gesetz, aber darüberhinaus „das Moment der sich selbst bewegenden Form" enthielt, die „Totalität" (W132,19-23), so hat das Gesetz durch Integration des Negativen mit der Erscheinung gleichgezogen. Auch das Gesetz stellt das „Ganze" dar. Es umschließt, wenn auch reflektiert, die „Unwesentlichkeit" und bildet „die wesentliche Totalität der Erscheinung". Galt das Gesetz vorher nur als Reflexion der Erscheinung, so ist es durch die Aufnahme der „Veränderung" die „totale Reflexion" der Erscheinung. Diese Totalität nennt Hegel die „*an und für sich seiende*" oder die „*übersinnliche Welt*". Ihr stellt er die erscheinende oder die „*sinnliche*" bzw. die „*existierende Welt*" gegenüber (W135,15-136,2).

Durch diese Operation hat das Negative des Daseins, aber auf „reflektierte" Weise in das Reich der Gesetze Einzug gehalten. Weil zur ruhigen übersinnlichen Welt das Prinzip der sich selbst bewegenden Form adjungiert wurde, stellt die übersinnliche Welt nicht mehr das ruhige Abbild, sondern das vollständige Gegenbild der erscheinenden Welt dar. Die totale Reflexion der Erscheinung identifiziert Hegel mit der absoluten Negativität oder der Form (W136,23-25).

Die übersinnlichen Welt leistet das, wozu das Gesetz nicht imstande war: die spekulative Zusammennahme von Negativität und

Unmittelbarkeit, von Ansichsein und Erscheinung (W127,26-33). Bereits bei der Auflösung des Dings ergab sich ein Zusammen dieser Seiten als „Wahrheit der Existenz" (W122,16-22). Allerdings blieb bei der Darstellung der Existenz das Fundierungsverhältnis der zusammengenommenen Seiten unklar. Auch die Betrachtung des Gesetzes vermochte dieses Problem nicht zu lösen. Das Gesetz regelt nur die Erscheinung. Es ist auf ihren Inhalt angewiesen und muß ihn voraussetzen, da der Inhalt der Erscheinung von ihm *nicht gesetzt* wird. Hinsichtlich dieses Inhaltes galt: „für das Gesetz ist er ein Erstes, das nicht durch dieses gesetzt ist." Gesetz und Erscheinung waren daher „äußerlich... verbunden" (W132,4-6). Mit der übersinnlichen Welt wird nicht nur der unter spekulativen Gesichtspunkten vorhandene Defekt des Gesetzes abgeschafft. Sie liefert auch das fehlende Fundierungsverhältnis von Ansichsein und Erscheinung. Die übersinnliche Welt ist das zu Beginn der Wesenslogik eingeführte Wesen, das sich von sich unterscheidet bzw. sich von sich abstößt. Die Abstraktheit des Anfangs hat das Wesen überwunden, indem es sich als wesentliche oder übersinnliche Welt zum Produzenten der erscheinenden Welt macht. Das Wesen, das sich als Existenz zum wesentlichen Sein macht, wird übersinnliche Welt und diese „stößt sich ab in sich als die wesentliche Welt und in sich als die Welt des Andersseins oder die Welt der Erscheinung" (W136,25-29). Damit „ist die wesentliche Welt auch der setzende Grund der erscheinenden Welt" (W136,34-35).[223]

Auf diese Weise kristallisiert sich abermals die *Einheit* der Wesenslogik heraus. Hegel hat das anfängliche Paar von Negativität und Unmittelbarkeit so gestaltet, daß es auch an dieser Stelle das

---

[223] Wie Aristoteles, so ist auch Hegel der Ansicht, daß Platon „durch die Überzeugung von der Wahrheit der Heraklitischen Lehre" zur Ideenlehre gelangte (Aristoteles, Metaphysik 1078 b 12ff (1086 a 33ff)). Als platonische Ideen führt Hegel auf: „Sein, Erscheinen, Werden, Ruhe, Bewegung, Entstehen, Vergehen,... das Eine,... Nichtsein", „Sichselbstgleichheit und Anderssein". Im Dialog Parmenides sei deren „Einheit" nicht entfaltet, wohl aber in den Dialogen Philebos und Sophistes (MM19,69;81). Allerdings verteidigt Hegel Platon gegen den aristotelischen Vorwurf, die Ideen vom Sinnlichen abgetrennt und verselbständigt zu haben. Für die platonischen Ideenwelt gilt nach Hegel: „Sie ist nicht jenseits der Wirklichkeit, im Himmel, an einem anderen Orte, sondern sie ist wirkliche Welt" (MM19,39;54).

Geschehen beherrscht. Der Grund ist als Wesen die sich auf sich beziehende Negativität, die sich zum Begründeten, zum Gesetztsein, zum Unterschiedenen macht und dennoch ihre Identität mit sich wahrt. Diese für die Wesenslogik klassische, bisher jedoch nur unzureichend entwickelte Wesens- oder Grundbeziehung tritt in der Gestalt der wesentlichen Welt mit Inhalt erfüllt auf den Plan. Die wesentliche Welt oder die „absolute Negativität oder Form" (W136,23-25) „hebt...ihre Identität mit sich auf, macht sich zum Gesetztsein und ist als diese gesetzte Unmittelbarkeit die erscheinende Welt" (W136,34-38).

Die Reflexion oder die Negativität des Grundes war in der Existenz, genauer im Ding zunächst erloschen. Sie muß wieder entwickelt werden, wenn – gemäß dem Basisansatz der Wesenslogik – das Wesen sich ein adäquates Dasein verschaffen soll. Das Wiedergewinnen der Reflexion geschieht in der Erscheinung, doch die Ableitung des zum Wesen adäquaten Dasein läßt weiter auf sich warten (W136,6-7).[224] Das Gesetz ist Reflexion in sich, die zur Form oder zur Negativität erweitert auf neuer Ebene Gestalt gewinnt. Mit der wesentlichen Welt ist die „Wiederherstellung" des Grundes[225] vollzogen, allerdings auf der Ebene der *Erscheinung* (W137,15-16). Bei der Wiederherstellung des Grundes folgt Hegel – wie deutlich wurde – streng dem spekulativen Weg von der Identität über die Verschiedenheit und die Entgegensetzung zum Grund (W127,21-29).[226]

Die Wiederherstellung des Grundes erfolgt jedoch – weil sie sich auf der Ebene der *Erscheinung* vollzieht – in eingeschränkter Weise. Die wesentliche Welt ist nicht Grund „überhaupt" der

---

[224] Hegel spricht wohl von der daseienden Identität des Gesetzes (W140,9-10) und vom gedoppelten „*Dasein*" der absoluten Sache (W102,17-20).

[225] Die Wiederherstellung des Grundes erstreckt sich über die Stationen Eigenschaft (bedingter Grund), Gesetz (denn die „Existenz geht in das Gesetz als in ihren Grund zurück" (W131,31-32)) und wesentliche Welt (setzender Grund).

[226] Richli hat zu Recht darauf aufmerksam gemacht, daß der mittlere Abschnitt des Erscheinungskapitels nicht der äußeren Reflexion entspricht (Richli, a. a. O., S. 167). Dieses Faktum bestätigt noch einmal: die Wesenslogik kann nicht, wie Wölfle behauptet, mit Hilfe des stereotypen Musters von setzender, äußerer und bestimmender Reflexion komponiert sein.

erscheinenden Welt, sondern „ihr *bestimmter* Grund" (W136,39-137,1). Da beide Welten entgegengesetzte sind, hat sich der Grund als „aufgehobener" wiederhergestellt (W137,39). An diesen Sachverhalt hat Hegel die folgende Implikation geknüpft: Die „Identität" dieser entgegengesetzten Welten „ist wesentlich Werden und Übergehen, nicht mehr die Grundbeziehung als solche" (W138,1-3).[227]

Welche Intention verbindet Hegel mit dieser Aussage? Eine weiterführende Information liefert eine Passage zu Beginn des Kapitels über die „Wirklichkeit", in der Hegel die Wiederherstellung des Grundes noch einmal aufgreift. In dieser Passage formuliert er die Wiederherstellung des Grundes seinslogisch als „Bestimmung" im Sinne des Sollens. In der Realisierung dieses Sollens gilt für die Erscheinung: „so *wird* sie wesentliches Verhältnis" (W175,18ff).[228] Die noch ausstehende endgültige Wiederherstellung des Grundes — als Werden der fraglichen Identität (W127,30-33) — vollzieht sich nicht im engeren Gebiet der Erscheinung, sondern erst in ihrem abschließenden Kapitel, dem des wesentlichen Verhältnisses,[229] das zur Wirklichkeit überleitet. Erst mit der Wirklichkeit ist die endgültige Wiederherstellung des Grundes vollzogen (W175,20-24).[230]

C. Auflösung der Erscheinung

Hegels Logik versteht sich nicht nur als Abfolge von sich vertiefenden Definitionen des Absoluten, sondern auch als Theorie des endlichen Daseins, wobei freilich die letztere in die erstere eingebettet ist. In der Seinslogik wird das Dasein als in sich negiertes Sein begriffen. Die Wesenslogik hingegen deutet die dem Dasein

---

[227] Auf diese Implikation hat Richli hingewiesen (Richli, a. a. O., S. 167). Leider hält er sich mit seinen weiteren Ausführungen zu dieser Stelle zurück.

[228] Unterstreichung vom Verfasser.

[229] N. Hartmann begreift alle drei Stufen des wesentlichen Verhältnisses als Grund (N. Hartmann, a. a. O., S. 457). Ob dies tatsächlich für die Stufe der Teile und des Ganzen zutrifft, ist noch zu diskutieren.

[230] In der Beriffslogik erfaßt Hegel den Begriff als „*unbedingten Grund*", der sich seine Komponenten, „Sein und Wesen" „*unterworfen*" hat (MM6,263;MM8,304).

immanente Negation als Gesetztsein. Das endliche Dasein ist Gesetztsein, weil es den Grund seines Seins nicht sich selbst, sondern einem Anderen verdankt (W21,26ff). Diesen Punkt herauszustellen, obliegt nach Hegel jeder Philosophie. „Eine Philosophie, welche dem endlichen Dasein als solchem wahrhaftes, letztes, absolutes Sein zuschriebe, verdiente den Namen Philosophie nicht" (S157,10-13).

Die Ablehnung des Endlichen als letzter Instanz zieht sich wie ein roter Faden durch Hegels Philosophie. In der Wesenslogik arbeitet er diese Position dadurch heraus, daß er das Endliche, das er zunächst unter die seiende Unmittelbarkeit subsumiert, durch das Wesen begründet. Alles, was „*ist*, ist nicht als *seiendes Unmittelbares*, sondern als *Gesetztes*" (W67,5-6) und zwar als das vom Wesen gesetzte Unmittelbare zu betrachten (W105,16-18). Von Anfang an distanziert sich die Wesenslogik von der seienden Unmittelbarkeit durch das Gesetztsein oder die „reflektierte Unmittelbarkeit". Letztere artikuliert sich als Schein des Wesens (W9,34), weiterhin als „Bewegung" des Wesens (W14,12-13) oder als „Identität" des Wesens „mit sich". Da die Bewegung des Wesens sich als Unterscheiden seiner von sich gestaltet, ist die reflektierte Unmittelbarkeit nicht nur als Gesetztes, sondern als die vom Wesen produzierte Voraussetzung oder als der zur Identität gehörende Unterschied, „aus welchem" das Wesen in sich zurückkehrt, anzusehen (W29,12).

Will Hegel seine Intention, das Endliche als das vom Wesen Gesetzte auszuweisen, durchführen, so kann er die Trennung von seiender und reflektierter Unmittelbarkeit nicht durchhalten. Die seiende Unmittelbarkeit faßt daher nach ihrer anfänglichen Entwertung in der Wesenslogik wieder Fuß. Das Wesen ohne Sein ist lediglich das abstrakte Wesen. Um dieser Abstraktheit zu entgehen, macht sich das Wesen zum wesentlichen Sein und erscheint in den Dingen (W104,3-30). Aus diesem Grund sind den Dingen beide Arten von Unmittelbarkeit zu eigen (W114,1-3).[231] Das gemeinsame Vorkommen beider Arten von Unmittelbarkeit erstreckt sich jedoch nicht nur auf die Existenz, sondern auf die gesamte Erscheinung. Für die Erscheinung, so weit sie noch nicht entwickelt wurde, d. h. für das wesentliche Verhältnis, ist die Relation zwischen beiden Arten von Unmittelbarkeit erst zu entfalten. Denn das „*Ding* ist der Beginn der reflektierten Existenz; es ist ei-

---

[231] W130,10-15.

ne Unmittelbarkeit, die noch nicht *gesetzt* ist als wesentliche oder reflektierte; es ist aber in Wahrheit nicht ein *seiendes* Unmittelbares" (W136,8-11).

In der wesentlichen oder übersinnlichen Welt sind die Dinge „als wahrhafte Existenzen" „gesetzt", denn in ihr ist die seiende Unmittelbarkeit als letzte Instanz der Philosophie aufgegeben. Die seiende Unmittelbarkeit wird auf „reflektierte Existenzen" zurückgeführt (W136,11-22). Die eine Welt „sollte nur die reflektierte Existenz, die andere nur die unmittelbare Existenz sein" (W139,14-26). Dadurch, daß einerseits die unmittelbare Existenz oder die seiende Unmittelbarkeit in der reflektierten Existenz oder der übersinnlichen Welt begründet ist, andererseits die übersinnliche Welt oder die reflektierte Existenz selbst unmittelbare Existenz erhält, ist der „*Unterschied*" beider Welten „*verschwunden*" (W138,28-29). Die übersinnliche Welt erscheint. Umgekehrt hat die erscheinende Welt in der übersinnlichen Welt ihren Grund erhalten. Jede dieser beiden Existenzen oder Welten ist auf diese Weise *in* die jeweils *Andere reflektiert*. Aber jede der beiden ist auch mit sich identisch oder *in sich reflektiert*.

Das Absolute als Grund entläßt sich in die Existenz. Die „Existenz ist seine absolute Entäußerung" (W108,10-11). Dieser Prozeß wurde auf dem Wege der *Selbstaufhebung* des Grundes durchgeführt (W103,16-20). Aber das Absolute als Grund entläßt sich nicht nur in die Existenz, sondern auch in die Erscheinung. Dieser Akt vollzieht sich abermals auf dem Wege der *Selbstaufhebung* des – nunmehr zur wesentlichen Welt erweiterten – Grundes. Weil der Grund sich, wenn auch auf der Basis der Erscheinung, wiederhergestellt hat, kann Hegel auf den Übergang vom Grund in die Existenz zurückgreifen. Die wesentliche Welt zeigte sich zum einen als setzender Grund der erscheinenden Welt, zum anderen aber, weil sie das Prinzip der Bewegung oder die „Entgegensetzung an ihr selbst hat", als „aufgehobener Grund", woraus sich ihre „unmittelbare Existenz" in der Erscheinung ergibt (W139,13-18).

Das *einheitliche Konzept der Wesenslogik* tritt an Hand der vorliegenden Problematik erneut hervor. Über die Paare Wesen und Schein bzw. Negativität und Unmittelbarkeit entwickelt Hegel die widersprüchliche Struktur der absoluten Reflexion. Sie besteht darin, „*sie selbst* und *nicht sie selbst*" zu sein (W15,11-12). Als Selbstsein behauptet sie sich nur, wenn sie sich als ihr Negatives setzt (W17,17-18). Die nämliche Struktur taucht bei der Identität und beim Unterschied auf. An diesem widersprüchlichen Aufbau der entscheidenden Bestimmungen hält die Wesenslogik durchgängig fest. Auch die wesentliche Welt ist durch dieses Charakteristikum geprägt, denn Hegel bestimmt die wesentliche Welt vermittelst der Und-Aussage, „sie selbst und jene erste" (die erscheinende Welt) zu sein (W140,17).

Die „Natur der Reflexion" – sich zum mit sich identischen Gesetztsein zu machen (W34,32) – entfaltet nicht nur bei den Reflexionsbestimmungen ihre Wirksamkeit. Sie hält sich vielmehr durch bis zur Erscheinung (W130,39), dem realen Schein. Auf dieser Basis etabliert sie sich jedoch nicht mehr nur in den gegensätzlichen Reflexionsbestimmungen des Positiven und des Negativen, sondern als seinsträchtige „Totalität". „Was also vorhanden ist, ist diese Totalität, welche sich von sich selbst in zwei Totalitäten abstößt," in die „*reflektierte*" und die „*unmittelbare*" Totalität. Totalitäten sind die vormaligen Welten, weil jede von ihnen eine „unmittelbare" wie auch „in sich reflektierte" Existenz ausmacht (W140,17-19). Auf Grund der Struktur der Totalität, Ganzheiten darzustellen, hat sich in ihr das Element der Selbständigkeit aufbewahrt (W139,26-29). Das Wesen hat sich nunmehr als das „wesentliche Verhältnis" konstituiert (W141,15-17).

Beide Totalitäten bilden eine inhaltliche Identität, aber durch die Form sind sie, da „die eine... als die wesentliche und die andere als... gesetzte und unwesentliche" bestimmt ist, voneinander abgegrenzt (W137,9-14). Durch diese Differenz kommt den Totalitäten oder Seiten des wesentlichen Verhältnisses jeweils eine „unterschiedene Selbständigkeit" (W139,31-33), „und zwar die *seiende* Unmittelbarkeit und die *reflektierte* Unmittelbarkeit", zu (W140,34-36). Durch diese je „eigene Selbständigkeit beider Seiten" ist die „Form" des wesentlichen Verhältnisses charakterisiert (W141,38-142,1).[232]

Das wesentliche Verhältnis

Mit dem wesentlichen Verhältnis liegt die „Wahrheit der Erscheinung" vor (W140,33-34). Zum einen haben sich beide Welten als

---

[232] W154,31-32. Anstelle des Ausdrucks „eigene Selbständigkeit" verwendet Hegel auch die Formulierung „eigenes *unmittelbares* Bestehen" (W166,21-22).

Totalitäten und somit als *selbständige Existenzen* erwiesen. Zum anderen ist der als selbständig ausgegebene Inhalt dadurch relativiert (W141,1), daß jede der beiden selbständigen Existenzen nicht nur in sich, sondern auch in Anderes, genauer in ihr Entgegengesetztes (W141,26-27), reflektiert ist (140,16-19). Jeder Totalität kommt ein selbständiges Bestehen zu, und dennoch nimmt jede Sinn und Bedeutung aus der anderen (W141,8-12). Unter dem Aspekt des Wesens verhalten sie sich wie Positives und Negatives zueinander. Unter dem Aspekt des Seins stellen sie Mannigfaltigkeiten oder Welten und zwar „verkehrte" Welten dar (W141,26).[233] Wegen seiner Reflexion in Anderes verbleibt das wesentliche Verhältnis im Bereich der Erscheinung, denn die Reflexion in Anderes gilt als Charakteristikum der Erscheinung (W141,27-29).

Das Wesen hat sich auf dieser Stufe in *unterschiedenen* selbständigen Existenzen – den beiden Totalitäten – Bestehen gegeben (W139,31-32). Nach den letzten Ausführungen ist die reflektierte Totalität – die vormalige an und für sich seiende oder wesentliche Welt – als „reflektierte Selbständigkeit" (W135,31-37), die unmittelbare Totalität hingegen – die vormalige erscheinende Welt – als „unmittelbare Selbständigkeit" ausgewiesen.[234] Der „Begriff" des wesentlichen Verhältnisses gestaltet sich als Einheit dieser unterschiedenen Selbständigkeiten (W142,5-7). Die *Einheit der Wesenslogik* zeigt sich darin, daß sich die in sich reflektierte Selbständigkeit als *„einfache Form"* zum Gesetztsein macht. Sie reflektiert sich in Anderes, in die erscheinende Welt oder in die unmittelbare Selbständigkeit (W142,32-143,3).[235]

---

[233] Der Gebrauch des Ausdrucks „Welt" ist bei Hegel ambivalent. Einerseits benutzt er ihn als Ergebnis der Vereinigung des Gesetzes mit der „wesenlosen Mannigfaltigkeit" oder dem Moment der „Veränderlichkeit" (W135,28-32). Auf diese Weise stellt er eine Kombination von wesens- und seinslogischen Elementen dar. Andererseits begreift er ihn rein seinslogisch als „formlose Totalität der Mannigfaltigkeit" (W140,19-20). In der Seinslogik verwendet Hegel den Ausdruck „Welt" bei der Dialektik des Endlichen und Unendlichen (S138,22-36).

[234] W142,14-15;142,32ff;148,33. Je nach Problemlage greift Hegel auf andere Formulierungen, wie „seiende" und „reflektierte Unmittelbarkeit (W146,22;148, 35-36;154,31;166,22), unmittelbare und reflektierte Existenz (W142,29) oder reflektiertes und unmittelbares Bestehen (W150,20-21) zurück.

[235] W139,26-33.

Ein zentrales Thema der Wesenslogik besteht in der Frage nach dem „wahrhaft Selbständigen" (W142,22). Daß Hegel zwischen verschiedenen Formen oder Graden von Selbständigkeit unterscheidet, ergab sich bei der Diskussion des Wesens, des Positiven und Negativen sowie des Grundes. Das Problem der vielfältig strukturierten Selbständigkeit wird mit der Erscheinung erneut virulent. So wertet Hegel die aus den Eigenschaften bzw. Materien gewonnene Selbständigkeit mit den Worten ab: „solche Selbständigkeit ist längst... in die Erscheinung übergegangen" (W150,17-18). Ähnlich instruktiv verfährt er beim „Ding": „diese gleichgültige Selbständigkeit ist in der Kraft aufgehoben" (W151,4-5).

Die Realisierung der wahrhaften Selbständigkeit ist mit dem wesentlichen Verhältnis keinesfalls gegeben. Denn die auf dieser Stufe erreichte Selbständigkeit ist deutlich relativ. Zudem ergibt sie sich zunächst nur für die Seiten des wesentlichen Verhältnisses, nicht aber für es selbst als Identität seiner Seiten. Dies ist für Hegel auch der Grund, das wesentliche Verhältnis nicht als Substanz (W141,38-142,5), die das eigentliche wesenslogische Modell der Selbständigkeit repräsentiert, anzusehen.

A. Das Verhältnis des Ganzen und der Teile

Den ersten Versuch, das Verhältnis der beiden relativ Selbständigen zu begreifen, unternimmt Hegel mit der Relation des Ganzen und der Teile. Dabei ordnet er die reflektierte Selbständigkeit oder die wesentliche Welt dem Ganzen (W143,20), die unmittelbare Selbständigkeit oder die erscheinende Welt hingegen den Teilen zu (W143,8-11). Ganzes und Teile sind einerseits voneinander abgegrenzt, andererseits aufeinander bezogen. Sie bilden „Selbständigkeiten, aber so, daß jede die andere in ihr scheinen hat" (W143,12-13). Weil jede der beiden für sich besteht und trotzdem ohne die andere nicht gedacht werden kann, begreift Hegel diese Relation als widersprüchlich. Die äußere Reflexion versucht diesem „Widerspruch" durch Trennen der Hinsichten auszuweichen. Wenn die äußere Reflexion das Ganze als Selbständiges auszeichnet, so bildet dieses die „*Grundlage*", in der „die andere" Seite – die Teile – „nur Momente" sind. Bilden umgekehrt die Teile die „selbständige Grundlage", so existiert das

Ganze als "äußerliche Beziehung" oder als Moment (W143,14-35).[236]

Im Gegensatz zur äußeren Reflexion versucht Hegel gerade nicht einen Widerspruch abzuwehren. Vielmehr beabsichtigt er mit Mitteln der Wesenslogik einen Widerspruch zu entfalten. Überblickt man das Verhältnis von Teil und Ganzem bis zu dieser Stelle, so ist festzuhalten, daß Hegel den spekulativen Weg auf dieser Ebene noch nicht beschritten hat. Denn der soeben angedeutete Widerspruch setzt abrupt ein. Er wird nicht über die Stationen Identität, Unterschied etc. abgeleitet. Daher spricht Hegel vom unmittelbaren Widerspruch. Um den Widerspruch spekulativ abzuleiten, ist das Verhältnis von Teil und Ganzem "näher" zu betrachten (W143,35-36).

Die Struktur von Teil und Ganzem präsentiert sich als gegenseitiges Abhängigkeitsverhältnis. Die Selbständigkeit des Ganzen ist relativ, da es "an seinem Anderen", den Teilen "sein Bestehen" besitzt (W143,37-144,8).[237] Umgekehrt ergibt sich die nämliche Struktur für die Teile, denn ihre Selbständigkeit ist im Ganzen, mithin in einem anderen Selbständigen, verankert (W144,9-22).

Mit dem Verhältnis von Teil und Ganzem stellt sich daher eine Voraussetzungsstruktur als *gegenseitiges* Bedingtsein ein. Die "Beziehung *des Bedingten* und *der Bedingung*" ist für Hegel durch das Verhältnis von Teil und Ganzem insofern *"realisiert"*, als sie nicht mehr, wie das bei dem ersten Auftreten der Bedingung – beim realen Grund – der Fall war, eine lineare unendliche Kette darstellt. Die lineare unendliche Kette von Bedingtem und Bedingung, die sich im Zusammenspiel von Grund und Bedingung andeutete (W98,35-99,8), ist durch das *gegenseitige* Bedingen von Teil und Ganzem gesprengt. Durch die "Gegenseitigkeit" des Bedingens wird der unendliche Regreß zur "Rückkehr des Bedingens in sich selbst" umgestaltet.[238] Dadurch zeigt sich das

---

[236] Richli betont, daß Hegel beim Verhältnis von Teil und Ganzem nicht mit dem sich selbst voraussetzenden Grund arbeitet (Richli, a. a. O., S. 172). Siedelt man, wie N. Hartmann, auf dieser Stufe den Grund an, so muß man Grund als Grundlage deuten. Erst auf der Ebene der Kraft argumentiert Hegel mit dem Grund (W142,21-23).

[237] W144,21-22.

[238] Die auf der Basis der Rückkehr erreichte Gegenseitigkeit wird bei der Wechselwirkung relevant (W208).

„*ganze Verhältnis*" als das „Nicht – Relative" oder „das Unbedingte" (W144,23-39). Das Bemühen der äußeren Reflexion, die Seiten zu isolieren, übersieht deren gegenseitiges Bedingtsein. Die äußere Reflexion verfehlt daher die Struktur des Unbedingten.

Vom *absolut* Unbedingten freilich, das sich in die Äußerlichkeit des Seins hinauswarf, seine Form in ihr versenkte, um diese Unwesentlichkeit wieder von sich abzustreifen, ist das beim Verhältnis von Teil und Ganzem auftretende Unbedingte vor allem dadurch entfernt, daß ihm die Dynamik des absolut Unbedingten mangelt.

An Hand des dem ganzen Verhältnis zugrundeliegenden Unbedingten scheint sich die gesuchte – als Identität der Seiten realisierte – Selbständigkeit zu ergeben (W145,1-3).[239] Weil „nichts im Ganzen" ist, „was nicht in den Teilen" ist und umgekehrt, gilt unter dem Aspekt der Identität der Seiten: „*das Ganze*" ist „*den Teilen und die Teile*" sind „*dem Ganzen gleich*" (W145,8-10). Analysiert man jedoch diese Identität, so erweist sie sich als vordergründig oder als „Tautologie". Weil die Teile das „*Anderssein*" des Ganzen beinhalten, ist das Ganze nicht den Teilen „als Teilen", sondern nur sich selbst gleich. Die entsprechende Tautologie erhält man, wenn man von den Teilen ausgeht (W145,17-36). Auf diese Weise verhält sich das „Ganze... gleichgültig... gegen die Teile" (W145,39-146,1) und umgekehrt (W146,8-9).

Durch diese Überlegungen wird deutlich: erst mit Erreichen des gegenseitigen Bedingungsverhältnisses, des Unbedingten, wird der eigentlich spekulative Weg beschritten. Denn nun ist „eine Identität beider" Seiten vorhanden, die in zwei tautologische Identitäten *zerfällt* (W145,3-38). Weil Teil und Ganzes als abstrakte Selbstbezüglichkeiten oder tautologische Identitäten konstituiert haben, ergibt sich in der Relation von Teil und Ganzem eine deutliche Strukturgleichheit zur Reflexionsbestimmung der Verschiedenheit – mit der Differenz freilich, daß die Verschiedenen sich nunmehr als „selbständige Existenzen" gesetzt haben (W145,5-6). Um die Strukturgleichheit von Teil und Ganzem zur Verschiedenheit zu unterstreichen, greift Hegel nahezu wörtlich auf die damaligen Formulierungen zurück. Ganzes und Teile „fallen... gleichgültig auseinander" (W145,37-38).[240] Auch die Kon-

---
[239] W145,14-16.
[240] W37,25;41,21.

sequenzen werden mit Hilfe derselben Formulierungen dargelegt. Denn für die Teile wie auch dür das Ganze stellt Hegel fest: „Aber so auseinandergehalten, zerstören sie sich selbst (W145,38-39).[241]

Im Zuge dieses Zerfallsprozesses werden der Widerspruch und der Grund als weitere Stationen des spekulativen Weges passiert (W146,23-24). Die Zerstörung der auseinandergehaltenen Seiten ergibt sich auf dem Wege des Widerspruchs. Weder die Teile noch das Ganze können als „*für sich*" bestehende Identitäten gelten. „Jede hat daher ihre Selbständigkeit *nicht* an ihr, sondern an der anderen" (W146,13-15).[242] Dieser — bereits im Anschluß an die Kritik der äußeren Reflexion — gewonnene Sachverhalt (W143,36-144,22) wird als spekulativer Anteil der Verschiedenheit in die Voraussetzungsstruktur des Unbedingten eingebaut. Denn das fragliche Andere der nunmehr als verschieden eingestuften Seiten fungiert als „ihr vorausgesetztes Unmittelbares" (W146,15-16).[243]

In diesem gegenseitigen Voraussetzen ist es unmöglich, eines der beiden so als Erstes anzusetzen, daß mit ihm der Anfang gemacht werden könnte (W146,16-19).[244] Das vorausgesetzte Unmittelbare, „das Erstes und... Anfang sein *soll*", „ist selbst nur ein solches, das nicht Erstes ist, sondern" das „an den Anderen seinen Anfang hat" (W146,12-19). Unter diese Struktur fällt sowohl die reflektierte als auch die unmittelbare Selbständigkeit, die Hegel, da sie beide Unmittelbarkeiten ausmachen, als reflektierte und seiende Unmittelbarkeit registriert. Wegen ihrer Strukturgleichheit bilden sie eine Einheit. Da die Reflexion und das Sein gegenseitige Negationen darstellen,[245] geht diese Einheit als widerspruchsvolle in ihren „Grund" zurück. Dadurch aber ist diese Einheit negativer Selbstbezug, der sich zum Anderen seiner selbst, zur „seienden Unmittelbarkeit", „macht". Letztere wiederum wurde bereits als „aufgehobene" nachgewiesen (W146,21-31). Weil sich keine Seite als Anfang ausweisen läßt, bleibt nur die *Bewegung* des gegenseitigen Bedingens oder Voraussetzens

---

[241] W38,4-5.
[242] Eine ausführliche Analyse des Widerspruchs beim Ganzen einerseits wie auch bei den Teilen andererseits liefert Richli; a. a. O., S. 171
[243] MM6, 170.
[244] W146,28-33.
[245] W71,9;188,7ff;190,20-192,10;210,20-23.

beider Seiten. Wie die gegenseitige Voraussetzungstruktur von Form und Materie (W76,20ff) sowie von Grund und Bedingung (W98,29ff) auf einen tieferen Grund verweisen, so deutet auch das gegenseitige Bedingen oder Voraussetzen von Teil und Ganzem auf eine tiefer gelegene negative Einheit als „Wahrheit des Verhältnisses" hin (W146,20-21).

Die Modellierung des wesentlichen Verhältnisses durch die Relation von Teil und Ganzem erweist sich damit als unzureichend. Zum einen beantwortet sie die Frage nach der „Einheit des Ganzen" mit äußeren „Formbestimmungen". Zum anderen unterschlägt sie die Dynamik der zuletzt diskutierten Voraussetzungsstruktur. Auf Grund der in ihr vorherrschenden Dynamik verwendet Hegel den Begriff der Kraft zur Definition dieser negativen Einheit. Er dient als nächstes Modell des wesentlichen Verhältnisses (W148,25-31). Die reflektierte Totalität, die als setzender Grund der erscheinenden Welt auftrat, ist nicht mehr nur als Ganzes, sondern als Kraft aufzufassen (W142,20-23).

B. *Das Verhältnis der Kraft und ihrer Äußerung*

Für Hegel stellt die Relation Teil – Ganzes ein totes, mechanisches, gedankenloses Verhältnis dar, „auf welches die Vorstellung zunächst verfällt" (W148,22-23). Im Kraftbegriff sind die reflektierte und die unmittelbare Selbständigkeit nicht mehr als „für sich" seiende selbständige Seiten, sondern „als Aufgehobene oder als Momente gesetzt" (W148,32-35). Die Kraft unterliegt der Bestimmung, „*in ihre Äußerung*" überzugehen und umgekehrt „das Äußerliche" zu dem Verschwindenden zu degradieren, das von ihr lediglich „getragen" wird (W149,1-6). Die so konzipierte negative Einheit[246] begreift Hegel als den aufgelösten Widerspruch der Teile und des Ganzen (W148,20-21). Mit der Kraft scheinen die Voraussetzungen für die beim Teil und Ganzen nicht gegebene Selbständigkeit *als Identität der Seiten* vorhanden zu sein.

Auf dem Hintergrund der negativen Einheit diskutiert Hegel das Fundierungsverhältnis von Ding und Kraft. Kann das Ding „als das Erste", und die Kraft, als dem Ding „angehörig" und so-

---

[246] Richli verweist darauf, daß Hegel, im Gegensatz zur Darstellung des Gesetzes, bei der Darstellung der Kraft mit einer negativen Einheit beginnt. Richli, a. a. O., S.172.

mit als das Sekundäre aufgefaßt werden? So gesehen besäße die Kraft in dem Ding eine „Voraussetzung" (W149,20-32). Auf Grund der genetischen Exposition der Kraft muß Hegel eine derartige Position verwerfen. Wie so oft in der Wissenschaft der Logik qualifiziert er bestimmte Fragestellungen als falsch ab. Die Frage, „wie das Ding oder die Materie dazu komme, eine Kraft zu haben", gehört in diese Kategorie, denn sie zwingt dem Ding die Kraft als „fremde Gewalt" auf (W149,32-37). Weder das Ding noch die Materie kann als Fundament oder Grundlage der Kraft gelten (W150,14-19).

Das Fundierungsverhältnis von Ding oder Materie einerseits und Kraft andererseits muß auf Grund der Exposition des Kraftbegriffs genau anders herum gesehen werden. Die Wesenslogik beschreibt Kraft als „Setzen der Äußerlichkeit" (W150,15-16). Die Kraft ist „*tätig*" (W150,26) und ihre „Tätigkeit... besteht darin, *sich zu äußern*" (W154,16-17) oder „zur existierenden äußerlichen Mannigfaltigkeit *aus sich selbst* zu werden" (W150,32-34).

Die Heterogenität der Seiten des wesentlichen Verhältnisses, die mit dem Modell der Teile und des Ganzen vorlag, ist mit dem Modell der Kraft überwunden. Dies geschah dadurch, daß die Kraft als sich negierende, „mit sich identische positive ...Reflexion" auftrat. Um die überwundene Heterogenität und den dynamischen Zusammenhang der Seiten zu unterstreichen, greift Hegel zu metaphorischen Sprachmitteln. Anders als beim Ding, bei dem die verschiedenen Eigenschaften oder Materien sich nicht „berühren" (W122,3-4),[247] berühren sich bei der Kraft die Gegensätze. Denn durch die Äußerung dieser negativen in sich reflektierten Einheit (W150,13-14) ergibt sich eine „Berührung solcher, deren das eine ist, insofern das andere nicht ist" (W150,23-24).

Bei der Frage nach der *Einheit der Wesenslogik* wurde mehrfach hervorgehoben, daß Hegel die zentralen Bestimmungen der Wesenslogik in ihrer widersprüchlichen Struktur darstellt. Die widersprüchliche Struktur, die in aller Deutlichkeit erstmals bei der absoluten Reflexion – sie selbst und nicht sie selbst zu sein – hervortrat, arbeitet Hegel auch bei der Kraft heraus. Die Kraft erwies sich zwar als der aufgelöste Widerspruch der Teile und des Ganzen, dennoch bleibt sie selbst nicht vom Widerspruch verschont. Weil die Kraft als in sich reflektierte, jedoch sich äußern-

---

[247] Phän 91;105.

de Einheit dargelegt wurde, zeigt sie sich als widersprüchlich. In dieser Dynamik ist sie der „sich von sich selbst abstoßende Widerspruch" (W150,25-26). Sie beinhaltet die „reflektierte Einheit und ebenso wesentlich die *Negation derselben*" (W150,36-37).[248] Komplettiert wird diese Parallele zur absoluten Reflexion dadurch, daß Hegel die fragliche Negation erstens als unmittelbare „*Voraussetzung*" (W151,1-2) der reflektierten Einheit – nunmehr der Kraft – bestimmt,[249] „gegen" die sie zweitens „tätig ist" (W152,9) und zwar als „Aufheben jener ihrer Negation" tätig ist (W152,6). Damit liegt die Struktur der absoluten Reflexion vor, in der erstens das sich negierende Wesen sich als Unmittelbarkeit voraussetzt, um zweitens durch Aufheben dieses Negativen oder dieser Vorausetzung mit sich identisch zu sein.

In dieser Parallele zwischen Wesen und Kraft machen sich wiederum unübersehbare Differenzen geltend. Denn das Wesen hat sich in den *Bedingungen* als äußerliches Dasein oder äußerliche Unmittelbarkeit vorausgesetzt (W96,29ff). Folglich wird die oben eingeführte „Negation" der Kraft positiv als eine der Kraft „äußerliche Unmittelbarkeit" gefaßt, auf welche die Kraft, durch ihre Natur sich zu äußern, „wesentlich bezogen" ist (W150,38-151,1).[250] Diese äußerliche Unmittelbarkeit begreift Hegel nicht nur als Voraussetzung, sondern auch als *Bedingung* der Kraft (W151,1-2). Die als Bedingung der Kraft aufgespürte äußerliche, „selbständige Unmittelbarkeit" kann nicht mehr nur als Ding angesehen werden (W151,4-5), denn nach der nunmehr erklommenen Stufe der Wesenslogik ist das Ding nichts anderes als eine unmittelbare Existenz, in der sich die Kraft negiert oder voraussetzt. Weil das Ding als Kraft begriffen werden muß, ist damit die „*voraussetzende Tätigkeit*" der Kraft durch eine „*andere Kraft*" bedingt (W151,23-29).

Die spekulative Methode, das mit sich Identische über das Verschiedene zum Widerspruch zu treiben, wurde bei der vorliegenden Problematik von Hegel kaum angewendet. Der von ihm konstatierte sich von sich selbst abstoßende Widerspruch wird nicht entwickelt, er tritt mehr oder minder überraschend hervor (W150,25-26). Erst bei der Analyse der widersprüchlich dargestellten Kraft – die reflektierte Einheit und deren Negation auszu-

---

[248] W150,20-24.
[249] W151,25-26.
[250] W152,2-3.

machen – greift Hegel wieder auf die spekulative Methode zurück. Die reflektierte Einheit und deren Negation sind einerseits „verschieden" andererseits aber, weil sich die Kraft in ihrer Negation gerade selbst voraussetzt, identisch (W150,36-38). Vergleicht man diese beiden Aspekte der Spekulation, *Identität* und *Verschiedenheit*, wie sie von der Kraft und vom Verhältnis des Ganzen und der Teile repräsentiert werden, so ergibt sich folgende Differenz. Während beim Verhältnis von Teil und Ganzem sich jede Seite nur auf sich bezog (W145,38), gilt nun: Es sind „verschiedene" Kräfte, die im Verhältnis stehen, „in welchem jede Seite dasselbe ist als die andere". Diese jedoch nur „*innere*... Einheit" ist in der Folge zu entfalten (W151,11-16).

Ein erster Schritt zur Entwicklung dieser Einheit wird dadurch vollzogen, daß Hegel ein *gegenseitiges* Voraussetzen der verschiedenen Kräfte konstatiert. Weil jede Kraft in sich reflektiert ist, setzt sie die ihr eigene „Äußerlichkeit nicht in ihr selbst, sondern als andere Kraft" (W151,30-36). Das Äußerliche aber ist das Nichtige, das sich selbst aufhebt und das von der Kraft aufgehoben wird. Gerade so wurde das Verhältnis von absoluter bzw. setzender Reflexion und Unmittelbarkeit gefaßt. Das von der Kraft aufgehobene Äußerliche zeigt sich daher als „*ihr* Äußerliches". Sie integriert das Äußerliche als ein solches, das sie veranlaßt, aktiv zu werden. Das Äußerliche ist der von ihr selbst gesetzte „*Anstoß*",[251] der im Hinblick auf das gegenseitige Bedingen als gegenseitiger Anstoß zu sehen ist. Durch die Einführung des Anstoßes wird die Kraft keineswegs zur „Passivität" verurteilt, vielmehr gilt: „der Anstoß *sollizitiert* sie nur" sich zu äußern (W152,1-16).

Dem „*Begriff*" nach stellt die Kraft *eine* mit sich identische selbstbezügliche Negativität dar. In der „*Realität*" jedoch haben sich *zwei* Kräfte ergeben, die sich gegenseitig anstoßen (W152,17-32). Auf Grund dieser „Wechselbeziehung" ist es weder durch „Vergleichung" noch durch eine Analyse der einzelnen Kräfte möglich, ein Entscheidungskriterium aufzustellen, das festlegt, welche Kraft sollizitiert und welche sollizitiert wird. Viel-

---

[251] Mit dem Ausdruck „Anstoß" knüpft Hegel zu Beginn der Wesenslogik explizit an Fichte an. Hegel deutet dort den Anstoß als unmittelbare „Bestimmtheit im Ich", deren „Äußerlichkeit" das Ich „zu der seinigen macht", indem es sie „aufhebt" (W10,39-11,8). Im Umkreis der Erörterung der Kraft unterbleibt eine explizite Bezugnahme auf Fichte. Vgl. J. G. Fichte, a. a. O., S. 210ff.

mehr kommen diese „Formbestimmungen" jeder Kraft zu (W152,33-153,17).

Die „voraussetzende Reflexion" der Kraft zeigt sich als „zurückkehrende Reflexion". Ihre Tätigkeit besteht in der reagierenden[252] Aktivität „*gegen sich*" (W154,2-5). In „Wahrheit äußert" die Kraft somit in ihrer Wechselbeziehung, „dies, daß ihre Beziehung auf Anderes ihre Beziehung auf sich selbst ist, daß ihre Passivität in ihrer Aktivität selbst besteht" (W154,20-22). Die *Einheit der Wesenslogik* bleibt auch bei der Bestimmung der Kraft gewahrt. Wie zu Beginn der Wesenslogik sich das Wesen über den Schein oder über seine Negation mit sich vermittelt (W12,11-13), so ist auch die Kraft durch ihre Äußerlichkeit, durch „ihre Negation vermittelt". Die Negation zur Äußerlichkeit wird durch die Innerlichkeit, die Kraft selbst, repräsentiert. Was die Kraft daher in Wahrheit äußert ist dies, „*daß ihre Äußerlichkeit identisch ist mit ihrer Innerlichkeit*" (W154,26-28).

Wenn auch der Kraft nach diesen Überlegungen keine dingliche oder materielle Voraussetzung zukommt, so bedeutet dies keineswegs, daß sie voraussetzungslos aus sich selbst anzufangen imstande wäre. Das sich Äußern der Kraft „ist vermittelt durch ihr Anderes", durch ihre „*Bedingung*; ihre negative Beziehung auf sich", ihr Selbstanfang „hat eine Voraussetzung, von der sie *sollizitiert* wird" (W149,13-18). Damit wird ein gravierender Unterschied zwischen der Aktivität der Kraft und „Aktuosität" der Ursache deutlich. Beide kennzeichnet Hegel als negativen Selbstbezug, doch der Selbstbezug der Ursache ist an keine derartige Voraussetzung gebunden, wie sie mit der Kraft vorliegt.[253] Aus diesem Grund kann die Kraft nicht wie die absolute Ursache als causa sui verstanden werden.[254]

---

[252] In den Vorlesungen zur Geschichte der Philosophie heißt es im Hinblick auf Fichte: Die Tätigkeit des Ich „reagiert" gegen den von ihr vorgefundenen „Anstoß" (MM20,399).

[253] Hegel ist daher mit Herders Ansatz, „Gott als Kraft aufzufassen", nicht einverstanden (MM8,270). Auch Bonhoeffer bezieht gegen einen derartigen Gottesbegriff Stellung. D. Bonhoeffer: Wer ist und wer war Jesus Christus? Hamburg, 1962, S. 28.

[254] W196,37-39;149,14-18. „Die Kraft ist nicht wie die Ursache Tätigkeit durch sich selbst, sondern sie muß durch ein Anderes sollizitiert werden, nämlich durch einen Reiz, der zwar selbst in ihr liegt, jedoch als ein Äußeres" (Good:129,550-553).

Die Bewegung der Kraft beschreibt Hegel als *Übersetzung*. Er proklamiert damit eine Form der Bewegung, die er als wesenslogische explizit von der seinslogischen Form des Übergehens abgrenzt. Die entwickelte „Bewegung der Kraft ist nicht sosehr ein *Übergehen*, als daß sie sich selbst *übersetzt* und in dieser durch sie selbst gesetzten Veränderung bleibt, was sie ist" (W149,10-12). Das Phänomen des Sich-Übersetzens trifft nicht allein auf die Kraft zu, da Hegel es beim Positiven und beim Negativen (W52,33-5),[255] bei der Substanz (W193,13), bei der absoluten Ursache qua Substanz (MM6,248) und schließlich beim Zweck (MM6,454) zur Beschreibung spekulativer Sachverhalte heranzieht.

Auf dem Hintergrund der Struktur der Kraft als Übersetzen ihrer selbst in die Äußerlichkeit erweist sich der Unterschied ihrer Seiten als „leerer durchsichtiger Unterschied" oder als Schein. Damit stellt sich eine neue Selbständigkeit ein, die Hegel als das „selbständige Bestehen" begreift (W155,1-9). Gegenüber der Seinslogik, in der das sich Verändernde als Endliches in letzter Konsequenz als Vergehendes erfaßt wird, liegt mit der „Äußerung der Kraft" ein „Anderswerden" oder eine Form der Veränderung vor, in der sich das Verändernde „erhält" (W149,9).

Im Kraftbegriff haben die gegensätzlichen Elemente eine nicht zu übersehende Stabilität gewonnen. Während sich zu Beginn der Seinslogik die Entgegengesetzten, Sein und Nichts, aufheben und in ihr Gegenteil übergehen (S100,9-27), gilt auf der Basis der Kraft: „Es sind nicht nur entgegengesetzte Bestimmungen, die sich an ihnen selbst aufheben" (W155,9-11). Vielmehr ist durch das Sich-Übersetzen der Kraft „das Übergehen... ebensosehr die sich setzende Rückkehr in sich" (W155,15-17). Damit ändert sich der Status der Selbständigkeit im wesentlichen Verhältnis. Während beim Ganzen und den Teilen jeder Seite eine eigene Selbständigkeit – die reflektierte und die seiende Unmittelbarkeit

---

[255] Gegenüber dem Positiven und dem Negativen liegt mit der Kraft eine qualitativ andere Art des Übersetzens vor. Denn das Positive und das Negative haben sich zur erscheinenden und zur wesentlichen Welt und damit zu entgegengesetzten Totalitäten entwickelt, in welche die seinslogische Kategorie der Veränderung aufgenommen wurde. Dadurch integriert der auf diesen Totalitäten basierende Kraftbegriff in ganz anderem Maße seinslogische Elemente als dies bei dem Verhältnis des Positiven und des Negativen der Fall ist.

– zukommt, bilden im Kraftbegriff diese Seiten eine „negative Einheit" (W154,30ff). In der negative Einheit der Kraft, die aus der Negation des Verhältnisses von Teil und Ganzem resultiert (W146,20-21), wird die seiende Unmittelbarkeit „Moment der" reflektierten Unmittelbarkeit, wodurch sich die wahrhafte Selbständigkeit des Grundes als Beziehung der seienden und der reflektierten Unmittelbarkeit ergibt (W142,14-23).[256]

Mit dem Grund stellte sich das Prinzip der Form ein. Die Dialektik von Form und Grund führte zur Existenz, in der sowohl die Form als auch der Grund als aufgehobene Bestimmungen fungierten. Um die Restitution beider Prinzipien dreht sich die Erscheinung. Die Existenz, die „aus dem Grunde hervorgegangene Unmittelbarkeit,... hat die Form noch nicht an ihr gesetzt". Erst „indem sie sich formiert" wird sie Erscheinung (W161,6-9). Ähnlich verhält es sich mit dem Grund. Auch er erfährt in der Erscheinung eine Wiederbelebung, jedoch eingeschränkt, als Grundbeziehung der Erscheinung oder als aufgehobener Grund, nämlich als Grundbeziehung entgegengesetzter Welten (W137,16-138,1). Beide Welten stellen „*Totalitäten des Inhaltes*" dar, von denen die erste „in *anderes*" und die zweite „*in sich*" reflektiert ist (W161,12-13). Um die schrittweise „Vereinigung" dieser Formunterschiede, so daß sie sich auf „vollkommene" Weise durchdringen, handelt es sich beim wesentlichen Verhältnis (W105,8-10).[257]

Die Durchdringung der Gegensätze ist beim Verhältnis von Teil und Ganzem nicht gewährleistet, denn jedes der beiden ist nur auf sich bezogen, in sich reflektiert oder für sich. Ihre Reflexion in ihr Anderes erweist sich als unterentwickelt, sie ist erst einzulösen (W145,37ff). In der Relation der Kraft ist das Fürsichsein der Seiten, dadurch daß sie in ihr den Status von Momenten erlangt haben, zwar eingeschränkt, letztendlich aber nicht aber beseitigt. Beide Seiten der Kraft sind inhaltlich identisch, dennoch kommt jeder Seite der Form nach ein „eigenes...Bestehen" – die seiende und die reflektierte Unmittelbarkeit – zu. Dieses eigene Bestehen der Seiten unter formellem Aspekt beansprucht zunächst auch für das Innere und Äußere Relevanz (W166,16-21). Allerdings ereignet sich in der Dialektik des Inneren und Äußeren ein endgültiges

---

[256] W149,3-5;154,31-155,20;166,12-26.

[257] Hegel spricht von der „Form der Reflexion-in-sich" und von der „Form der" Reflexion „in Anderes" (W156,4-6).

Aufheben der vorhandenen „Ungleichheit" der Seiten unter dem Gesichtspunkt der Form (W142,24-26). Zur schon vorhandenen inhaltlichen Gleichheit oder Durchdringung der Seiten wird sich „*eine Identität der Form*" (W161,14-17) und damit die „Vollendung" der „Formeinheit" ergeben (W140,29).

C. Verhältnis des Äußeren und Inneren

Zur Durchführung der Dialektik des Inneren und Äußeren muß Hegel auf die Bestimmung des Grundes zurückgehen, da diese Struktur mit der Kraft abermals virulent wird (W149,5).[258] Wegen der deutlich fortgeschrittenen Integration der Seins- in die Wesenslogik, stellen die Partien des Inneren und Äußeren alles andere als eine Wiederholung der Problematik des Grundes dar. Inneres und Äußeres führt die Wissenschaft der Logik als Formunterschiede ein, die an ein und demselben Inhalt Bestehen besitzen (W161,14-18).[259] Indem Hegel das Innere als „Form der *reflektierten Unmittelbarkeit*" begreift (W155,18-19), knüpft er sowohl an das Ganze (W146,22ff), als auch an die Kraft (W150,27-28) an.[260] Allerdings erfährt dieses Vorgehen insofern eine Verallgemeinerung, als er sofort das Innere zur Form „des Wesens" deklariert. Ihr wird – in Anlehnung an die seiende Unmittelbarkeit – das „Äußere als die Form des *Seins*" gegenübergestellt.

Weil der Inhalt der Kraft darin besteht, ihr Inneres zu äußern,[261] wird der Kraftbegriff durch die Dialektik des Inneren und Äußeren abgelöst. Nach dem Vorangehenden bilden Inneres und Äußeres eine *inhaltliche Identität*. Hegel sieht diese Identität als „inhaltsvolle Grundlage" oder als „absolute Sache",[262] an der die

---

[258] W142,22-23.

[259] W163;1-9;166,19-26.

[260] Dabei ergeben sich in der Diktion zuweilen geringfügige Modulationen.

[261] W154,27-28;166,18-20.

[262] Zu dieser Sache liefert Hegel eine Beschreibung, die das zur Abgrenzung von Wesens- und Seinslogik verwendete Bild des Übersetzens ergänzt. Denn das Innere wird nunmehr als solches gesehen, „das ebensosehr äußerlich wird, aber darin nicht ein Gewordenes oder Übergegangenes, sondern sich selbst gleich ist" (W155,18-26). Bereits

verschiedenen Formen äußerliche Momente ausmachen. In der Sache stellen – dem Inhalt nach betrachtet – Inneres und Äußeres eine „sich durchdringende Identität" dar, außerhalb des Inhaltes, „als Formen der Sache", verhalten sich Inneres und Äußeres gegen diesen Inhalt und gegen sich selbst gleichgültig. Die Sache nimmt sich so selbst nur als Inneres aus, das von ihren Formen „verschieden" ist (W155,23-39).

Weil die Formbestimmungen, Äußeres und Inneres, auf diese Weise „nicht an ihnen selbst, sondern an einem Anderen eine... Grundlage" besitzen, sinken sie zu für sich seienden „Reflexionsbestimmungen" herab (W156,1-6). Diese Situation aber wurde längst überschritten, denn die Reflexionsbestimmungen mündeten in die Formbestimmungen (W69,37-70,11). Der Rückfall verträgt sich zudem nicht mit dem in der Kraft erreichten Entwicklungsstand des wesentlichen Verhältnisses, in dem „das voraussetzende und das in sich zurückkehrende Bestimmen" identisch sind (W156,7-10). Inneres und Äußeres sind auf Grund des entwickelten Kraftverhältnisses als identische Seiten des wesentlichen Verhältnisses anzusehen. Diese *Identität* kann jedoch nur, weil sich die Seiten als verschiedene, ja sogar entgegengesetzte Formen der Sache herausschälen, als unmittelbarer Übergang einer *Form* in ihre entgegengesetzte gedacht werden. Keine der beiden Formen gibt die „reale Totalität des Ganzen" wieder, sondern lediglich die „Totalität oder die Sache" unter dem Gesichtspunkt der Form (W156,21-27).[263]

---

in der Seinslogik sah sich Hegel – bei der Erzeugung der „vielen Eins" – mit der Aufgabe konfrontiert, Bewegungsabläufe darzustellen, ohne auf das Werden zurückzugreifen. In der Begriffslogik wird diese Problematik mit dem Zweck, bei dem „das schon Existierende in die Existenz komme" (MM6,455) sowie beim Lebendigen (GB,132), aktuell.

[263] Theunissen, der aus der Perspektive von Kierkegaard und Adorno Hegel zu demontieren versucht (Theunissen, a. a. O., S. 378), wird nicht müde, das Wesen als „das Innere des Daseins" darzustellen (ebd. 313, 329 – 331). Indessen mag sich Theunissen von Hegel sagen lassen, daß das pure Innere „eben darum *nur* ein Äußeres" ausmacht (W156,34ff). Hegel begreift zwar das Innere als „Vollendung des Wesens", jedoch nur unter dem Gesichtspunkt der „Form". Ohne sein Anderes, ohne das Äußere, bleibt das Innere „mangelhaft". Würde umgekehrt das Äußere ohne das Innere gefaßt, so wäre es nichts weiter als bloße Existenz (W157,1-11).

Damit haben sich *zwei Identitäten* ergeben. Die erste kam unter dem Aspekt des *Inhaltes*, die zweite unter dem Aspekt der *Form* zustande. *Hinter der inhaltlichen Identität verbirgt sich* der formelle Grund, denn bei diesem wurde ein- und derselbe Inhalt nach zwei verschiedenen Seiten der Form betrachtet. Dabei verhielt sich der Inhalt – die Grundlage – gleichgültig gegen die Formunterschiede (W79,35-80,1). Auf das Vorliegen des formellen Grundes bei der inhaltlichen Identität verweist Hegel nur implizit (W159,12-15). *Hinter der Identität der Form* hingegen *verbirgt sich* die „reine *Form*". Sie betätigt sich als „unmittelbare Umkehrung" der Formunterschiede, Inneres und Äußeres, ineinander (W159,15-17). Beide Identitäten sind als „*Seiten Einer Totalität*" konzipiert, die selbst als „Umkehrung der einen in die andere" auftritt (W159,19).

Der Beweis dieser These läßt einiges zu wünschen übrig. Zum einen verwendet Hegel bei diesem Beweis die Ausdrücke „Totalität" und „Identität" synonym, wodurch er unnötig Verwirrung stiftet. Zum anderen müßte er einen Äquivalenzbeweis so führen, daß er mit einer Seite beginnt, um von ihr zur anderen Seite zu gelangen. Anschließend wäre die Umkehrung zu zeigen. Daß Hegel ein ausgeprägtes Bewußtsein über die Struktur solcher Äquivalenzbeweise besitzt, belegen zahllose Stellen in der Wissenschaft der Logik. Der vorliegende Äquivalenzbeweis aber bleibt, selbst wenn man von der überflüssigen terminologischen Verwirrung absieht, dunkel.

Hegel scheint den Beweis mit der zweiten Totalität zu eröffnen, um aus ihr die erste Totalität zu gewinnen (W159,19-27). Die zweite Totalität ist die der Form. Sie bildet den Ausgangspunkt der einen Hälfte des Beweises. Aus der Totalität der Form leitet Hegel die Totalität des Inhaltes ab. Die „Totalität als Grundlage und Inhalt ist diese in sich reflektierte Unmittelbarkeit nur durch die voraussetzende Reflexion der Form, die ihren Unterschied aufhebt" (W159,20-22). Hebt sie diesen Unterschied auf, so bestimmt sie sich als Inhalt, denn der Inhalt wurde als Einheit der Formmomente gefaßt.[264] Die sich unterscheidende Form „setzt" auf diese Weise die „gleichgültige Identität", den Inhalt „gegen"

---

[264] Hegel ergänzt bei der Überarbeitung der Heidelberger Enzyklopädie den Paragraphen 87 durch die folgende Bemerkung: Die Formen Inneres und Äußeres „sind dieselbe *eine* Totalität, und diese Einheit macht sie zum Inhalt" (Enz §138).

sich selbst,[265] um auch diesen Unterschied wieder aufzuheben. Es ist die in den Momenten Inneres und Äußeres sich bewegende Form, die sich mit ihrem Inhalt identifiziert. Der „Inhalt" ist dadurch „die Form selbst, insofern sie sich als Verschiedenheit bestimmt, und sich selbst zu einer ihrer Seiten, als Äußerlichkeit, zu der anderen aber als in sich reflektierte Unmittelbarkeit oder zum Innern macht" (W159,23-27).[266]

Bei der Umkehrung – der anderen Hälfte des Beweises – müßte Hegel mit der ersten Totalität (oder Identität) beginnen, um aus ihr die zweite abzuleiten. Hegel signalisiert zwar, daß er nunmehr „umgekehrt" verfährt (W159.28)[267], doch ist es keinesewgs sicher, daß er tatsächlich mit der ersten Totalität beginnt. Bei gutwilliger Interpretation kann man die folgende Argumentation aus dem Text herauslesen: Die „Unterschiede der Form, das Innere und das Äußere", sind jeweils „gesetzt" als „Totalität seiner und seines Anderen" (W159,28-30). Das Innere ist selbstbezügliche Negativität, Reflexion in sich und daher das Unmittelbare oder das Äußere. Das Äußere ist das „mannigfaltige", unwesentliche Unmittelbare, das in seinen „Grund" zurückgeht und sich somit als selbstbezügliche Negativität oder als Inneres darstellt (W159,30-35).[268] „Dieses Übergehen" des Inneren und des Äußeren ineinander identifiziert Hegel sowohl mit der ersten als auch mit der zweiten Identität (W159,35-37), wodurch die Umkehrung – wenn auch mit den aufgewiesenen Mängeln behaftet – abgedeckt wäre.

Durch das adäquate Ineinander von Äußerem oder Reflexion-in-Anderes und Innerem oder Reflexion-in-sich ist die Erscheinung endgültig überwunden. Sie wurde als Reflexion-in-Anderes charakterisiert. Dieser Standpunkt ist nunmehr aufgehoben. Denn die Erscheinung „zeigt" nicht nur „das Wesentliche, und dieses ist" nicht nur in der Erscheinung, sondern Reflexion-in-Anderes

---

[265] Auch beim absolut Unbedingten bestimmt sich die „Form gegen... die Unmittelbarkeit... des Inhaltes"(W101,17-19).

[266] Hegel greift offenkundig auf vormals entwickelte Strukturen der Form zurück. Die reine Form macht sich zu einem Verschiedenen (W74,9-17), um im Aufheben dieses Unterscheidens mit sich identisch zu sein (W71,28-30). Genau diese voraussetzende Reflexion der Form bringt er in die Dialektik des Inneren und Äußeren ein.

[267] W159,38.

[268] W175,20-21.

oder Äußeres und Reflexion-in-sich oder Inneres bilden eine Totalität. Diese „vollkommene Durchdringung beider" begreift Hegel als „*Wirklichkeit*".[269] Als Wirklichkeit manifestiert (W175,24-30) oder offenbart sich das Wesen (W160,8-14).[270]

---

[269] Wenn Richli die „vollendete Einheit der Reflexion in sich und in anderes" bei der Kraft ansetzt (Richli, a. a. O., S. 173), so ist damit noch nicht die vollkommene Durchdringung beider Formen gegeben. Sie sind zwar inhaltlich identisch, aber dennoch besitzt jede von ihnen auf der Stufe der Kraft noch ein eigenes Bestehen (W105,7-10;156,4-6;166,16-21).

[270] W6,6-7.

Die Wirklichkeit

Mit der Wirklichkeit tritt das Wesen hervor, das „mit seiner Erscheinung eins ist" (W6,14-15). Neben dieser Definition verwendet Hegel weitere Umschreibungen der Wirklichkeit. Wirklichkeit wird gefaßt als „vollkommene Durchdringung" der Reflexion in Anderes und der Reflexion in sich (W105,8-10), als *„absolute* Einheit der unmittelbaren und der reflektierten Existenz" (W142,28-29), als „Einheit des Wesens und der Existenz" (W161,3-4),[271] als „Identität der Erscheinung mit dem Inneren oder dem Wesen" (W160,15-17) sowie als „Einheit des Inneren und Äußeren" (W161,22-23).

Wenn auch nicht auf den ersten Blick erkennbar, so verbindet die Palette dieser Definitionen eine Gemeinsamkeit. All' diesen unterschiedlichen Definitionen liegt die Einheit des Wesens mit dem Sein zugrunde. Das Scheinen des Wesens in ihm selbst ist von Anfang auf sein Scheinen in Anderes angelegt (W66,1-4). Die Entwicklung der logischen Struktur des Wesens ist daher untrennbar mit seiner Richtung nach außen verbunden. Den äußeren Bereich kennzeichnet Hegel mit dem Oberbegriff Sein, wobei er unter Sein jedoch nicht mehr das Sein der Seinslogik – aus dem das Wesen sich gerade emanzipierte – versteht.[272]

---

[271] H. C. Lucas hat darauf hingewiesen, daß Hegel das Wirklichkeitskapitel mit dieser auf Spinoza rekurrierenden Definition *eröffnet*. Hegel gebe aber, wie Lucas zu Recht ausführt, in diesem Kapitel keine „bloße Darstellung" der Ethik Spinozas. Die Spinozistische Substanz *entspreche* nach Hegel nur dem auf dieser Stufe der Wissenschaft der Logik erreichten Absoluten. H. C. Lucas: Wirklichkeit und Methode in der Philosophie Hegels. Diss., Köln, 1974. S. 171/2.

[272] Hegel verwendet die Elemente Sein, Nichts, Wesen als Variable, die immer reichere Bedeutungen annehmen. In der Seinslogik nimmt das Sein die Bedeutung des Entstehens, des Ansichseins etc., das Nichts die Bedeutung des Vergehens, des Seins für Anderes etc. an (S115,8-19). Die Kategorien der Seinslogik versteht Hegel als Einheiten der Variablen Sein und Nichts. Entsprechend ergeben sich die Bestimmungen der Wesenslogik als Einheiten der Variablen Sein und Wesen (MM6,245;269). Mit der Idee hat das Sein die „Bedeutung der *Wahrheit* erreicht" (MM6,465).

Die Wissenschaft der Logik betrachtet verschiedene „Arten des Seins" (W105,32). Das Sein der Seinslogik, die Existenz, die Erscheinung, die als Kraft ausgewiesenen Dinge sowie das Etwas, das in seiner Äußerlichkeit sein Inneres verkörpert oder sein Wesen offenbart (W160,6-14), stellen die wichtigsten der bis zu dieser Stufe diskutierten Arten des Seins dar. Diese Arten des Seins sind – in der genannten Reihenfolge – dadurch geordnet, daß die nachfolgende Art das Wesen angemessener repräsentiert als die vorangehende. Während die Seinslogik das reflexionslose, formlose oder grundlose Sein betrachtet, entfaltet die Wesenslogik ein mehr und mehr vom Wesen durchsetztes Sein, das in dem Äußeren, das mit seinem Inneren identisch ist, einen Kulminationspunkt erreicht. Noch das absolut Unbedingte „versenkt" sich so in Anderes – in das reflexionslose Sein –, daß die Form nur fortwuchert (W100,2-36). Mit der Identität des Inneren und Äußeren hingegen liegt ein Sein vor, das von der Form oder der Reflexion durchdrungen ist, ein Sein, in dem sich das Wesen, als Form oder Inneres adäquat darstellt, zeigt und offenbart (W6,6-15). Durch die Identität des Inneren und Äußeren ist die Wirklichkeit in ihrer eigentlichen Bedeutung dargestellt. Hegel nennt sie daher *„absolute Wirklichkeit"*. Sie dient als weiterführende Definition des Absoluten (W161,22-24).

Das Absolute

Weil sowohl das Innere als auch das Äußere sich als „Totalität seiner und seines Anderen" erwiesen haben, deshalb sind diese „Unterschiede der Form" aufgehoben (W159,28-30). Mit dem Verschwinden dieses Unterschiedes sind jedoch auch die vorangehenden Bestimmungen der Wissenschaft der Logik zu negieren. Diese These ergibt sich aus dem formal logischen Gesetz der Kontraposition $(a \to b) \to (\neg b \to \neg a)$. Denn b, das Verhältnis des Inneren und Äußeren, wurde als Form*unterschied* aus den vorangehenden Bestimmungen der Wissenschaft der Logik, a, genetisch abgeleitet. Wird aber b negiert, so ist auch a zu negieren. *„Wesen, Existenz, an sich seiende Welt, Ganzes, Teile, Kraft"* sind in der *Identität* des Form*unterschiedes* des Inneren und des Äußeren, d.h. im Absoluten „untergegangen" (W163,25-29). All diese

Bestimmungen, einschließlich die der Seinslogik, haben sich „aufgelöst" (W162,9).[273] Die bisherigen Formen der Wissenschaft der Logik lieferten zwar nach Hegels Ansicht eine korrekte Beschreibung der Bewegung des Absoluten, dennoch sind sie ungeeignet, diese Bewegung in ihrer höchsten Weise darzustellen. Sie eröffnen die Perspektive einer höheren Beschreibungsmöglichkeit, sind aber außerstande, diese höhere Bewegung zu fassen. Aus dieser Einsicht heraus werden die bisherigen logischen Formen als vorläufig bewertet. Sie führen zwar durch eine „innere Notwendigkeit" zum Absoluten als zu ihrem Grund zurück (W164,14-29), mit Erreichen dieses Grundes jedoch sind sie in ihm untergegangen.

„Insofern fällt das Bestimmen" des Absoluten „negativ aus". Das Absolute zeigt sich – an dieser Stelle der Wesenslogik – mit Notwendigkeit „als das Leere". Lediglich die Bestimmung der Identität, die sich mit dem Zusammenfallen von Innerem und Äußerem sowohl inhaltlich als auch der Form nach ergeben hatte (W161,15-18), ist vorhanden, eine Identität freilich, die „unbestimmt" genannt werden muß (W162,6-12).

Das Grundinteresse der Wissenschaft der Logik signalisiert jedoch, daß sie sich mit diesem Ergebnis keineswegs zufrieden geben kann. Da die Wissenschaft der Logik zu immer tieferen Definitionen des Absoluten vorstößt, kann sie wohl mit einem leeren Absoluten beginnen, nicht aber mit ihm aufhören. Deswegen sieht Hegel sich trotz des konstatierten leeren durchsichtigen Scheines genötigt, auf einer positiven Darstellung des Absoluten zu insistieren (W162,22-27). Die Durchführung dieser Intention erscheint um so dringlicher, als mit der Darstellung des Absoluten „nur als absolute Identität" eine logisch wie auch religionsphilosophisch unhaltbare Perspektive aufgetan würde.

Logisch unhaltbar ist diese Perspektive deshalb, weil die Identität gegenüber dem Unterschied und dem Widerspruch eindeutig abgewertet wird (W62,34-38). Ein identisches Absolutes ist „nur das *Negative* der Reflexion und" – weitaus fataler – „des Bestim-

---

[273] Hegel verwendet diesen Terminus nicht nur beim Widerspruch, um darzulegen, daß es mit ihm nicht sein Bewenden haben darf. Er zieht ihn ganz allgemein zur Charakterisierung unhaltbarer Positionen heran. So löst sich das Sein der Seinslogik in der Bestimmung des Grundes auf (W64,34). Darüberhinaus lösen sich das Ding (W120,26) sowie die Erscheinung (W138,14) auf.

mens überhaupt" (W165,17-21). Religionsphilosophisch unhaltbar ist ein nur mit sich identisches Absolutes deshalb, weil es sich dem Menschen nicht bekundet, geschweige denn mit ihm kommuniziert, sondern sich nur als der Abgrund alles Endlichen erweist (W164,26ff). Diesem Gedanken hatte Hegel insofern bereits in der Seinslogik Rechnung getragen, als er dort den Ansatz „des toten Seins" dadurch zu vermeiden suchte, daß er das Unendliche nicht als Identität, sondern als Widerspruch darstellte (W60,3-30). Das wahrhaft Unendliche ist der (immer schon aufgelöste) Widerspruch, der sich verendlicht, um diesen Unterschied seiner von sich selbst aufzuheben (S149,1-7). Durch diesen Ansatz geht Hegel über die Darstellung des Unendlichen durch die äußere Reflexion, in der Endliches und Unendliches nur nebeneinander stehen (S140,33-141,15),[274] hinaus.

Der bisherige Gang der Wissenschaft der Logik hat gezeigt, daß das Absolute weder als Sein noch als Wesen zureichend bestimmt ist. Beide entwickelten sich zu aufeinander bezogenen und ineinander verschränkten Totalitäten, deren vorläufiger Zenit sich als die Identität des Äußeren und des Inneren erwies. In diesem Entwicklungsprozeß trat jedoch noch nicht das Absolute als Grund beider Seiten zu Tage. Das Absolute ist als Grund des zum Inneren fortgeschrittenen Wesens und des zum Äußeren fortgeschrittenen Seins zu deuten, weil beide Komponenten in das Absolute als in ihren Grund zurückgegangen sind (W164,14-22). Freilich muß dieser Grund noch entfaltet oder „gesetzt" werden (W162,29-163,10).

Als der das Innere und Äußere setzende Grund vermag das Absolute jedoch nur aufzutreten, wenn es sich als absolute Form gestaltet. Diese These ergibt sich aus der spekulativen Methode. Denn das Absolute hat sich in der Dialektik des Inneren und des Äußeren als *Identität* gesetzt. Der Übergang von der Identität zur „*Verschiedenheit des Inhaltes*" ist nur durch die Form möglich (W163,29-36).[275] Aus dieser Struktur der absoluten Form im Zu-

---

[274] W18,18-24;64,8ff;N91,14ff;S138,20-21.

[275] Die Rolle des setzenden Grundes hatte die absolute Form bereits in der Dialektik von Form und Wesen (W71,17ff) wie auch in der Dialektik von wesentlicher und erscheinender Welt übernommen (W136,35-36), indem sie sich zum Gesetztsein machte, sich als Unmittelbares voraussetzte, um im Aufheben dieser Voraussetzung sich als weiterentwickeltes Wesen zu setzen.

sammenspiel von Sein und Wesen resultiert daher der weitere Fortgang der Wissenschaft der Logik. „Hieraus ergibt sich, daß die Bestimmung des Absoluten ist, die *absolute Form* zu sein" (W163,11-12). Der Terminus „Bestimmung" ist, wie der weitere Verlauf der Gestaltung des Absoluten zeigt (W176,31),im Sinne des Sollens zu nehmen (W177,34-39). Denn Hegel betrachtet „zunächst das Absolute als solches" (W161,23-24), das als eigentliche Wirklichkeit noch zu entwickeln ist. In sein entscheidendes Stadium gelangt dieser Prozeß in der Wesenslogik erst mit der Substanz, die als das mit Sein durchdrungene absolute Wesen und damit als Selbstverhältnis auftritt.[276] Um Mißverständnissen vorzubeugen, sei angemerkt, daß Hegel den Substanzbegriff erst mit dem Begriff der Wechselwirkung abschließt.

A. Die Auslegung des Absoluten

Mit der Thematik des Absoluten sieht Hegel sich gezwungen, auf Spinozas Konzeption des Absoluten einzugehen. Der erste Kritikpunkt, der von Hegel gegen diesen vorgebracht wird, lautet: „Die Reflexion verhält sich gegen dieses Absolute als *äußerliche*, welche es... nur betrachtet, als daß sie seine eigene Bewegung wäre" (W161,27-29). Dagegen erhebt Hegel den Anspruch, die eigene Bewegung des Absoluten mit der Seins- und der Wesenslogik, soweit sie bis zu diesem Punkt entwickelt wurde, beschrieben zu haben (W161,29). „In ihrer wahrhaften Darstellung ist diese Auslegung das bisherige Ganze der logischen Bewegung", das als „*Werden* des Seins und als *Reflexion* des Wesens in das Absolute als in seinen Grund zurückgegangen ist" (W164,14-22).

Allerdings weiß Hegel sich mit dieser Position in dem nämlichen Dilemma, das er Spinoza vorhält. Dieser habe das Absolute als Identität gefaßt. Zu demselben Ergebnis sieht sich auch Hegel geleitet, wenn er das Absolute als Einheit des Inneren und Äußeren, des Wesens und des Seins definiert (W162,29-163,7). „Aber das Absolute selbst ist *absolute Identität*..., indem alle Mannigfaltigkeit" wie sie bisher betrachtet wurde „in ihm aufgehoben ist" (W163,36-164,1). Ein Entrinnen aus diesem Dilemma ist für die Wesenslogik nur dann möglich, wenn die Identität, der Natur der

---

[276] W16,21;190,7;191,23-24.

absoluten Reflexion gemäß, als selbstbezügliche Negativität durchgehalten wird (W165,32-35).[277]

Zentrum der Kritik Hegels an Spinoza in der Wesenslogik dürfte der Vorwurf sein, daß dieser auf der Ebene der Seins- und nicht auf der Ebene der Wesenslogik agiere. „Aber Spinoza bleibt bei der *Negation als Bestimmtheit* oder Qualität stehen". Er betrachte nicht die sich auf sich beziehend Negativität (W169,38-170,2). Wesenslogisch gewendet läuft der Vorwurf darauf hinaus, daß Spinoza die Substanz nicht als sich selbst voraussetzendes oder von sich abstoßendes Wesen konzipiert habe.[278] Auf der Basis des abgeschlossenen wesentlichen Verhältnisses heißt das: Spinoza begreife das Absolute weder als Inneres, das sich äußert, noch als aus sich herausgehende *und* in sich zurückkehrende „Bewegung" (W168,38-169,5), sondern lediglich als Abgrund, in dem sich das endliche Mannigfaltige auflöse (W164,23-29). Das Absolute Spinozas sei deshalb das *„Absolute einer äußerlichen Reflexion"* (W165,25), weil er mit der Rückführung aller endlichen Mannigfaltigkeit auf das Absolute allenfalls die Hälfte der Bewegung des Absoluten beschrieben habe. Zur Rückführung des Endlichen gehöre aber als vollständige Bewegung des Absoluten die Entwicklung des Endlichen aus dem Absoluten.[279] Spinozas Philosophie habe daher „nicht im Absoluten ihren Anfang, sondern nur *ihr Ende*" (W165,9-10).

B. Das absolute Attribut

Hegel tritt bei der Diskussion des Absoluten als erstem Vertreter der Wirklichkeit in einen Dialog mit der Philosophie Spinozas, um die „wahrhafte Bedeutung" der Identität, des Attributs wie

---

[277] Düsing verweist mit Recht darauf, daß Hegel in der unendlichen „Einheit der Negativität mit sich selbst" (MM6;274) bis zum Prinzip des Begriffs oder der Subjektivität vorgestoßen sei, mit dem er Spinozas Substanzmetaphysik transzendiere. K. Düsing: Hegel und die Geschichte der Philosophie. Darmstadt, 1983, S. 195.

[278] Spinozas Substanz „ist unbewegt in sich". Sie ist „nicht als Ausgangspunkt für „*Unterschiede, Vereinzelung, Individuation* gefaßt". Dieser Vorwurf betrifft „alle Unterschiede,... Attribute, Modi" (MM4,434).

[279] „So geht alles nur hinein, nicht heraus" (MM20,173).

auch des „Modus" zu erfassen (W168,38). Weil Spinoza die Mannigfaltigkeit „nur in die absolute Identität zurückführt und versenkt", deshalb gehe die Bewegung... außer dem Absoluten vor" (W171,19-21). Wenn die Reflexion die bewegte Mannigfaltigkeit, die sie auf das Absolute zurückführt, dem Absoluten entgegensetzt, um es nur als bewegungslose Identität zu bestimmen, so hat sie weder die Identität noch die Mannigfaltigkeit spekulativ gesehen. Ihr „Auslegen" erweist sich damit als ebenso „unvollkommenes", wie ihr Absolutes, „bei welchem nur *angekommen* wird" (W165,17-23). Dieses Absolute, bei welchem nur angekommen wird, ist nicht als causa sui ausgewiesen, ein Ziel, auf das die Wesenslogik hinsteuert.

Bei Spinoza fehle „die Notwendigkeit des Fortgangs des Absoluten zur Unwesentlichkeit" (W172,13-14). Auf dem Weg zu einer derartigen Auslegung interpretiert Hegel Spinozas Bestimmung des Attributs um. Das „Absolute ist nicht nur Attribut, weil es *Gegenstand* einer äußeren Reflexion... ist" (W165,28-30). Das Absolute muß vielmehr deshalb als Attribut aufgefaßt werden, weil es sich selbst zum Attribut macht (W165,35-36). Die Umdeutung Spinozas geschieht in der Weise, daß die spinozistische Relation Attribut – Absolutes in die wesenslogische Relation Schein – Wesen eingeordnet wird. Das Attribut erfährt eine Aufwertung zum Absoluten, da es ein integrales Element der Selbstbestimmung des Absoluten darstellt. Das Attribut wird in der Deutung Hegels zum Moment des Absoluten, weil es „das Absolute in einer Bestimmtheit" verkörpert (W165,26-27). So wie der „Schein ... das Wesen selbst" ausmacht, „aber das Wesen in einer Bestimmtheit" (W13,3-4), so beinhaltet das Attribut das „Absolute in einer Formbestimmung" (W166,5-7). Die Differenz zwischen beiden Relationen wird dadurch gewahrt, daß Hegel nunmehr auf den Ausdruck Manifestation zurückgreift – eine Formulierung, die, wie die Ausdrücke Zeigen, Offenbaren und Auslegen, die absolute Wirklichkeit charakterisieren soll. Das Wesen als solches scheint lediglich, wohingegen das sich auslegende Absolute sein Scheinen als Schein manifestiert. Damit versteht Hegel, da das sich auslegende Absolute eine Realisierung des Wesens darstellt, das Attribut als Schein des Wesens, aber als Wesen in Einheit mit dem Sein oder mit der daseienden Mannigfaltigkeit. Das Attribut „ist die Totalität, welche früher als eine Welt erschien oder als eine Seite des wesentlichen Verhältnisses" (W166,11-14).

In der Religionsphilosophie faßt Hegel die Natur als Attribut des Gottes des Alten Testamentes auf. Während der letztere als der Erhabene auftritt, wird die Welt als dessen „Pracht" gesehen (Rel III 72/3). „Natürliche Dinge sind nur Attribute, Akzidenzen" des erhabenen Absoluten, „sein Schmuck, seine Diener und Boten" (Rel III 73). Obwohl Hegel die Wesenslogik im Prinzip der Offenbarung kulminieren läßt, kann er in ihr keine Bibelexegese vornehmen. Vielmehr muß er sich hier streng an die in der Reflexion entwickelte Diktion von Gesetztsein und Reflexion in sich bzw von Gesetztsein und Bestehen halten. Das „Attribut... ist gesetzt als... wahres und einziges Bestehen" des Absoluten (W166,25-26). Daß auch die umgekehrte Beziehung gilt, wird sich am Ende des Kapitels ergeben.

Aber nicht nur die Relation Wesen und Schein ist es, die auf der Basis der vollkommenen Durchdringung von Seins- und Wesenslogik als Relation zwischen Absolutem und Attribut wiederkehrt, sondern auch das Formprinzip, als Charakteristikum des Wesens gegenüber dem Sein, kehrt zurück. Zu Beginn der Wesenslogik hatte Hegel das Wesen vom Sein über das Scheinen abgegrenzt (W71,7-9). Diese Aufgabe fällt im weiteren Verlauf der Form zu. Darüberhinaus führt er das Scheinen auf die Form zurück (W71,18-20). All' diese Strukturen, die dem noch nicht als Materie realisierten Wesen zukommen, spricht Hegel nun dem zur Wirklichkeit gewordenen Wesen zu. Denn die „absolute Form" ist es, welche das Absolute „in sich scheinen macht und es zum Attribut bestimmt" (W165,35-36).

Durch die Eigenschaft der Form, die eigene Reflexion oder das Scheinen des Absoluten auszumachen, kann das Absolute qua Identität der „Bewegung der Reflexion" nicht „gegenüber" stehen (W164,6-8). Hegel wendet auf das Konzept Spinozas – in dem das Absolute bar jeglicher Bewegung sei, das Endliche aber im Abgrund des Absoluten versenkt werde (W164,23ff) – die Argumente an, die er bei der Dialektik des Inneren und Äußeren entwickelt hat. Wird die Form nur als „äußere oder innere" genommen, so „durchdringt" sie „das Absolute nicht". Da sie ihm auf diese Weise entweder selbst äußerlich bleibt oder im bloß Inneren verharrt, verschwindet sie vielmehr am Absoluten als bloß äußerliches Gesetztsein (W167,13-18).

Weil das Absolute mit der absoluten „Form und Reflexion" identisch ist (W163,34-35), gilt: Die Reflexion verhält sich zum Absoluten nicht nur äußerlich. In der Bewegung der Reflexion aber wird der spekulative Weg durchlaufen. Aus diesem Grund muß die Verschiedenheit des Inhaltes am Absoluten hervortreten. Damit beansprucht Hegel im Gegensatz zu Spinozas auslegender Reflexion die vollendete Auslegung des Absoluten zu leisten (W166,7-8). Wenn die absolute Form sich selbst zum Attribut bestimmt und wenn ferner das sich abstoßende und in sich zurückkehrende Absolute dasjenige ausmacht, „dessen Form seinem Inhalt gleich ist" (W166,3-5) so liegt mit dem Attribut nicht nur das Absolute in einer Formbestimmung, sondern der „ganze Inhalt des Absoluten" vor (W166,11-12).[280] Diesem Inhalt, der in der Erscheinung als Welt auftrat, kann keinerlei Selbständigkeit, wie das noch im wesentlichen Verhältnis der Fall war, eingeräumt werden (W166,20-21). Spekulativ gesehen ergibt sich damit in der Bewegung des Absoluten die Identität Verschiedener. Wie bei der Dialektik von Form und Wesen hat sich die Form selbst aufgehoben, um sich in ihrem Aufgehobensein Bestehen zu geben (W70,32-39). Diese allgemeine Struktur der Form behält auch beim Absoluten ihre Gültigkeit, denn sie ist „*gesetzt als aufgehobene*" (166,28-35). Das Absolute macht sich so zum Attribut, daß das letztere das erstere „zu seinem Inhalt und Bestehen" hat. Auf diese Weise ist das Attribut als Schein gesetzt (W166,35-167,1).[281] Das Absolute als Form bestimmt sich zum Attribut, gibt sich ein äußerliches Bestehen, setzt sich als „Nichtiges", als „äußerlicher Schein, oder" als „bloße *Art und Weise* zu sein" (W167,19-22).

C. *Der Modus des Absoluten*

In der abschließenden Bewertung der spinozistischen Auslegung des Absoluten billigt Hegel der letzteren wohl das Prädikat der Vollständigkeit zu. Aber diese Bewertung wird durch ein „Insofern" eingeschränkt. Weil Spinozas Substanz der absoluten Form, der sich negierenden Negativität, entbehre, vollziehe sich seine Diskussion der drei Bestimmungen Identität, Attribut und Modus

---

[280] Im Absoluten ist der „Unterschied von Form und Inhalt... aufgelöst" (W169,9-10).
[281] Beim absolut Unbedingten spricht Hegel von der „Form der absoluten Sache", die „ihren *Inhalt* an ihr...hat" und die sich an ihm Bestehen gibt (W101,20-25).

„nur *nacheinander*, ohne innere Folge der Entwicklung".[282] Die nur einschränkend zugebilligte Vollständigkeit sinkt zu einer Aufzählung herab (W168,12-15). Damit verfehle Spinoza seine Grundintention, „*sub specie aeterni*" zu verfahren (W171,27). Spinoza habe zwar den Modus als „äußerste Äußerlichkeit" erfaßt, doch besteht dieser nach Hegel gerade darin, vom Absoluten als dessen Schein gesetzt zu sein (W168,20-23).

Die Wissenschaft der Logik versteht unter dem Absoluten eine sich von sich unterscheidende Identität, die sich nicht nur zum Attribut, sondern darüberhinaus zum Modus bestimmt. Während der letztere in der Philosophie Spinozas nach Hegels Auffassung zu einem „Verlust" des Absoluten „in die Veränderlichkeit und Zufälligkeit des Seins... *ohne Rückkehr* in sich" treibt (W167/8), stellt der Modus in der Wesenslogik die vom Absoluten selbst herbeigeführte „*Äußerlichkeit* des Absoluten" dar. Mit dem Modus liegt nicht mehr nur, wie beim Attribut, eine vom Absoluten selbst produzierte Formbestimmung, in der sich der ganze Inhalt des Absoluten zeigt, vor, sondern seine von ihm „als Äußerlichkeit *gesetzte* Äußerlichkeit", das „*Scheinen*, das *als Scheinen* gesetzt ist", die Unterscheidung des Absoluten von sich, in der es seine Identität mit sich wahrnimmt (W168,3-11).[283] Gegenüber Spinoza beansprucht Hegel die eigentliche Interpretation des Modus zu geben. „Die wahrhafte Bedeutung des Modus ist daher, daß er die reflektierende eigene Bewegung des Absoluten" ausmacht (W168,38-39).[284]

Diesen Schritt über Spinoza hinaus legitimiert Hegel mittels der Selbstaufhebung der Reflexion. Hegel begreift die „auslegende Reflexion" Spinozas als „sich selbst auflösende Reflexion", weil sie gegen ihre eigenen Prinzipien verstoße. Die sich selbst aufhebende äußere Reflexion hatte Hegel zu Beginn der Wesenslogik als setzend oder als „immanente Reflexion" der ihr zunächst

---

[282] Düsing bewertet dieses Argument als methodisches. K. Düsing: Hegel und die Geschichte der Philosophie. Darmstadt, 1983, S. 190. Genuiner Bestandteil der dialektischen Methode Hegels ist das logische Ableiten, ein Faktum, auf dem Lakebrink gegenüber N. Hartmann zu Recht insistiert. Bei Hegel gestaltet sich allerdings eine Ableitung nicht nur rein syntaktisch, sondern immer wieder semantisch.
[283] W168,20-23.
[284] W168,12-19.

fremden Unmittelbarkeit erfaßt. Auch diesen Ansatz wendet er nunmehr auf die Philosophie Spinozas an. Die Substanz besitze in ihr den Status des Unmittelbaren. Sie könne demzufolge nicht immanent erkannt werden (W170,4-5). Anstatt aus der Substanz Attribut und Modus abzuleiten, beginne Spinoza mit den beiden letzteren, die er als vorgefundene Unmittelbare behandle, um sie auf die Substanz zurückzuführen (MM4,433/4). Die Kritik, mit der Hegel dieser auslegenden Reflexion entgegentritt, besteht in dem Vorwurf, daß *sie selbst* die Substanz oder das Absolute als „*erste* indifferente Identität" bestimme. Die auslegende Reflexion werde ihren eigenen Prinzipien untreu, denn sie verhalte sich nicht rein zurückführend. Vielmehr besitze sie „an dem Absoluten selbst die Bestimmtheit, von der sie anfängt". Das Absolute sei daher bestimmt und diese „*Bestimmtheit*... gehört der reflektierenden Bewegung an". Spinoza habe, wenn auch unbeabsichtigt, das Absolute als selbstbezügliche Negativität angelegt.

Hegel transformiert das umgedeutete Absolute wie auch die sich selbst auflösende Reflexion Spinozas in seine eigene Philosophie. Das „sich *Gleichseiende*" Spinozas ergebe sich als das „sich *Gleichsetzende*" (W168,20-37) und die äußere Reflexion als „Setzen". Der Modus läßt sich nach der Wesenslogik nur als Selbstbestimmung des Absoluten begreifen, das durch seinen Gang nach außen „nicht...ein *Anderes*" wird, sondern nur das, „was es schon ist". Hegel übernimmt den Modus, jedoch als „durchsichtige Äußerlichkeit", in der sich das Absolute selbst zeigt. Er begreift den Modus als „eigene Bewegung des Absoluten", in der sich das Absolute so äußert, „daß dieses Sein-nach-Außen ebensosehr die Innerlichkeit selbst ist". Das sich selbst auslegende Absolute produziert nicht – wie das Wesen – ein flüchtiges „Gesetztsein", „sondern absolutes Sein" (W168,38-169,5).

Mit der Kritik an Spinoza vollzieht sich in der Wesenslogik ein entscheidender Umbruch. Während im wesentlichen Verhältnis das Wesen nur in entgegengesetzten Seiten so realisiert ist, daß den Entgegengesetzten ein eigenes Bestehen zukommt (W166,21), stellt sich mit dem Absoluten die anfängliche Selbstreferenz des Wesens, nun aber angereichert mit Sein, wieder her. Dieser Ansatz findet sich nach Hegel zwar ebenfalls bei Spinoza, da dieser das Absolute als „*Ursache seiner selbst*" und somit als dasjenige, „dessen *Wesen die Existenz in sich schließe*" gesehen habe.[285] Aber Spinoza sei außerstande gewesen, das Absolute als aus sich selbst anfangende und in sich zurückkehrende Bewegung zu *beweisen*, da er auf Grund seiner axiomatischen Methode das Absolute als „Erstes, Unmittelbares" aber nicht als sich selbst erzeugendes „*Resultat*" erfaßt habe. Seine Substanz bestimme sich nicht selbst zum Attribut oder zum Modus (W170,2-32). Damit habe Spinoza das Absolute nicht als dasjenige dargestellt, das in seiner Entäußerung sich selbst zeigt (W169,2-5).

Durch die Kritik an Spinoza ist das Sich – Äußern eines Inneren in der Wesenslogik nicht mehr aktuell. „Die leeren Abstraktionen, durch welche der eine identische Inhalt noch im Verhältnis sein soll", nämlich das Innere und das Äußere, verlieren aus der Perspektive des sich manifestierenden Absoluten ihre Bedeutung (Enz §141). Das Absolute ist zwar „Äußerung", aber „nicht eines Inneren, nicht gegen ein Anderes". Das Absolute kann nur als die sich zeigende, sich auslegende, sich offenbarende, sich manifestierende absolute Form angesehen werden, die in „der Entzweiung ihrer... mit sich" „identisch" bleibt (W169,10-21). Hegels Absolutes ist nicht unbewegt wie das Absolute Spinozas, vielmehr stellt es die „sich selbst tragende Bewegung der Auslegung" seiner selbst dar (MM6,194). Die oben aufgeführten vorläufigen Definitionen der Wirklichkeit werden durch die Definition des Wirklichen als des Sich – Manifestierenden (W169,18-20)[286] oder der absoluten Form (W175,4-8) abgelöst. Mit dieser Definition gewinnt die Selbstreferenz an Deutlichkeit. „Die Äußerung des Wirklichen ist das Wirkliche selbst" (Enz §142). Das Absolute besitzt als einzigen Inhalt die Manifestation seiner selbst (W169,11).[287]

---

[285] Wie wichtig Hegel die Philosophie Spinozas nimmt, kann man daran ermessen, daß er in der Trias Substanz, Attribut, Modus eine Entsprechung zur Trias Allgemeinheit, Besonderheit, Einzelheit erblickt (MM20,169/70). Vgl K. Düsing: Hegel und die Geschichte der Philosophie. Darmstadt, 1983, S. 190.

[286] Den Begriff der Manifestation grenzt Hegel einerseits explizit von dem des Scheins (W175,24-26) wie auch von dem der Erscheinung (W181,25-28) ab, andererseits aber läßt er den Begriff der Manifestation mit der Erscheinung beginnen. Durch den Fortgang des Absoluten zur Unwesentlichkeit ist die Erscheinung „nicht bloß ein Wesenloses, sondern Manifestation des Wesens" (MM6,263).

[287] E. Angehrn sieht in der Struktur der Manifestation, die „notwendigerweise reflexiver Natur" ist, das Wesen der Freiheit, „im anderen bei

Einen ähnlichen „Mangel" der Darstellung des Absoluten wie bei Spinoza konstatiert Hegel bei Leibniz (W172,27-29). Leibniz sei gleichfalls an der „Natur der Reflexion" vorbeigegangen, indem er die absoluten Monade nicht als selbstbezügliche Negativität dargestellt habe, „wodurch sie setzend und schaffend" wäre (W173,39-174,3). Es sei zwar von höchster Wichtigkeit, daß Leibniz die endlichen Monaden als „*Reflexion-in-sich*" begriffen habe, deren „Veränderungen" nicht auf „Passivität", sondern auf „*Manifestationen* ihrer selbst" beruhten (W173,2-32). Aber Leibniz habe es trotz des Prinzips der Reflexion-in-sich nicht zu einer gelungenen Darstellung der „Individuation" gebracht. Zudem seien die endlichen Monaden nicht aus der absoluten Monade abgeleitet (W173,33-174,17).

Die Wirklichkeit

A. *Zufälligkeit oder formelle Wirklichkeit, Möglichkeit oder Notwendigkeit*

In der Manifestation des Absoluten sind Inneres und Äußeres, Wesen und Sein so ineinander verschränkt, daß die Wirklichkeit deren „*unmittelbare* Formeinheit" ausmacht. Diese neue Unmittelbarkeit bietet jedoch nur eine Seite des Ganzen, sozusagen die Oberflächenstruktur, dar. Denn Wirklichkeit in der Form der Unmittelbarkeit verhüllt das Innere oder das Wesen. Sie gestattet lediglich einen unzureichenden Blick auf die in ihr enthaltenen Anlagen und Möglichkeiten (W175,35-38). Damit ergibt sich die Möglichkeit „als Negatives" (W176,25-34) oder „Anderes" der Wirklichkeit (W177,4). Auf diese Weise besitzt die Wirklichkeit oder das Absolute oder die absolute Form zwei Momente: die Wirklichkeit selbst und die Möglichkeit. Sie machen die „Totalität

---

sich, in der Entzweiung identisch mit sich zu sein". E. Angehrn, a. a. O., S. 64. Allerdings muß der Begriff der Manifestation, um die Basis der Freiheit abgeben zu können, im Bereich der Wirklichkeit erst entwickelt werden. Die Entwicklung zielt auf die „manifestierte Manifestation" (ebd. 70). Sie etabliert sich in der Wechselwirkung als „Vorankündigung der Freiheit" (Lakebrink, a. a. O., S. 357 – 364;324).

der Form" aus (W176,31ff). „Was wirklich ist *kann wirken*" (W181,23-24).[288] In diesem Können verbirgt sich das Vermögen oder die Möglichkeit des Wirklichen, als dessen eigene, ihm innewohnende Dynamik. Aus diesem Ansatz ergibt sich die Legitimität, das Innere oder das Ansichsein als Möglichkeit anzusehen. „In der Tat ist die Möglichkeit...das, was vorhin das Innere hieß" (Enz §143).

Nicolai Hartmann hat Schichten des Seins thematisiert. Hegel dürfte dieser Gedanke nicht fremd gewesen sein, denn die Wissenschaft der Logik differenziert zwischen den „verschiedenen Arten des Seins" (W105,32). Sieht man Wirklichkeit nur in ihrer Unmittelbar- und Unreflektiertheit, so liegt lediglich die formelle Wirklichkeit, bloßes *Sein* oder bloße *Existenz*, vor (W176,18-22). Beide Arten des Seins hat die Wesenslogik längst überschritten. Sie beansprucht auf der nunmehr erreichten Ebene einen Seinsstatus anderer Provenienz. Das qualitative Sein der Seinslogik und die Existenz oder das aus dem Wesen hervorgegangene Sein waren die bisherigen Hauptarten des Seins der Wissenschaft der Logik.[289] Die Wesentlichkeit des Seins kam in der Existenz dadurch zum Ausdruck, daß sie nicht nur als „äußerliche Unmittelbarkeit", sondern auch als „*Ansichsein*" auftrat (W114,18-19). Der Ansatz dieser Verdopplung geht auf die Konzeption des Wesens als Negativität, die sich in der Unmittelbarkeit verkörpert, zurück.

Diese Verdopplung, die sich im weiteren Verlauf der Wesenslogik mehr und mehr zu einer Verdopplung von Wesen und Sein verdichtet, bildet auch die Grundstruktur der Wirklichkeit. Wirklichkeit wird nunmehr definiert als „Formeinheit des Ansichseins oder der Innerlichkeit und der Äußerlichkeit". Mit ihr hat die Wesenslogik eine Art des Seins erlangt, die sowohl sie selbst als auch ihr anderes, „das *Ansichsein* oder die *Möglichkeit*" umschließt. Da sich auf der Ebene der Wirklichkeit die Momente der Form, Inneres und Äußeres oder Wirklichkeit und Möglichkeit, unauflöslich

---

[288] Hegel dürfte sich hierbei an Aristoteles orientiert haben (Metaphysik 1049 b 4ff).

[289] Beide Arten des Seins grenzt Hegel von der „Objektivität", dem Sein, „welches aus dem Begriff hervorgeht", ab (W105,28-31). Mit der Kette Qualität, Existenz, Wirklichkeit und Objektivität, stößt die Wissenschaft der Logik zu immer tieferen Schichten des Seins vor (MM6,402). Doch auch mit der Objektivität ist „noch nicht die göttliche Existenz" erreicht (MM6,405).

durchdringen, kann Hegel sagen: „*Was wirklich ist, ist möglich*" (W176,22-26).[290]

Nicht nur die Wirklichkeit, sondern auch die Möglichkeit unterliegt der Bestimmung der Totalität der Form. Damit birgt sie ebenfalls zwei Aspekte in sich. Positiv gesehen gilt das Mögliche – vor allem in der philosophischen Tradition – als das logisch Denkbare. Negativ gesehen, am Maßstab der absoluten Form gemessen, erweist sich die „Möglichkeit als Mangelhaftes", das sich an der „Wirklichkeit... ergänzt".[291] Somit hat die Möglichkeit ihre „Negation an" ihr (W176,31-177,14). Nach den Anfangspartien der Wesenslogik ist sie damit als Gesetztsein ausgewiesen (W176,4-7). Sie ist nur Moment und daher „der absoluten Form nicht gemäß". Dies impliziert wiederum, daß die Möglichkeit nicht nur, wie bei ihrer Einführung, als Ansichsein gelten kann, vielmehr muß sie ebensosehr als „*Aufgehobenes*" begriffen werden (W176,32). Da sie sich auf diese Weise als Ansichsein präsentiert, das auch „*nicht an sich*" ist, fungiert sie als Gegenteil ihrer selbst, als der „Widerspruch" oder als das Unmögliche (W177,17-178,3).[292]

Mit dieser Analyse ist Hegel weit über die philosophische Tradition hinausgegangen. Diese habe vornehmlich das Mögliche unter dem Aspekt der Widerspruchsfreiheit gesehen. Auf diese Wei-

---

[290] Zu den modallogischen Interpretationen Hegels durch N. Hartmann und J. Rollwage vgl. F.-P. Hansen, a. a. O., S. 218 – 225. Hansen wirft sowohl Hartmann als auch Rollwage vor, Hegels Modalkonzeption auf die von Diodor zu reduzieren, indem sie Hegel eine undialektische, nicht über den Widerspruch vermittelte Auffassung von Möglichkeit unterstellen.

[291] Hegel argumentiert bei der Einführung der Möglichkeit in derselben Weise wie er beim Inneren argumentiert hatte (W157,7-9).

[292] Die widersprüchliche Struktur des Möglichen gegenüber Diodor freigelegt zu haben, darin bestehe „Hegels erstes Verdienst" (Hansen, a. a. O., S. 221). Die „Megariker", zu denen Diodor gerechnet wird, „behaupten, ein Ding habe nur dann ein Vermögen, wenn es wirklich tätig sei" (Aristoteles, Metaphysik, 1046 b 30). Aristoteles zeigt die Unhaltbarkeit dieser Position auf (ebd.). Im Zuge der Eleaten, die „Denkunmöglichkeit von Bewegung" zu erweisen (Hansen 219), habe Diodor unmittelbar das Mögliche als Wirkliches gefaßt, wohingegen Hegel das Mögliche „erst auf Grund des" ihm immanenten Widerspruches als Wirkliches ausgibt (Hansen 224).

se sei Möglichkeit lediglich als Identität mit sich oder als „Behälter" einer grenzenlosen „Mannigfaltigkeit" aufgefaßt (W177,6-12). Das Mögliche bietet aber „mehr" als nur Widerspruchsfreiheit. Auf Grund seiner defizitären Verfaßtheit zeigt sich das Mögliche als „*nur*... Mögliches", wodurch abermals eine Interaktion zwischen Seins- und Wesenslogik stattfindet. An das nur Mögliche wird ein Maßstab der Seinslogik, „das Sollen der Totalität der Form", herangetragen (W177,29-178,3). Weil das Mögliche als das in sich Verschlossene, Unentfaltete und als das Widersprüchliche dargestellt wurde, deshalb hebt es sich in sein Gegenteil, in die „*Wirklichkeit*", auf. Damit kündigt sich das an, was bei dem für Hegel uninteressanten Aspekt der Möglichkeit, dem der Widerspruchsfreiheit, nicht gegeben war: die Exposition eines Inhalts (W177,21ff). Da dieser Inhalt zunächst völlig unentwickelt auftritt, wird er von Hegel als „Inhalt überhaupt" gekennzeichnet. Der Inhalt der Möglichkeit – und damit auch der Inhalt der aus ihr entstehenden Wirklichkeit – besteht darin, daß an seiner Stelle immer auch ein anderer oder ein „Anderssein" möglich ist, denn das Mögliche ist dasjenige, das sein kann oder auch nicht sein kann (W178,5-7).

Die aus der Möglichkeit *hervorgegangene* Wirklichkeit, die Hegel explizit von der zuerst betrachteten Wirklichkeit abgrenzt, ist in ihrer Gestaltung zu präzisieren. Sie muß als Verwirklichung des nur Möglichen angesehen werden.[293] In dieser Konzeption meldet sich Hegels teleologisches Denken an. Weil die Wirklichkeit aus ihrer Negation, der Möglichkeit, hervorgegangen ist, hat sie – wie die Möglichkeit – ihre Negation an ihr, wodurch auch sie als Gesetztsein ausgewiesen ist. Die Wirklichkeit ist „*als Einheit*" der Möglichkeit und Wirklichkeit und folglich ebenfalls als „*nur* Möglichkeit" „*gesetzt*". Die „erste Wirklichkeit" entbehrte der Totalität der Form, die neue, aus der sich aufhebenden Möglichkeit hervorgegangene Wirklichkeit wurde zwar unter dem Gesichtspunkt der Totalität der Form entwickelt. Dennoch sind die bisher betrachteten Konzepte von Möglich- und Wirklichkeit, weil sie das „nur" Mögliche zum Ausdruck bringen, lediglich formell, noch nicht real (W178,26-179,8).

---

[293] „Hegels zweites Verdienst" angesichts seiner Theorie der Möglichkeit bestehe darin, diesen Zug der Verwirklichung des nur Möglichen erkannt zu haben (Hansen, a. a. O., S. 221).

Die Verwirklichung des nur Möglichen kann so aber auch anders ausfallen. Hegel lehnt sich mit dieser Theorie der Wirklichkeit als Verwirklichung des nur Möglichen gezielt an die Auffassung des Aristoteles an. In der ersten Analytik betrachtet Aristoteles den folgenden Fall: Es soll das Prädikat A jedem Subjekt B zukommen, jedoch auf *nicht notwendige* Weise. Unter dieser Voraussetzung ist für Aristoteles die Situation denkbar, daß das Zukommen *möglicherweise* auch *nicht* erfüllt ist. „Denn B kann so beschaffen sein, daß möglicherweise A keinem B zukommt"[294]. Aristoteles definiert mit dem äquivalenten Übergang vom Bereich eines *nicht notwendigen* Sachverhaltes zum Bereich eines *möglicherweise nicht* realisierten Sachverhaltes eine in allen normalen Modallogiken gültige Relation. Hegels Auffassung der formellen Wirklichkeit konvergiert mit der Theorie des Aristoteles darin, daß das Faktische (das nicht Notwendige) als ein nur Mögliches eingestuft wird,[295] wobei die Möglichkeit A ebenso eintreten kann wie die Möglichkeit ¬A.

Diese Konzeption von Wirklichkeit begreift Hegel als „Zufälligkeit" (W179,9ff). Das „Zufällige ist ein Wirkliches, das zugleich nur als möglich bestimmt, dessen Anderes oder Gegenteil ebensosehr ist". So zeigt sich das Zufällige als ein solches, das nur „den Wert...der Möglichkeit" besitzt (W179,10-14). Mit dem Zufälligen ist Hegel in der Lage, die Gegensätze bis ins Paradoxe zuzuspitzen. Das Zuspitzen der Gegensätze beim Zufälligen erreicht seinen Höhepunkt durch die Hinzunahme des Grundes. „Das Zufällige hat... darum keinen Grund, weil es zufällig ist; und ebensowohl hat es einen Grund, darum weil es zufällig ist" (W179,34-36). Die Begründung dieses paradoxen Satzes ergibt sich aus den vorangegangenen Überlegungen. Einerseits sind Mögliches wie auch Wirkliches Gesetzte (W176,6-9), daher hat jedes sein Bestehen oder seine „Reflexion-in-sich in einem Anderen". Somit gilt: das Zufällige, als die Einheit beider, *„hat einen Grund"*. Andererseits gilt: weil im Zufälligen Möglich- und Wirklichkeit unmittelbar vereinigt sind, wird die Möglich- durch die Wirklichkeit verdeckt (W179,19-33). Das unmittelbare Zusammensein beider Momente der Form bewirkt, daß die Möglichkeit oder allgemeiner die wesenslogische

---

[294] Aristoteles, 1. Analytik: 30a, 23-28

[295] „Denn der Terminus: es ist möglich, steht auf einer Linie mit dem Terminus: es ist". Aristoteles, 1. Analytik, A 3, 25b, 21-22. Vgl A 13, 32b, 2-3.

Komponente, wie Hegel an anderer Stelle sagt, „versenkt" (W100,35-36) oder „verschlossen" (W188,38) ist. Wenn aber die wesenslogische Komponente in dieser Weise außer Kraft gerät, kann das Zufällige nicht als „Gesetztsein" gesehen werden.[296] Es ist nicht „vermittelt, ...es hat keinen Grund" (W179,19-24). Am Zufälligen existiert also etwas, das sich der Begründung entzieht.

Das Zufällige zeigt sich als „Umschlagen" von Möglichkeit in Wirklichkeit und umgekehrt. Das Umschlagen ergibt sich einerseits durch die Verwirklichung der Möglichkeit und andererseits dadurch, daß sich das Wirkliche als nur Mögliches erwiesen hat. Auf diese Weise wird das Zufällige weniger von dem oben aufgewiesenen Mangel des Möglichen, „der absoluten Form nicht gemäß" zu sein, getroffen, denn durch das Umschlagen werden beide Momente der Form aktiviert. Jedes Moment impliziert das andere. Führt im Umschlagen jedes der beiden Momente auf das Andere, so sind sie, dialektisch gesehen, miteinander identisch. Diese dialektische Identität begreift Hegel als Notwendigkeit (W179,37-180,19).

Das Zufällige wurde als Wirkliches, das nur als möglich ist, dessen Anderes oder Gegenteil ebensosehr ist, definiert. Dieser Ansatz läßt sich als formal logische Äquivalenz veranschaulichen, eine Äquivalenz, die auf Aristoteles zurückgeht.[297] Es werde wie folgt symbolisiert: Z = Zufälligkeit, M = „Wert...der Möglichkeit", w = Wirkliches, m = Mögliches. Zudem sollen w und m formal logische, zweiwertige Negationen voneinander sein, d.h. es soll gelten: $\neg w = m$. Weiter werden Z qua Zufälligkeit und M qua „Wert...der Möglichkeit" als Prädikate, m und w als Subjekte im Sinne der Prädikatenlogik gedeutet. Dann ergibt sich, ausgehend von obigem Zitat, die nachstehende formal logische Äquivalenz:

$$\begin{aligned} Zw &\leftrightarrow Mw \;\&\; M\neg w \\ &\leftrightarrow M\neg w \;\&\; Mw \\ &\leftrightarrow M\neg w \;\&\; M\neg\neg w \\ &\leftrightarrow Z\neg w \\ &\leftrightarrow Zm \end{aligned}$$

---

[296] „*Setzen*" bezeichnet Hegel 1831 bei der Überarbeitung der Wissenschaft der Logik als Charakteristikum „des Wesens, der objektiven Reflexion"; der Grund *setzt* das, was durch ihn begründet wird" (Log I 109).

[297] Aristoteles, 1. Analytik, A 13, 32 a

Aber Hegel dürfte kaum an einer logischen Äquivalenz interessiert gewesen sein. Allenfalls die im Übergang von der Formel Zw zur entgegengesetzten Formel Zm waltende Identität könnte seine Aufmerksamkeit geweckt haben. Tatsächlich ist es ihm um die Darstellung der Notwendigkeit als dialektischer Identität zu tun. Sie spitzt sich darauf zu, daß im unvermittelten Umschlagen von Wirklichkeit in Möglichkeit und umgekehrt jedes der beiden Momente in seinem entgegengesetzten „mit sich selbst" zusammengeht. Die Besonderheit dieser Identität, weshalb sie als dialektische begriffen werden muß, besteht darin, daß jede der beiden Bestimmungen „in der anderen" mit sich identisch ist (W180,18-19).[298]

In dieser Identität vollzieht jede der beiden Bestimmungen eine Bewegung, in der sie sich mit der anderen ergänzt. Das Wirkliche ergänzt seine Unmittelbarkeit an der Reflexion oder am Ansichsein, d. h. an der Möglichkeit. Umgekehrt komplettiert sich das Mögliche als Reflexion in sich mit der unmittelbaren Wirklichkeit. Die Identität dieser beiden gegenläufigen Bewegungen macht die Notwendigkeit aus (W175,39-176,3).[299] Auf der Ebene der Erscheinung wurde dem Wesen das „Dasein" ab-, das Sein jedoch zugesprochen (W136,6-7). Das Notwendige aber *ist* nicht nur, sondern es „ist ein Wirkliches". Weil jedoch die Wirklichkeit aus der Möglichkeit hervorgegangen ist, weist sie neben der Unmittelbarkeit des Seins eine weitere Komponente auf, die Hegel Ansichsein, Grund, Reflexion in sich oder Möglichkeit nennt. „So ist die Wirklichkeit in ihrem Unterschiedenen, der Möglichkeit, identisch mit sich selbst. Als diese Identität ist sie Notwendigkeit". An dieser Stelle könnte Hegel seine Ausführungen über das Notwendige beenden[300], wenn er nicht – auf Grund der dargelegten Struktur der Wirklichkeit – schließen müßte, daß dem Notwendigen die Eigenschaft, Wirkliches zu sein, nicht durch sich selbst,

---

[298] W180,36-38.

[299] Hansen zitiert §147 der Enzyklopädie, in dem die zwei „entgegengesetzten Bewegungen...zu *einer* Bewegung vereint sind" (Hansen, a. a. O., S. 234). Mit dem §147 hat Hegel zwar schon die reale Ebene erklommen, dennoch dürfte diese Charakterisierung auch für die formelle Ebene gelten.

[300] Die These, Hegel habe bereits mit der formellen Notwendigkeit den Standpunkt der absoluten Notwendigkeit erreicht, wird von Wölfle vertreten. Wölfle, a. a. O., 466/7.

sondern „*durch ein Anderes*", nämlich durch die Möglichkeit, zuteil wird (W180,20-38). Bliebe es bei diesem Ergebnis, so geriete das Notwendige in eine Abhängigkeit, durch die es ihm unmöglich würde, sich als causa sui zu etablieren. Gerade das letztere aber dürfte ein zentrales Anliegen der Wesenslogik ausmachen.

Weil aus der Beziehung zwischen Möglich- und Wirklichkeit sowohl das Zufällige als auch das Notwendige gewonnen wurde, stellt sich das Problem des Zusammenhangs der beiden letzteren. Die Problemlösung beabsichtigt eine Integration des Zufälligen in das Notwendige. In der Zufälligkeit und nur in dieser hat das Notwendige ein Sein. „Das Zufällige ist... notwendig", damit das Notwendige sich in ihr zu entfalten vermag. Das Zufällige existiert daher nicht zufällig, sondern aus Notwendigkeit und durch die Notwendigkeit. Diese Deutung des Textes kann allerdings ihre endgültige Bestätigung erst auf der Ebene der absoluten Notwendigkeit erhalten.

B. *Relative Notwendigkeit oder reale Wirklichkeit, Möglichkeit und Notwendigkeit.*

Auf der formellen Ebene spielt der Inhalt eine untergeordnete Rolle. Wie gezeigt wurde, spricht Hegel der formellen Möglichkeit lediglich einen „Inhalt überhaupt" zu. Die Vernachlässigung des Inhalts wird mit der realen Wirklichkeit aufgegeben.[301] Hegel beginnt auf der realen Ebene mit der Bestimmung, die den Abschluß der formellen Ebene bildete, mit der formellen Notwendigkeit. Weil sie sich über einfache Momente konstituiert, die nur im Umschlagen in ihr Gegenteil die Totalität der Form darstellen, nennt Hegel die oben definierte Notwendigkeit formell. Wegen der so erreichten Identität der Formen Möglich- und Wirklichkeit, „ist diese Notwendigkeit Wirklichkeit".[302] Auf Grund der Definition des Inhaltes – die zu den Formen gleichgültige Identität auszumachen – besitzt die nun vorliegende Wirklichkeit einen „Inhalt" (W181,3-14). Da sie lediglich zueinander „gleichgültige"

---

[301] Hansen versteht den Übergang von der formellen zur realen Ebene als „Kritik", die Hegel selbst an seinem nur abstrakt vorgetragenen Ansatz vornimmt (Hansen, a. a. O., S. 235).

[302] Die Umkehrung – die Wirklichkeit, die notwendig ist – gewinnt Hegel erst auf der Ebene absoluten Notwendigkeit (W186,11-12).

oder „bloß *verschiedene*" Formen enthält, zeigt sich ihr Inhalt als „*mannigfaltiger* Inhalt". Diese Wirklichkeit von mannigfaltigem Inhalt nennt Hegel real. Er bestimmt ihn als „Ding von vielen Eigenschaften" und als „existierende Welt". Dabei hat er jedoch nicht mehr die flüchtige Erscheinung vor Augen, sondern die sich manifestierende Realität, die „sich in der Mannigfaltigkeit der bloßen Existenz" „erhält" (W181,15-22). Bei dieser Ableitung der realen Wirklichkeit aus der formellen Notwendigkeit hat man sich zu vergegenwärtigen, daß der Inhalt als Identität der Formunterschiede Möglichkeit und Wirklichkeit gesehen wird.

Wie auf der formellen Ebene „hat" die reale Wirklichkeit „gleichfalls die *Möglichkeit* unmittelbar *an ihr selbst*" (W181,31-32). Im Gegensatz zur formellen Wirklichkeit „enthält" jedoch nach den letzten Ausführungen die reale Wirklichkeit die Möglichkeit nicht nur als Ansichsein, sondern als inhaltsvolles Ansichsein (W181,37-38). Wegen der unmittelbaren Einheit beider Formbestimmungen ergibt sich, daß sich die Wirklichkeit „nur erst... in *einer*" dieser „Bestimmungen der Form" befindet (W181,34). Damit wiederholt sich das Problem der formellen Ebene, die von der Wirklichkeit überdeckte Möglichkeit der Wirklichkeit freizulegen. Dies geschieht durch eine Besinnung auf die als mannigfaltige Existenz gefaßte Wirklichkeit. Man hat sich „auf die Bestimmungen, Umstände, Bedingungen einer Sache" einzulassen, „um daraus ihre Möglichkeit zu erkennen" (W182,2-4). Die Intention, die Möglichkeit einer Sache zu erfassen, führt zunächst zu einer Entfremdung der Formen, Wirklichkeit und Möglichkeit. Denn die jeweils gegebene empirische Realität ist als Einheit der Formen zwar eine inhaltlich mit sich identische Wirklichkeit, die jedoch die Möglichkeit oder „das Ansichsein eines *anderen* Wirklichen" in sich zu tragen scheint (W182,24-27).

Hegel beeilt sich jedoch, diese Heterogenität als Fehleinschätzung darzustellen. Dabei ist er, wie schon auf der formellen Ebene bemüht, der spekulativen Methode – als Weg von der Identität über den Unterschied, der Verschiedenheit und der Entgegensetzung zum Widerspruch – zu folgen. Aus diesem Grund wird das traditionelle Konzept des Möglichen als demjenigen, das „sich nicht widerspricht" (W182,35),[303] auch auf der realen Ebene als uninteressant übergangen. Die jeweilige Wirklichkeit enthält als Ansichsein eine widerspruchsvolle Möglichkeit, die „sich auf-

---

[303] W177,10-11.

hebt". Doch während sich auf der formellen Ebene der Widerspruch als „vergleichende Beziehung" zweier möglicher Fälle einstellte (W178,13-23), liegt auf der realen Ebene kein „Widerspruch der Vergleichung" vor. Die reale Möglichkeit enthält als existierende Mannigfaltigkeit stets einen sachhaltigen Widerspruch, durch den sie sich schließlich aufhebt. Die „mannigfaltige Existenz ist *an sich selbst* dies, sich aufzuheben und zugrunde zu gehen" (W182,38-183,9).

Mit diesem Resultat wird allerdings die Wirklichkeit in der sich aufhebenden mannigfaltigen Existenz nicht sichtbar. Denn Wirklichkeit wurde von Hegel gerade als das sich in aller Äußerlichkeit und Veränderung Erhaltende und zu sich selbst Verhaltende eingeführt (W175,24-28). Betrachtet man jedoch den Prozeß der Selbstaufhebung der als Wirklichkeit ausgewiesenen realen Möglichkeit, so wird das Faktum ihrer Selbsterhaltung auch deutlich. Denn der Prozeß der Selbstaufhebung endet nicht im Leeren. Er führt vielmehr auf ein neues real Wirkliches, das abermals die reale Möglichkeit zu einem anderen Wirklichen in sich birgt. Diese Struktur des Inhaltes, Wirkliches wie auch Mögliches zu sein, nennt Hegel die „*Sache selbst*" (W183,13-14). Sie verwirklicht sich durch die Totalität der Bedingungen. „Wenn alle Bedingungen einer Sache vollständig vorhanden sind, so tritt sie in die Wirklichkeit" (W183,11-13). Im Unterschied zum bedingten Grund, der als „für sich seiende Reflexion" die Bedingungen „*außer*" sich hat, stellt die reale Wirklichkeit selbst ihr Anderes oder ihre reale Möglichkeit dar (W183,14-21).

In der sich aufhebenden Möglichkeit ist die Wirklichkeit als sich erhaltende genau dann nachgewiesen, wenn die beiden Formelemente den Prozeß der Aufhebung unbeschadet überstehen. Hegel wendet sich zunächst der realen Wirklichkeit zu. Sie scheint eine „selbständige unmittelbare" Existenz auszumachen. Hebt sie sich auf, so wird sie jedoch „zum Moment eines Anderen". Sie verliert ihre Unmittelbarkeit und wird „zum reflektierten Sein" (W183,24-28). Letzteres aber wurde als Möglichkeit oder Ansichsein gegenüber der unmittelbaren, unreflektierten Wirklichkeit eingeführt (W176,18-28). Analog verfährt Hegel mit der realen Möglichkeit. Ihr Aufheben kann sich nur in der Weise vollziehen, daß sie sich als Wirklichkeit darstellt (W183,28-31). Das Aufheben der Momente erbringt somit folgendes Resultat: Die als Wirklichkeit konzipierte sich aufhebende reale Möglichkeit produziert nur „*dieselben schon vorhandenen Momente*", wenn auch spiegelbildlich verkehrt. Es wird in diesem Prozeß der Aufhebung nur, was bereits ist, weshalb kein „*Übergehen*, sondern ein *Zusammengehen mit sich selbst*" vorliegt, das als Selbsterhaltung in aller Veränderung zu sehen ist (W183,31-36). Die oben, bei der Freilegung der realen Möglichkeit angesprochene Fehleinschätzung der Formelemente, erfährt die nachstehende Korrektur: „Was verschwindet, ist..., daß die Wirklichkeit bestimmt war, als die Möglichkeit oder das Ansichsein eines Anderen" (W184,8-10).

Dadurch, daß in aller Selbstaufhebung der realen Möglichkeit nur wird, was immer schon war, ergibt sich ein fundamentaler Unterschied zur formellen Möglichkeit. Während bei der letzteren immer auch ein „*Anderes* möglich" war, ist dieser Sachverhalt bei der realen Möglichkeit ausgeschaltet (W183,36-39). Die reale Möglichkeit wird durch diese Verhaltensweise in unmittelbare Nähe der Notwendigkeit gerückt. „Reale Möglichkeit und die Notwendigkeit sind daher nur *scheinbar* unterschieden" (W184,25-26). Aristoteles definierte das Notwendige als dasjenige, das sich nicht anders verhalten kann[304] und das Mögliche, als dasjenige, das sich anders verhalten kann.[305] Beides setzt Hegel bei der vorliegenden Problematik voraus (W184,17-18). Auf Grund der Analyse der Selbstaufhebung der realen Möglichkeit ist er jedoch gezwungen, die letzte Definition zugunsten der ersten zu verändern. „Was daher real möglich ist, das kann nicht mehr anders sein; unter diesen Bedingungen und Umständen kann nicht etwas anderes erfolgen" (W184,23-25).

Die als Notwendigkeit erwiesene reale Möglichkeit – Hegel nennt sie reale oder relative Notwendigkeit – bewertet er sowohl unter dem Gesichtspunkt des Inhaltes als auch unter dem der Form als beschränkt (W185,23-38). Die Beschränktheit der realen oder nur relativen Notwendigkeit wird vor allem dadurch deutlich, daß sie auf „eine *Voraussetzung*, von der sie anfängt", angewiesen ist. Diese Voraussetzung der realen Notwendigkeit ist die Zufälligkeit. Die reale Notwendigkeit „hat an dem *Zufälligen* ihren *Ausgangspunkt*" (W184,32-34). Erst wenn die Notwendigkeit ihre Voraussetzung aufhebt, indem sie den Ausgangspunkt ihrer Selbstbewegung in sich hineinverlegt, kann sie als weitere Definition des Absoluten, als absolute Notwendigkeit, akzeptiert werden.

---

[304] Aristoteles, Metaphysik 1015 a 33ff.

[305] Aristoteles, Metaphysik 1072 b 7ff.

Hegel ist auf der realen Ebene noch nicht imstande, die Notwendigkeit als aus sich anfangende und in sich zurückkehrende Bewegung zu beschreiben. Gerade diese Bewegung war der Maßstab, mit dem er an Spinoza herantrat (W170,10). Mit diesem Maßstab wird nun die Wesenslogik selbst gemessen. Der Mangel der realen Notwendigkeit besteht aus der Sicht der an Spinoza erfolgten Kritik darin, daß sie „*sich* noch nicht *aus sich selbst zur Zufälligkeit* bestimmt" „hat" (W185,18-19). Hegel zielt mithin auf die Existenz einer absoluten Notwendigkeit ab, die sich in die Zufälligkeit entläßt, um aus diesem Anderssein zu sich zurückzukehren. Nur über diese Unterscheidung von sich selbst gewinnt sie ihre Identität. Sie produziert die Zufälligkeit als ihr eigenes Moment. Die reale Notwendigkeit hingegen ist „eigentlich zufällige Notwendigkeit". Sie besitzt nur eine bedingte Eigenständigkeit, denn sie findet das Wirkliche vor, aus dessen zufälligen Umständen, die „sein können oder... auch nicht sein können", sie resultiert (Rel III 24).

In der Seinsweise der absoluten Notwendigkeit tritt das Zufällige nicht mehr als vorgefundene Voraussetzung auf, vielmehr ist das Zufällige – wie noch zu zeigen sein wird – von der absoluten Notwendigkeit zum Zweck ihrer Manifestation gesetzt (W186,33-34). Die absolute Notwendigkeit besitzt damit eine starke Affinität zum absolut Unbedingten, eine Affinität, die sich nicht nur als strukturelle Identität zeigt, sondern die sich bis auf die Wahl der Worte erstreckt. Denn wie sich das absolut Unbedingte „in die Äußerlichkeit des Seins hinausgeworfen" hatte (W100,11-12) und als „<u>zerstreute Mannigfaltigkeit</u>" agierte (W102,29),[306] so gilt für die absolute Notwendigkeit: sie „wirft sich hinaus, zerstreut sich", um in der Äußerlichkeit sie selbst zu sein (Rel III 26). Der Unterschied zwischen beiden Seinsweisen des Absoluten ist freilich der, daß die absolute Notwendigkeit sich nicht mehr ins wesenlose Sein (W102,29), sondern in das Gegenteil, in einen nunmehr sanktionierten Bereich, in eine „<u>zerstreute Wirklichkeit</u>" (W182,30),[307] d. h. in eine Einheit von Sein und Wesen hinauswirft.

Um die Struktur der absoluten Notwendigkeit zu gewinnen, muß die Wissenschaft der Logik die reale Möglichkeit transzendieren. Letztere kann „nur *an sich* das Notwendige" ausmachen,

---

[306] Unterstreichung vom Verfasser.
[307] Unterstreichung vom Verfasser.

„gesetzt... ist sie als das *Anderssein* der Wirklichkeit und Möglichkeit gegeneinander" (W185,33-35). Weil diese Momente ineinander umschlagen, ist die „Totalität der Form" nur „als Zufälligkeit" realisiert (W185,2-9). Als Folgerung aus dieser Struktur ergibt sich: Sowohl dem Inhalt als auch der Form nach ist die Zufälligkeit in der realen Notwendigkeit „enthalten" (W185,30-32).

C. Absolute Notwendigkeit

Es wurden zwei Aspekte hervorgehoben, unter denen Hegel den Gang der Wissenschaft der Logik sieht. Zum einen begreift er den Fortgang innerhalb der Logik als „Vertiefen des Seins in sich selbst", zum anderen versteht er die Entwicklung ihrer leitenden Bestimmungen als „Hervorgang des *Vollkommeneren aus dem Unvollkommeneren*" (Enz §159). Während durch den ersten Aspekt die Wissenschaft der Logik als Vorstoßen zu den eigentlichen Gründen des Seins zu verstehen ist, verweist der zweite Aspekt auf ihre eigentlichen Fundierungsverhältnisse. Immer wieder stellt sich heraus, daß an den Brennpunkten der Wissenschaft der Logik das Abgeleitete das Begründende ausmacht. Dieses Faktum bezeichnet Hegel als Gegenstoß des sich selber denkenden Denkens in sich.

Bei dem Paar Zufällig- und Notwendigkeit ergeben sich die nämlichen Ableitungs- und Fundierungsverhältnisse. Hegel gewinnt die formelle Notwendigkeit aus der Zufälligkeit. Mit der realen Notwendigkeit deutet sich jedoch eine Verschiebung an. Die reale Notwendigkeit ist zwar ebenfalls abgeleitet (aus der realen Möglichkeit), doch zeichnet sich bei der realen Notwendigkeit die Intention Hegels ab, über ihren abgeleiteten Status hinauszugehen, um zu den wahrhaften Fundierungsverhältnissen vorzudringen. Dies geschieht im Kapitel über die „Absolute Notwendigkeit". Aufgabe dieses Kapitels ist es, die fragliche Relation von Zufälligkeit und Notwendigkeit so zu gestalten, daß sich die letztere als Urheber der ersteren herausstellt (W186,28-34).

Die Genese der absoluten Notwendigkeit setzt mit einem Rückblick auf die reale Notwendigkeit ein.[308] Gegenüber der inhaltslo-

---

[308] Hansen betont zu Recht, daß Hegel auf der realen wie auf der absoluten Ebene die Vermittlung sich fordernder, gegensätzlicher Elemente sucht. Hansen, a. a. O., S. 235/6.

sen formellen Notwendigkeit hat sich die reale Notwendigkeit inhaltlich bestimmt. Ihr Inhalt besteht darin, „ihre Negation, die Zufälligkeit, an ihr" zu haben. Damit stellt sich eine Palette weiterer Folgerungen ein. Weil – schon auf der formellen Ebene – das Notwendige als Identität der „Wirklichkeit, in ihrem Unterschiedenen, der Möglichkeit" und umgekehrt definiert wurde, muß die reale Notwendigkeit als Wirklichkeit gelten, als Wirklichkeit freilich, „*die selbst als solche notwendig ist*". Diese Wirklichkeit, die absolute, hebt sich in ihrer Struktur von der realen Wirklichkeit ab. Während die reale Wirklichkeit die reale Möglichkeit als ihr Ansichsein besitzt, gilt von der absoluten Wirklichkeit, daß sie „die Notwendigkeit als ihr *Ansichsein* enthält" (W186,4-16). Abgesichert ist diese Folgerung durch die Analyse der realen Möglichkeit. Kernaussage des ihr gewidmeten Kapitels ist, daß die „reale Möglichkeit... Notwendigkeit" „wird" (W185,13-14). Wenn das Ansichsein der Wirklichkeit aus der Möglichkeit besteht und wenn weiter die Möglichkeit zur Notwendigkeit wird, dann muß die Notwendigkeit das Ansichsein der Wirklichkeit ausmachen. Mit dieser Folgerung tritt die Wirklichkeit in ein neues Stadium ihrer Entwicklung. Denn als notwendige Wirklichkeit ist sie diejenige, „die nicht mehr anders sein kann" (W186,14-15).

Die absolute Wirklichkeit darf jedoch nicht nur als die Wirklichkeit, die nicht mehr anders sein kann, begriffen werden. Auf Grund der auf der formellen Ebene entwickelten Struktur der Notwendigkeit als Identität von Wirklichkeit und Möglichkeit muß die notwendige Wirklichkeit auch als Möglichkeit gefaßt werden. Daher ist die auf der realen Ebene sich einstellende Verschiedenheit beider Momente (W181,15), immer schon aufgehoben. Die notwendige Wirklichkeit ist somit gesetzt, „*selbst die Einheit ihrer und der Möglichkeit zu sein*".

Wenn der absoluten Wirklichkeit sowohl der Aspekt der Notwendigkeit als auch der der Möglichkeit zukommt, so hat sie in dieser gegensätzlichen Strukturierung ihr Janusgesicht zu erkennen gegeben. Sie zeigt sich als die Wirklichkeit, die nicht mehr anders und zugleich als diejenige, die „ebensosehr auch anders sein... kann" (W186,14-22). Beide Stränge muß Hegel miteinander vermitteln. Der Grundgedanke dieser Vermittlung ist die Konstituierung einer Wirklichkeit als Möglichkeit zu einer Wirklichkeit in immer anderer Gestalt. Weil die Wirklichkeit als Möglichkeit gefaßt wurde, deshalb ist sie „bestimmt...aufgehoben zu werden. Als aufgehobene Möglichkeit ist sie das Hervorgehen einer neuen Wirklichkeit...Es wird so eine ganz andere Gestalt der Dinge, und es wird auch nichts anderes" (Enz §146). So weist die absolute Wirklichkeit sowohl die Züge der Notwendigkeit als auch die der Möglichkeit auf. Umgekehrt etabliert sich die Notwendigkeit nur durch die Momente Wirklichkeit und Möglichkeit. Da diese Momente ineinander umschlagen, bleibt die Zufälligkeit in der Notwendigkeit erhalten.

Absolut aber kann die Notwendigkeit nur genannt werden, wenn sie die Zufälligkeit nicht nur „an ihr" hat, sondern wenn sie sich als Urheber der Zufälligkeit erweist. Wieder sucht Hegel die Aporie. Sie besteht im vorliegenden Fall darin, daß sich die absolute Notwendigkeit als Urheber der Zufälligkeit unter die Gesetzmäßigkeit des Zufälligen stellt. Hegel führt den Nachweis der Existenz dieser absoluten Notwendigkeit auf dem Wege einer genetischen Exposition. Diese thematisiert zum einen das eigene „Werden" der absoluten Notwendigkeit zum anderen das Werden der Zufälligkeit „an ihr" (W186,28-32). Mit dieser genetischen Exposition geht Hegel weit über die bisherige Aussage, die Notwendigkeit enthält die Zufälligkeit, hinaus (W185,32-186,28). Das Werden der absoluten Notwendigkeit im sich selber denkenden Denken ist identisch mit dem Beweis der These, daß die reale Notwendigkeit „sich als Zufälligkeit bestimmt" (W187,22-24). Dadurch wird der oben konstatierte Mangel der realen Notwendigkeit, ebendieses „noch nicht" vollbracht zu haben (W185,18-19), beseitigt und die reale zur absoluten Notwendigkeit erhoben.[309]

---

[309] In der Religionsphilosophie unterscheidet Hegel eine äußere (reale) und eine innere (absolute) Notwendigkeit. Der Unterschied besteht darin, daß die reale Notwendigkeit auf immer anderes angelegt ist, wohingegen die absolute Notwendigkeit nur sich selbst zum Ergebnis hat. Zwar gilt für die reale Notwendigkeit, daß unter ganz bestimmten Umständen dieses oder jenes erfolgen „muß", aber die Umstände sind vorgegeben. Sie sind „solche, die sein können oder auch nicht sein können". Mit der realen Notwendigkeit liegt daher eine Notwendigkeit vor, in der „nur das Resultat notwendig, die Umstände" jedoch „zufällig" sind. Für sie reserviert Hegel die Bezeichnung „zufällige Notwendigkeit". Charakteristisch für diese Notwendigkeit ist: „Es kommt etwas ganz anderes als Resultat heraus, als was gesetzt ist". In der absoluten Notwendigkeit dagegen resultiert „nicht aus Voraussetzungen etwas

Der Beweis, an den das Werden der absoluten Notwendigkeit im sich selber denkenden Denken geknüpft ist, der Beweis, daß die vorausgesetzte Zufälligkeit als „eigenes Setzen" der Notwendigkeit zu sehen ist, läßt in seiner knappen Darlegung an Deutlichkeit zu wünschen übrig. Man ist gut beraten, wenn man Parallelstellen aus der Enzyklopädie (Enz §146-149) oder aus der Religionsphilosophie (Rel III 24-27) zur Aufhellung heranzieht. Ausgangspunkt des Beweises bildet die Definition der realen Notwendigkeit. Weil die reale Notwendigkeit die Zufälligkeit „an ihr" hat, verkehren sich die Formen, Wirklichkeit und Möglichkeit, ineinander. Somit liegt ein „Zusammengehen der Form mit sich" vor, das sich jedoch als „negatives Setzen jener" Formen gestaltet. Letzteres impliziert wiederum ein „*Setzen ihrer selbst als aufgehobener*", eine Aktivität, mit der die Notwendigkeit sich selbst vorausgesetzt oder als Unmittelbarkeit gesetzt hat (W186,33-187,8).

Wie zu Beginn der Wesenslogik unterliegt diese Unmittelbarkeit der Selbstaufhebung. Die von der absoluten Reflexion gesetzte Unmittelbarkeit wurde als Rückkehr, Gesetztsein oder als Negatives ausgewiesen. Alle diese Strukturen des Anfangs bleiben erhalten. Weil die Notwendigkeit sich als Unmittelbarkeit gesetzt oder sich vorausgesetzt hat, deshalb ist sie „bestimmt als Negatives". Hinzu kommt ferner, daß sie als Wirklichkeit und somit auch als Möglichkeit oder als „Ansichsein" gesetzt ist (W184,38-39). Unmittelbarkeit und Ansichsein erweisen sich somit gleichermaßen als Gesetztsein der Notwendigkeit. Die erstere auf Grund des Anfangs der Wesenslogik, die letztere auf Grund des Wirklichkeitskapitels. Damit wird die „neue Wirklichkeit" aus der „*Negation ihrer selbst*". Der Möglichkeit kommt in diesem Prozeß der Wirklichkeit die Rolle der Vermittlung der letzteren mit sich zu (W187,9-25). Der spekulative Weg der Momente der absoluten Form, Wirklich- und Möglichkeit, von der Identität über die Verschiedenheit zum Grund hat auf diese Weise seinen Ab-

---

anderes, sondern der Prozeß ist so, daß, was vorausgesetzt ist, auch im Resultat hervorkommt" (Rel III 24/5). Die Umstände sind in der absoluten Notwendigkeit nicht mehr vorgegeben, sondern von ihr selbst „gesetzt" (Rel III 25/6). Die absolute Notwendigkeit zeigt sich als Bewegung, in der sie sich in Umstände und Bedingungen hinauswirft oder zerstreut, um sich im Aufheben der Umstände selbst zu finden (Rel III 26).

schluß gefunden. Die Gegensätze Wirklich- und Möglichkeit sowie Form und Inhalt sind in ihrem Grund, in der absoluten Notwendigkeit, aufgehoben (W188,4-6). „So hat die Form in ihrer Realisierung alle ihre Unterschiede durchdrungen und sich durchsichtig gemacht" (W187,26-188,3).

Aus dem Beweis zur Existenz der absoluten Notwendigkeit ergibt sich, daß Hegel mit der absoluten Notwendigkeit an die Struktur der absoluten Reflexion anknüpft, denn er begreift die *absoluten Notwendigkeit* als *selbstbezügliche Negativität, die sich als Unmittelbarkeit bestimmt* (W188,22-23). Mit diesem Verständnis unterstreicht Hegel die *Einheit der Wesenslogik* zum wiederholten Mal. Darüberhinaus verdichtet er dadurch die Einheit von Seins- und Wesenslogik. Während die anfängliche Bewegung der absoluten Negativität, die sich als einfache Unmittelbarkeit bestimmt, in einer nahezu vom Sein befreiten, rein wesenslogischen Sphäre verläuft, etabliert sich die Bewegung der absoluten Notwendigkeit, da sie sich als Zufälligkeit abstößt, seinsträchtig. Denn das Sein hat auf der Ebene der absoluten Notwendigkeit die Bedeutung der Zufälligkeit angenommen. Während das Wesen oder die absolute Reflexion lediglich als „Verhalten zu sich selbst, aber zu sich als zu dem Negativen seiner" (W16,21-22) gefaßt wird, begreift die Wissenschaft der Logik die absolute Notwendigkeit als „das Sein, das in seiner Negation, im Wesen, sich auf sich bezieht und Sein ist" (W188,7-8).[310]

Die so gewonnene Einheit von Seins- und Wesenslogik korrigiert elementare Prinzipien beider Logiken. Als Korrektur des rein wesenslogischen Ansatzes kann die bereits angesprochene Anreicherung des Wesens mit Sein, durch die sich das Wesen als absolute Notwendigkeit konstituiert, vermerkt werden. Doch auch die Seinslogik erfährt in ihren elementaren Partien eine Korrektur. Sieht man von der Anfangsdialektik Sein, Nichts und Werden ab, so beginnt die Seinslogik mit einer Theorie des endlichen Daseins. Dieser „Anfang" ist so konzipiert, „daß das Endliche ist, daß es gilt" (Rel III 24). Zwar wurde dieses Konzept als Ansatz der äußeren Reflexion durchschaut (W18,20-24),[311] aber durch die Identifikation des Zufälligen mit dem Endlichen wird das Gelten

---

[310] Hansen spricht daher mit Recht von einer realontologischen Bedeutung der absoluten Notwendigkeit, die ihre Unmittelbarkeit als sich manifestierende Negativität erzeugt. Hansen, a. a. O., S. 236.

[311] W64,5-24.

des Endlichen noch deutlicher in Frage gestellt. Denn angesichts des Zufälligen muß „von einem nur fallenden" Sein gesprochen werden (W64,10-12). Das Sein des Zufälligen besitzt den „Wert des Nichtseins". „Am Zufälligen ist so die Negation seiner selbst gesetzt" (Rel III 24). Durch die so gearteten Korrekturen von Seins- und Wesenslogik wird die enge Bezogenheit beider Logiken unterstrichen. Endliches und Unendliches einerseits sowie Schein und Wesen andererseits durchdringen sich in der Zufälligkeit und der Notwendigkeit.

Auf Grund dieser Struktur ergeben sich vertiefende Prädikate der absoluten Notwendigkeit. Die absolute Notwendigkeit ist als *„reines Sein"* wie auch als *„reines Wesen"* anzusehen (W188,8-10). Sie ist „Sein schlechthin als Reflexion" (W190,16). Während das Sein der Erscheinung stets in einem anderen Erscheinenden begründet ist, liegt der Grund des Seins der absoluten Notwendigkeit nur in ihr selbst. „Das schlechthin Notwendige *ist* nur, weil es *ist*" (W188,11). Es ist das Sein, „das sich zum *Grunde* hat" (W210,32-33) und „das nur sich zum Grunde und Bedingung" hat (W188,15). Dieser Zusammenhang rückt die obige Charakterisierung der absoluten Notwendigkeit als Sein in ein neues Licht. Weil sie einen Grund besitzt, deshalb darf sie „nicht" mit dem „Sein" der Seinslogik identifiziert werden. Sie ist „nur *Schein, Beziehung* oder *Vermittlung*", aber Vermittlung mit sich selbst (W210,34-35).

Blickt man auf das zu Beginn der Wesenslogik dargestellte Wesen zurück, so kann das letztere lediglich als „Reflexion oder ... Scheinen" im nicht entwickelten Stadium des Ansichseins angesehen werden. Das Wesen als absolute Notwendigkeit dagegen umgreift die Position des anfänglichen Wesens, die Position des reinen Scheinens, weil es sein Scheinen in der Äußerlichkeit des Seins etabliert hat. Durch Einführen und ständigen Ausbau der seinslogischen Komponente in der Wesenslogik wird das zunächst abgewertete und ausschließlich zum negativen, nichtigen Schein deklarierte Sein aufgewertet und zum positiven Medium des Absoluten erhoben, in das es scheint, in dem es erscheint, sich zeigt, sich offenbart, sich manifestiert und sich auslegt. Aus dem nur ansich seienden Scheinen ist der „als Schein gesetzte Schein", das auf die Äußerlichkeit ausgedehnte und in ihr „*sich auf sich beziehende Scheinen*" geworden (W191,30-31). Das Sein der absoluten Notwendigkeit besteht in nichts anderem als in diesem Scheinen.

Als sich auf sich beziehende Negativität ist die absolute Notwendigkeit Unterscheiden. Da sie das mit Sein erfüllte Wesen ist, konstituieren sich ihre Unterschiede nicht mehr als Reflexionsbestimmungen, sondern „*als seiende* Mannigfaltigkeit". Die vom Wesen durchsetzte Mannigfaltigkeit wurde als Selbständigkeit ausgewiesen. Somit ist den Unterschieden der absoluten Notwendigkeit die „Gestalt von selbständigen Anderen" zu eigen (W188,24-27). Diese Art von Selbständigkeit weist jedoch extrem negative Züge auf. Die Unterschiede gelten nur deshalb als selbständig, weil jedes vom anderen abstrahiert. Die absolute Notwendigkeit entläßt (W189,29) ihre Unterschiede „als *freie Wirklichkeiten*, deren *keins im anderen scheint*, keins eine Spur seiner Beziehung auf das andere an ihm zeigen will" (W188,34-36). Durch diese Differenzierung der absoluten Notwendigkeit ergibt sich eine überspitzte Individuation dieser so entstandenen Unterschiede. Sie scheinen deshalb nicht ineinander, „weil sie nur... in sich gegründet, für sich gestaltet sind" (W189,11-16). Sie beanspruchen als Momente die Struktur, die lediglich dem Ganzen zukommt, nämlich das „Notwendige an ihm selbst" auszumachen (W188,36-37). Eine Beziehung dieser individuierten Mannigfaltigkeiten, eine „Berührung dieser Wirklichkeiten durcheinander" scheint auf *zufällige* Weise zustande zu kommen (W188,36-189,7).

Dieser Seinsweise der Unterschiede steht die Seinsweise der absoluten Notwendigkeit gegenüber. Sie widersetzt sich dem Anspruch der Unterschiede, das Notwendige auszumachen, insofern als sie ihnen Gewalt antut.[312] Denn sie praktiziert das „*absolute Umkehren*"[313] von Wirklichkeit in Möglichkeit und umgekehrt. Die absolute Notwendigkeit produziert also ihre Unterschiede, die seienden Mannigfaltigkeiten, verkehrt sie gewaltsam ineinander und ist auf diese Weise – da nur herauskommt, was schon ist – mit sich identisch. Weil Ausgangspunkt und „Resultat" der Bewegung der absoluten Notwendigkeit dadurch zusammenfallen, berührt Hegel mit ihr die Ebene des teleologischen Denkens. Trotzdem muß die absolute Notwendigkeit „blind" genannt werden, denn sie vermag zwischen Wirklich- und Möglichkeit nicht zu unterscheiden (W188,28-31).[314]

---

[312] Zu dem Problemkreis von Macht, Gewalt in der Wesenslogik vgl. Angehrn, a. a. O., insbesondere S. 63 -82.

[313] Das Umkehren von Momenten durch ihre Einheit fand bereits beim Inneren und Äußeren statt (W159,18-19).

[314] Der Terminus blind wird explizit als Abgrenzung zwischen der Wesenslogik und dem Bereich des Teleologischen, der erst in der Begriffslogik eine Behandlung erfährt, verwendet (Enz §147 Zusatz).

Obwohl sich die absolute Notwendigkeit als „blind" darstellt, gilt dennoch, daß sie die Akzente setzt (W188,28-31). Das Zufällige kann lediglich als Möglichkeit der Realisierung der absoluten Notwendigkeit angesehen werden. Die absolute Notwendigkeit vollzieht eine aus sich anfangende, zum Zufälligen und Wesenlosen fortschreitende, jedoch zu sich zurückkehrende Bewegung. Wie das absolut Unbedingte seine Form im Unmittelbaren „versenkt", das es in sich zurückkehrend wieder „abstreift" (W100,35-36), so ist die „Notwendigkeit als Wesen... in diesem Sein", ihrer Äußerlichkeit oder Zufälligkeit nur auf den ersten Blick „verschlossen" (W188,37-38). Die in der Unmittelbarkeit, Zufälligkeit zwar versteckte, aber dennoch das Geschehen insgesamt beherrschende Komponente, ist die Negativität des Wesens oder der absoluten Notwendigkeit. Dieser Hierarchie unterliegen auch die freien Wirklichkeiten, in die sich die absolute Notwendigkeit entlassen hat. Daher gilt von den Unterschieden oder Momenten der absoluten Notwendigkeit: „Aber ihr *Wesen* wird an ihnen hervorbrechen und offenbaren, was es ist und was sie sind" (W189,13-15). In dieser Offenbarung regiert allein die absolute Notwendigkeit, während ihre Unterschiede, die freien Wirklichkeiten, auf ihren Anspruch das Notwendige zu sein, verzichten müssen. Während in der Phänomenologie des Geistes den falsch handelnden Individuen der griechischen Mythologie die *sittliche* Notwendigkeit[315] als „lichtscheue Macht" nachstellt, „hervorbricht" und sie „ergreift" (Phän 335/6), ist in der Wesenslogik *allgemein* die absolute Notwendigkeit das „Lichtscheue", das an den freien Wirklichkeiten als ihre „Negation" (W189,20-21) hervorbricht (W189,13-18), sie an ihrem Inhalt ergreift (W189,25-30) und sie einem ebenso freien Anderssein unterwirft (W189,22).

Das „*blinde* Übergehen der Notwendigkeit" stellt sich als von ihr selbst herbeigeführte Aktivität heraus. Es ist die „*eigene Auslegung* des Absoluten", in der nicht ihre Unterschiede dominieren, sondern sie selbst. Hegel beschreibt sie, indem er die anfängliche in sich bleibende Bewegung des Wesens zusätzlich als „Entäußerung" begreift, in der das Wesen „sich selbst zeigt". Die Bewegung der absoluten Notwendigkeit, sich in die Zufälligkeit zu entlassen oder sich in freie Wirklichkeiten aufzuspalten, ist in die Bewegung der sich in den Akzidentien *auslegenden* oder sich zei-

---

[315] Zum Zusammenhang von Zufälligkeit und Sittlichkeit bei Hegel vgl D. Henrich: Hegel im Kontext. Frankfurt 1967, S. 171 – 186.

genden Substanz übergegangen (W190,4-11). Die Offenbarung des Wesens, dessen, was es ist und was sie, die freien Wirklichkeiten, sind (W189,14-15), hat eine eindeutige Zuordnung zur Folge. Während die Wesenslogik das „es" als Substanz begreift, deutet sie das „sie" als Akzidentien. Als Definition der Substanz ergibt sich: Sie ist dasjenige, das sich in der zufälligen Wirklichkeit, in der Akzidentalität, sich auf sich bezieht oder sich zu sich selbst verhält (W190,1-11).

Das absolute Verhältnis

Mit der Auffassung der absoluten Notwendigkeit als „*Auslegerin* des Absoluten" (W190,34-35) grenzt sich Hegel implizit noch einmal von der Philosophie Spinozas ab. Diese habe das Absolute mittels einer „*äußeren Reflexion* ausgelegt" (W190,24-25). Auslegung versteht Hegel in ähnlicher Weise wie Manifestation.[316] Das sich auslegende oder sich manifestierende Absolute ist das bis zur extremsten Äußerlichkeit und Unwesentlichkeit fortgeschrittene Wesen, das dadurch seinen Schein als Schein gesetzt hat (W190,22). Weder das Wesen als solches noch der zum absolut Unbedingten gesteigerte Grund genügen dem Begriff der Auslegung. Beide beschreiben zwar einen Prozeß der Selbstbestimmung, doch keins von beiden führt diesen Prozeß im Medium der die Existenz und die Erscheinung umgreifenden Wirklichkeit durch.

Um die Bewegung der sich auslegenden absoluten Notwendigkeit zu veranschaulichen, greift Hegel auf die Metaphorik des Lichts zurück. Dabei attackiert er keineswegs die orientalische Auffassung des Absoluten als sich selbst erleuchtendes Licht. Er wehrt in diesem Vergleich lediglich die hinzukommende Prädizierung des Ausströmens, durch die dem Absoluten eine Einbuße an Klarheit widerfahre, ab (W172,17-21). Die Eindringlichkeit dieser Metaphorik wird dadurch unterstrichen, daß sie in der natürlichen wie auch in der geistigen Sphäre als gültig proklamiert wird. Wie das „Licht der Natur" weder „Etwas, noch Ding", „sondern sein Sein nur sein Scheinen" ausmache, so bestehe das Sein der absoluten Notwendigkeit nur in ihrem Scheinen

---

[316] In späteren Darstellungen vernachlässigt er den Begriff der Auslegung zugunsten des Begriffs der Manifestation.

(W190,27-30). Analog verfährt Hegel im geistigen Bereich, wenn er in der Religionsphilosophie bei der Analyse der Religion der Erhabenheit das absolut notwendige Wesen oder das Eine[317] als dasjenige begreift, „das scheint, das sich manifestiert" (Rel III, 5-7), das sich „in der Natur... auf erhabene Weise" „manifestiert" (ebd.72). Das so bestimmte absolut Notwendige wird ausdrücklich von Hegel – durch Zitation des Psalmes 104 – mit der Lichtmetaphorik in Zusammenhang gebracht: „Licht ist dein Kleid, das du anhast" (ebd.73). Durch diese Metaphorik dürfte noch einmal belegt werden, daß es Hegel in der Wesenslogik nicht um den subjektiven, trügerischen Schein Kants geht, dem die die Erfahrung transzendierende Philosophie mit Notwendigkeit verfällt, sondern um die „Objektivität des Scheins" (N23,39-24,6), um die objektive Reflexion (S117,19-20).

Die absolute Notwendigkeit bestimmt Hegel deshalb als „Verhältnis", weil sie sich so von sich unterscheidet, daß die unterschiedenen „Momente" die „ganze Totalität" ausmachen. Es dürfte einleuchten, daß Hegel mit dieser Struktur auf die Natur der Reflexion (W34,29-32), wenn auch erweitert um die Komponente des Seins, zurückgeht. Anstelle des Ausdrucks Verhältnis verwendet Hegel auch die Formulierung „absolutes Verhältnis" (W190,31). Durch die Wahl dieses Ausdrucks deutet er an, daß er über das wesentliche Verhältnis hinausgegangen ist. Während im

---

[317] In dem auf die Wissenschaft der Logik aufbauenden System fungiert *das* Eine als seinslogische, *der* Eine als wesenslogische Bestimmung. Die Thematisierung des letzteren erfolgt allerdings nicht in der Wesenslogik, sondern in den Vorlesungen. In den Vorlesungen zur Religionsphilosophie bezeichnet Hegel den Monotheismus als große Erkenntnis des „westlichen Morgenlandes und Afrikas" (Rel III 17/8; vgl.5;23;51;58). In den Vorlesungen zu den Gottesbeweisen sind es die Eleaten und Spinoza, die das „absolute Eine erkennen" wollen. Dabei verhalten sich beide konform, indem sie das Endliche nicht aus ihm gewinnen, sondern es, als das Nichtige, auf „das Eine,... die absolute Substanz, das... notwendige Wesen, die causa sui" zurückführen. Im Gegensatz zu diesen Systemen habe Aristoteles tiefsinnig das Eine als „Manifestation" erfaßt (GB 129/30). In den Vorlesungen zur Geschichte der Philosophie rückt Hegel Plotin in die Nähe des Aristoteles. Allerdings habe Plotin das Endliche „nicht philosophisch oder dialektisch" aus dem Einen gewonnen, sondern nur in „Vorstellungen und Bildern" (MM19,445-447).

wesentlichen Verhältnis die entgegengesetzten Seiten zwar inhaltlich gleich waren, aber dennoch unterschiedene Unmittelbarkeiten – die seiende und die reflektierte Unmittelbarkeit – darstellten (W166,16-24), präsentieren sich im absoluten Verhältnis die Unterschiedenen als „durchsichtiger Schein" oder als „*verschwundener* Unterschied" (W163,24-25). Die absolute Notwendigkeit unterscheidet sich nur, um das „identische Setzen" ihrer selbst herbeizuführen (W191,1-6).[318] Allerdings ist diese Manifestation der absoluten Notwendigkeit erst noch zu entwickeln. In dieser Absicht betrachtet Hegel die drei Modelle Substanz, Kausalität und Wechselwirkung, die in fortschreitendem Maße die absolute Notwendigkeit realisieren (W191,7ff). Im Wechsel der Akzidentien manifestiert sich die Substanz nur unzureichend (W191,7-10), da nur die Akzidentien der Bewegung unterliegen. Erst wenn in der Kausalität und Wechselwirkung die Substanz sich selbst überschreitend vollendet (MM246-249), produziert sie – als Begriff – den „*vollkommen durchsichtigen Unterschied*" (W211,16-212,3).[319]

A. *Das Verhältnis der Substantialität*

Mit der Substanz, dem „Sein in *allem* Sein", ist „die letzte Einheit des Wesens und des Seins" erreicht (W191,23-24). Läßt man einige zentrale Stationen der Wissenschaft der Logik bis zur Substanz Revue passieren, so ergibt sich folgendes Bild. Das unreflektierte Unmittelbare (W191,25) oder das reine Sein besitzt keine Selbständigkeit (S99,21), es *ist nur im „Verschwinden"* (S98,24-100,16). Existenz und Erscheinung weisen zwar eine gewisse Selbständigkeit auf, doch diese ist relativ, da beide lediglich in einem Anderen bestehen. Die Substanz hingegen macht das an und fürsichseiende „Bestehen" aus (W191,28). Sie beinhaltet gegenüber dem Wechsel der Akzidentien das „positive *Beharren*" (W194,7). Die Bewegung der Akzidentien ergibt sich aus ihrer Definition. Hegel versteht unter den Akzidentien, das Etwas (W192,10), die existierenden „Dinge von mannigfaltigen Eigenschaften", „Ganze, die aus Teilen bestehen" sowie „Kräfte, die der Sollizitation durch einander bedürfen und einander zur Bedin-

---

[318] Lakebrink, a. a. O., S. 332ff.
[319] W209,19-20.

gung haben". Die Akzidentien sind gegeneinander machtlos (W193,19-26).

Auf der Stufe der Substanz konstatiert Hegel ein adäquates Ineinander von Sein und Reflexion (W191,28-34).[320] Dieses Feststellung erfolgt offenbar unter wesenslogischen Kriterien (191,35ff), denn zur Beschreibung der Substanz als „Bewegung der Akzidentalität" dient eine seins- und eine wesenslogische Komponente, die wesenslogisch, als Ineinanderscheinen, verbunden werden. „Die Bewegung der Akzidentalität stellt daher an jedem ihrer Momente das Scheinen der *Kategorien* des Seins und der *Reflexionsbestimmungen* des Wesens ineinander dar" (W192,7-10). Hegel exemplifiziert diese Bewegung am Etwas. Dessen seinslogische Struktur, die Zweieinheit von Ansichsein und Dasein, entspricht der wesenslogischen von Form und Inhalt. Weil beim Etwas weder das Dasein dem Ansichsein noch der Inhalt der Form genügt, deshalb ergibt sich sein Übergehen in Anderes oder seine Vergänglichkeit. Das Etwas vermag seine „gleichgültige *Verschiedenheit*" gegen Anderes nicht zu bewahren. Es tritt in Beziehung zu Anderem, verändert sich, um schließlich in seinen Grund, in das „*notwendige Wirkliche*" zurückzugehen (W192,10-21). Die Bewegung der Akzidentalität fördert also immer nur die Dominanz der Substanz zu Tage. Im Über- oder Untergang der Dinge zeigt sich die „*Aktuosität* der Substanz *als ruhiges Hervorgehen ihrer selbst*" (W192,22-23).

Im „Vergehen" der Akzidentien „manifestiert sich" die Substanz (W193,5-12). Sie manifestiert sich in den Akzidentien „als *schaffende*" und „als *zerstörende* Macht" (W193,11-14), jedoch nur um ihre Möglichkeiten adäquat in Wirklichkeit zu übersetzen (W193,11-15).[321] Die Substanz als Macht etabliert sich als Setzen

---

[320] Lakebrink, a. a. O., S. 335 – 337. Dieses Ineinander beschreibt Hegel mit der Terminologie des Durchdringens. Es erreicht seinen Zenit im Begriff. „Der Begriff ist die Durchdringung dieser Momente" (MM6,274). In ihm geben Sein und Reflexion ihre Absonderung oder Selbständigkeit gegeneinander zugunsten einer „Bestimmung durcheinander" auf, wodurch sie eine „erfüllte Selbständigkeit" erreichen (MM,269).

[321] Daß Hegel beim absoluten Verhältnis nicht nur spinozistische, sondern auch aristotelische Elemente in seinen Substanzbegriff integriert, wird durch einen weiteren Blick in die Vorlesungen zur Geschichte der Philosophie abermals bestätigt. Als „Hauptformen" der ousia oder der

und Aufheben ihrer Akzidentien, des Zufälligen, des Scheins.[322] Während zu Beginn der Dialektik von Zufall und Notwendigkeit sich das Zufällige als Wirkliches darstellte, das nur den „Wert" der Möglichkeit besaß, wird dem Akzidentiellen nunmehr von der Substanz ein Wert zugemessen. Nicht ein Akzidentielles beherrscht das Andere, sondern die Substanz „setzt" bei den Akzidentien „einen ungleichen Wert", indem sie ihnen unterschiedliche Inhalte zuordnet. Sie zeichnet „das eine als Vergehendes, das andere... als Entstehendes" aus (W193,25-29). Dieses Verhalten der Substanz gegenüber den Akzidentien kündigte sich bereits im Verhalten der absoluten Notwendigkeit gegenüber den freien Wirklichkeiten als das an ihnen hervorbrechende Scheinen an, woraus ihr Untergang resultierte (189,9-35).

Dadurch zeigt sich die Substanz als ewiger Prozeß der „Entzweiung" von „Inhalt" und „Form" und als ebenso ewiger Prozeß der „Reinigung" von dieser Entzweiung (W193,28-37).[323] In diesem ewigen Prozeß bekundet sich die Substanz als die „Macht" der Akzidentien (W193,27). Der religionsphilosophische Hintergrund dieser Ausführungen dürfte evident sein. Während im Falle der absoluten Notwendigkeit das Schicksal oder die rächende Nemesis auftritt, ist es im Fall der Substanz der Gott des Alten Testamentes, der sich als „*absolute Macht*" ankündigt (W193,5). „Der Eine nämlich ist diese absolute Macht; alles ist nur als Negatives" oder als Schein in ihm gesetzt (Rel III 15).

Substanz bei Aristoteles nennt Hegel „Möglichkeit" (dynamis) und „Wirklichkeit" (energeia). (Von den beiden gebräuchlichen Übersetzungen des griechischen Ausdrucks ousia ins Lateinische durch essentia oder substantia bevorzugt Hegel die letztere). In diesem Zusammenhang greift er die Diskussion der aristotelischen Wesenheiten, Form und Materie, die in der Wesenslogik als Momente des absoluten Grundes fungieren, auf. „Der Hauptbegriff der Substanz ist, daß sie nicht nur Materie ist... Die Materie ist nur eine Möglichkeit, die Form gibt ihr die Wirklichkeit" (MM19,152-154).

[322] K. Düsing: Das Problem der Subjektivität in Hegels Logik. Bonn, 1984, S. 228.

[323] In der Enzyklopädie bestimmt Hegel die Akzidentien als den Inhalt der Substanz, den die sich voraussetzende Form – die Substanz selbst – produziert und gegen den sie aufhebend tätig ist. Daher ereignet sich auf dieser Stufe das „absolute Umschlagen der Form und des Inhaltes ineinander" (Enz § 151).

Der Begriff der Substanz ist durch die Restriktion der Bewegung auf die Akzidentien nicht im vollen Umfang entwickelt (W194,1-2). Die Substanz bleibt als Macht über die Akzidentien zwar mit sich identisch, doch weil sie nicht als selbstbezügliche Negativität agiert,[324] fällt sie hinter die Bestimmung des Wesens zurück (W194,10-17). Ferner ist sie wegen ihrer unmittelbaren Gegenwart in den Akzidentien unzureichend von diesen unterschieden (W193,38-194,1). Diese mangelnde Entwicklung ihres Begriffs läßt sich auch noch aus einer anderen Perspektive betrachten. Weil die Substanz nur die Akzidentien, nicht aber sich selbst negiert, deshalb hat sie „nur die Akzidentalität zu ihrer Gestalt" und nicht sich selbst. Die Substanz tritt „nur als *Inneres* der Akzidentien" auf, „und diese sind nur an der Substanz" (W194,17-27). Damit deckt die Substanz als solche den Begriff des Verhältnisses nur unzulänglich ab. Der Unterschied, der das Ganze und sein Gegenteil sein sollte, die Akzidentalität oder absolute Schein, verschwindet unmittelbar im Ganzen oder der Substanz (W191,7-10). Damit verschwindet aber auch das „Verhältnis... unmittelbar" (W194,11). Erst wenn die Substanz aus ihrer unmittelbaren Gegenwart in den Akzidentien herausgelöst und als „*Fürsichsein* gegen ein *Anderes*" erfaßt ist, verläßt sie die formelle Ebene, um sich auf der realen Ebene als absolutes Verhältnis oder Kausalität zu konstituieren (W191,10-12).

B. Das Kausalitätsverhältnis

Appliziert die Substanz das ihr mangelnde Moment des negativen Selbstbezugs auf sich selbst, so schickt sie sich an, dem Begriff des Wesens, hinter den sie zurückgefallen war, auf der Ebene der

---

[324] Hegels Formulierungen sind in diesem Kapitel irreführend. Einerseits begreift er die Substanz, so weit sie bisher entwickelt wurde, nicht als selbstbezügliche Negativität, andererseits heißt es aber: Die Substanz ist nicht „tätig *gegen* Etwas, sondern nur gegen sich" (W192,24). Gemeint ist der folgende Sachverhalt: die Substanz hat sich als „Schein oder ... Akzidentalität" (W194,17-18) oder als „*scheinende Totalität*" (W191,33-34) vorausgesetzt. Gegen dieses Vorausgesetzte ist sie aufhebend tätig (W192,24-28). Diese Tätigkeit führt jedoch nicht zur Selbstaufhebung der Substanz, wie dies bei der Aktivität der Ursache der Fall sein wird.

Wirklichkeit zu entsprechen. Diese Korrektur der Substanz ergibt sich, wenn man die formal logische Operation der Kontraposition auf das zuletzt dargestellte Substanz- Akzidens Verhältnis anwendet. Denn *bezieht sich die Substanz nicht negativ auf sich*, sondern nur negativ auf ihre Akzidentien, so ist sie nicht in sich, sondern nur *in Anderes reflektiert*. Mit Hilfe der Kontraposition erhält man aus diesem Sachverhalt die *sich negativ auf sich beziehende Substanz*, die *in sich reflektiert* ist. Mit diesem Übergang liegt nicht mehr die Substanz als Totalität der Akzidentien vor, sondern die Substanz, die als sich auf sich beziehende Negativität mit sich identisch ist (W194,29-31). Weil die Substanz sich somit als sich „*von sich unterscheidende*" Macht" „setzt", ist das erste Modell der absoluten Notwendigkeit, in dem der Unterschied gerade nicht realisiert war, aufgehoben (W195,2-7).

a. Die formelle Kausalität

Auf Grund dieser Überlegungen interpretiert Hegel die absolute Notwendigkeit nicht mehr mit dem Modell Substanz-Akzidentien, sondern mit dem der Ursache und der Wirkung. Die von ihren Akzidentien abstrahierende, sich nunmehr auf sich konzentrierende Substanz ist die „*für sich seiende, mächtige Substanz*", die Ursache. Das Negierte oder das Gesetzte aber ist die Wirkung. Die in die Ursache übergegangene Substanz „ist... *selbst* das, was sie als Negatives setzt oder zum *Gesetztsein* macht" (W194,31-195,9). Da die Ursache sich in der Wirkung zum Gesetztsein macht, verhält sie sich in der Äußerlichkeit nur zu sich selbst und manifestiert sich. Weil die zur Ursache gewordene Substanz die Macht darstellt, die „ebensosehr Reflexion-in-sich in ihrem Scheine" ist, deshalb „*legt* sie ihr Übergehen *aus*" (W195,16-17).

Zu Beginn der Wesenslogik stellte sich das Problem des Anfangens mit der Unmittelbarkeit (W14,6-10). Dieses, sich in der Wesenslogik durchhaltende Problem, ob mit einen Unmittelbaren „anzufangen" und ob dieses ein „vorgefundenes Bestimmtes" sei,[325] wird mit der Substanz erneut virulent (W195,20-34). Hegel löst es, wie er es stets in der Wesenslogik gelöst hatte. Das Anfangen mit einer Unmittelbarkeit wird abgewehrt. „Die Substanz geht aber in ihrem Bestimmen nicht von der Akzidentalität aus, als ob diese *voraus* ein *Anderes* wäre und nun erst als Bestimmt-

---

[325] W15,36ff;65,22ff;136,8-11.

heit gesetzt würde, sondern beides ist Eine Aktuosität" (W195,20-23). Das Unmittelbare kann nur als ein vom Wesen Gesetztes verstanden werden. Das Wesen setzt sich als Unmittelbares, es setzt sich voraus. Auf diese Weise ist es das Abgestoßene, aus dem es zu sich zurückkehrt (W16,27-17,16). Genau dieser Sachverhalt beansprucht auch für die Substanzproblematik Gültigkeit.[326] Lediglich die Hauptakteure, das Wesen einerseits und der Schein, das Unmittelbare, das Vorausgesetzte andererseits, bekommen eine neue Rolle zugewiesen. Das Wesen tritt nunmehr als ursächliche Substanz, der Schein als Akzidentalität oder Wirkung auf. Wie anfangs das Wesen einen Schein hat, so gilt nunmehr: „Die Substanz... hat Akzidentalität" (W195,15-16) oder die Ursache hat eine Wirkung. Die Substanz ist dasjenige, das die Welt, die Endlichkeit, die Zufälligkeit, die Akzidentalität produziert oder als ihren Schein setzt.[327] Damit nimmt die Wesenslogik extrem theologische Züge an. Die Substanz muß nicht nur als Macht, sondern als das Sich-Offenbarende, Sich-Zeigende, die Ursache muß als das sich in der Endlichkeit Manifestierende und Auslegende gesehen werden.

Der ursächlichen Substanz kommt gegenüber ihrem Gesetztsein, der Wirkung, die Rolle des Ursprünglichen zu (W195,14ff). Unter dieser Perspektive ist die Wirkung das „Bestimmte" und die Ursache das „*Bestimmen*". Bei dem oben durchgeführten Über-

---

[326] Diese Selbstbestimmung des Wesens bildet das Fundament aller „physikalisch-organischen und geistigen" Selbstbestimmung. Lakebrink, a. a. O., S. 357/8

[327] Nach Theunissen „leugnet" Hegel „schlichtweg die Geistigkeit des Wesens". Hegel habe im System das Wesen dem Unorganischen, nicht dem Organischen, geschweige denn dem Lebendigen zugeordnet (Theunissen, a. a. O., S. 330). Wenn man schon nach Zuordnungen sucht, so ist die von Hegel vorgenommene Zuordnung des Wesens zur Religion der Schönheit (griechische Religion) und zur Religion der Erhabenheit (jüdische Religion) die interessantere. Nach dieser Zuordnung läßt sich Theunissens Behauptung nicht aufrecht halten. „Die Völker, welche ...das Wesen...verehren, sind" auf „den Boden der Geisterwelt herübergetreten". Sie haben sich das „Band...des gedankenlosen Irrsals von der Stirne gerissen und den Gedanken...ergriffen" (Rel III 6). Die Religion der Erhabenheit demonstriert in der Schöpfungsgeschichte die „Macht als Herrschaft des Einen" (Rel III 56). Dieser Religion ist die mächtige Ursache zuzuordnen.

gang von der Akzidentalität zur Wirkung (W196,4ff) gibt die Substanz ihre Rolle als bloßes „Ansich ihrer Akzidenz" auf. Wird die Substanz als Ursache begriffen, so ist sie „auch gesetzt als dieses Ansichsein" (W196,16-17). Die Einheit von Ansichsein und Gesetztsein aber hatte sich *zuletzt* in der Wesenslogik als Wirklichkeit erwiesen. Damit gilt: „Die Substanz hat daher erst als Ursache Wirklichkeit" und diese Wirklichkeit „ist die *Wirkung*". Die Substanz zeigt sich auf diese Weise nicht nur als ursächliche, sondern als „wirkliche Substanz". Die zunächst eingeführte Charakterisierung der Substanz als Macht der Akzidentien stößt in andere Dimensionen vor. Ihre Macht konzentriert sich nicht nur als Macht über anderes, sondern über sich selbst. Die Wirklichkeit der „Substanz als Macht" zeigt sich in ihrer Fähigkeit, „sich selbst" zur Ursache zu bestimmen (W196,17-24).

Durch die Faktoren Ursprünglichkeit, Notwendigkeit und dem „Bestimmen ihrer selbst" (W196,30-31) transzendiert die wirkliche und ursächliche Substanz das Verhältnis der Kraft. Die Unterschiedenheit trotz aller Affinität besteht vor allem darin, daß die Ursache im Gegensatz zur Kraft „aus sich das Setzen... *ihrer Wirkung*" zuwege bringt (Good 135). Damit eröffnet die als Substanz gedachte absolute Ursache eine Perspektive, die beim Kräftespiel nicht gegeben war. Hegel erblickt in der absoluten mächtigen Ursache den Sachverhalt der causa sui, den er bei Spinoza deshalb nicht akzeptieren konnte, weil dieser ihn nicht abgeleitet hatte (W170,21-32). „Nur als diese Notwendigkeit ist die Ursache selbst bewegend, aus sich anfangend, ohne von einem anderen sollizitiert zu werden" (W196,37-39).[328] Die in der Enzyklopädie nicht ausgetragene Kritik an Herder – es sei nicht hinreichend „Gott als Kraft aufzufassen" (Enz §136) – erhält an dieser Stelle der Wesenslogik eine Grundlage.

---

[328] O. F. Summerell – The Philosophical-Theological Significance of the Concept of Ontotheology in Martin Heidegger's Critique of G. W. F. Hegel, Diss. University of Virginia 1994 – legt dar, daß der Begriff der causa sui in Heideggers Hegelkritik von zentraler Bedeutung ist. Während Hegel die göttliche Selbstursächlichkeit im sich selber denkenden Denken aufhebe, destruiere Heidegger das absolute Setzen zugunsten der Zeitlichkeit des Seins (233-236). Weder Hegel noch Heidegger haben nach Summerell den Begriff der causa sui konsequent zu Ende gedacht: Man müsse die causa sui im Sinne des ganz Anderen auslegen (596-600).

Als Ursache aber „muß" die wirkliche Substanz „wirken". Hierin konstituiert sich „ihre Ursprünglichkeit" (W197,1ff) wie auch ihre „Notwendigkeit" (W196,22-23). In der Notwendigkeit eine Wirkung hervorzubringen erweist sich die Ursache gegenüber der Wirkung, dem „Gesetztsein", als das sich Auslegende (W196,22-26). Keins von beiden ist ohne das Andere denkbar. Jedes bildet eine dialektische Identität mit dem Anderen. *„Die Wirkung enthält daher überhaupt nichts, was nicht die Ursache enthält"* und umgekehrt (W197,5-8). Nahezu gleichlautende Formulierungen finden sich beim formellen Grund (W80,25-27).[329] Trotz aller Parallelen aber hat Hegel Grund und Ursache streng unterschieden. Zwar zeigt sich der absolute Grund im Zuge der Selbstbestimmung des Wesens als das Setzende und „Nichtgesetzte" gegenüber dem Gesetzten, dem Begründeten (W68,9ff). Dieselbe Charakteristik trifft auch auf die Ursache zu. Dennoch geht Hegel mit der Ursache durch das Konzept der Manifestation oder der Auslegung, weil jedes dieser Konzepte eine adäquate Realisation des Wesens im Sein signalisiert, weit über den Grund hinaus. Dazu gesellt sich, als weiteres Unterscheidungskriterium, der Faktor der Ursprünglichkeit. Ursache wie auch Grund etablieren sich im Gegensatz zum Gesetzten als das Bestimmende und Nichtgesetzte, darüberhinaus jedoch konstituiert sich die Ursache als *„nicht gesetztes* Ursprüngliches" (W196,9-14).[330]

Die soeben betrachtete Kausalität, die Hegel formell nennt, gestaltet sich als das „unendliche Verhältnis der absoluten Macht". Ihr Inhalt stellt sich als „reine Manifestation oder Notwendigkeit" dar. Von dieser unterscheidet Hegel die reale und endliche Kausalität (W198,1ff). Der Gang von der formellen zur realen Ebene oder vom Unendlichen zum Endlichen ergibt sich aus der Manifestation der Ursache in der Wirkung, aus der adäquaten Äußerung der ersteren in der letzteren. Durch diese Identität von Ursache und Wirkung wird der Unterschied von Ansichsein und „Gesetztsein... aufgehoben. Die Ursache erlischt in der Wirkung" (197,18-21). Wie die Vereinigung des Grundes mit seinen Be-

---

[329] Auch beim Teil und beim Ganzen verwendet Hegel diese Formulierung (W145,9-10).

[330] Zwar verwendet Hegel bei der Herleitung des vollständigen Grundes das Adjektiv „ursprünglich", aber der in diesem Umkreis entwickelte Grund ist bedingt. Er kann deshalb nicht das Ursprüngliche ausmachen.

dingungen in der Existenz „zunächst" ein Erlöschen der Negativität zur Folge hat, so daß in dem für die Wesenslogik relevanten Paar Unmittelbarkeit und Negativität die Unmittelbarkeit dominiert (W104,30-31), so setzt sich die „erloschene Kausalität" als „*Unmittelbarkeit*" (W197,23).

b. Das bestimmte Kausalitätsverhältnis

Was hat es mit dieser Unmittelbarkeit auf sich? In dem durch eine Unzahl von Beispielen verdunkelten Text fällt es nicht leicht eine Antwort zu finden. Folgt man der spekulativen Methode, so müßte Hegel nach dem Aspekt der Identität den der Verschiedenheit thematisieren. Tatsächlich hält er auch bei der vorliegenden Problematik konsequent an diesem Weg fest. Daneben aktiviert Hegel aber einen zweiten Problemkreis der fraglichen Unmittelbarkeit, auf den er zu Beginn seiner Ausführungen zwar verweist, den er jedoch erst später ableitet. Daß die fragliche Unmittelbarkeit zweifach entfaltet wird, bestätigt der Text explizit am Ende des spekulativen Wegstückes der Verschiedenheit, wenn von „den beiden Bestimmungen der Unmittelbarkeit" die Rede ist. Die erste Bestimmung der Unmittelbarkeit, wird als „Inhalt" erfaßt, „an dem die Kausalität sich äußerlich verläuft", die zweite als endliche Substanz oder als „*existierendes* Substrat, dem die Ursache und die Wirkung *inhärieren*" (W204,20-24).

Richtet man seine Aufmerksamkeit auf die erste Bestimmung, so ergibt der bisherige Gang der Wesenslogik: die aus der Identität der Formunterschiede abgeleitete Unmittelbarkeit muß als Inhalt begriffen werden, weil der Inhalt bei seiner Einführung in der Wesenslogik – wenn auch speziell an Hand der Formunterschiede Form und Materie – gerade so definiert wurde. Hegel verfährt auf allen nachfolgenden Ebenen in derselben Weise: stets wird die Identität der Formunterschiede als Inhalt gefaßt. Inhalt und Form fungieren als globale Variable der Wesenslogik. Man sieht das deutlich an einer Bemerkung, in der Hegel auf „die Form, hier die Kausalität" zu sprechen kommt, um anschließend die Verschiedenheit von Form und Inhalt zu konstatieren (W197,30ff). Analog zum formellen Grund (W79,35-80,2) präsentiert sich die Kausalität unter dem spekulativen Gesichtspunkt der Verschiedenheit so, daß ein identischer Inhalt unter einem zweifachen Aspekt der Form gesehen wird. Es ist „*dieselbe Sache*", die sich „das eine Mal als Ursache" oder als „eigentümliches Bestehen", „das andere Mal als Wirkung" oder als „Gesetztsein" darstellt. Bestehen und Gesetztsein, die Komponenten der bestimmenden Reflexion, treten ebenfalls als globale Variable auf, mit denen Hegel auch die vorliegenden Partien der Wesenslogik gestaltet (W198,11-14).

Im Gegensatz zu der ersten Bestimmung der Unmittelbarkeit wird die zweite, ihre Charakterisierung als Substrat oder Substanz, erst einmal nicht abgeleitet. Hegel verweist im Zusammenhang der Diskussion von Form und Inhalt nur auf eine „*endliche Substanz*" (W198,2). Ihre Ableitung erfolgt später an Hand einer erneuten Aufnahme der Diskussion der Verschiedenheit von Form und Inhalt (W201,6ff). Die in Rede stehende Ableitung sieht wie folgt aus: Unmittelbarkeit muß auf der vorliegenden Stufe der Wesenslogik als unmittelbare Existenz oder als Ding gesehen werden. Dieses besitzt einen Komplex von Eigenschaften, „*unter anderem* auch diese, daß es *in irgendeiner Rücksicht* Ursache oder auch Wirkung ist". Dadurch gilt: „Die Formbestimmungen, Ursache und Wirkung, haben" also an diesem Ding „ihr Substrat" oder „ihr...Bestehen". Weil dieses Ding das Bestehen der Formbestimmungen Ursache oder Wirkung ausmacht, muß es „Substanz" sein, denn die ersteren wurden aus der letzteren entwickelt.

Hegel vergleicht die formelle mit der in der Endlichkeit sich realisierenden, bestimmten Kausalität, um „zu sehen, was... geworden ist" (W204,14-15). Bei diesem Vergleich rücken der in der bestimmten Kausalität fehlende Selbstanfang und das in ihr vorhandene „Schlecht-Unendliche", das sich ausbreitet, weil stets eine endliche Substanz eine Wirkung an eine andere endliche Substanz weiterreicht, an den Rand des Geschehens. Von Interesse ist lediglich ein zur formellen Kausalität komplementäres Ergebnis. Dieses lautet: Die Ursache „*erlischt*" „*nicht nur*", sondern „*in ihrem Erlöschen... wird*" sie auch wieder (W204,37-39). Analog verhält es sich mit der Wirkung. Damit erscheint das *äußerliche* „*Übergehen* der Kausalität von einem Substrat an ein anderes*", das der bestimmten Kausalität gegenüber der formellen eigentümlich ist, in einem neuen Licht: „dieses *Anderswerden*" der Kausalität muß als „ihr *eigenes Setzen*" verstanden werden (W205,2-5).

An dieser Stelle zeigt sich die Verschränkung von wesens- und seinslogischer Dialektik in aller Schärfe. Denn die oben betrachtete, sich in ihrer Wirkung manifestierende, mächtige Ursache ist unendlich. Das Unendliche setzt sich, nach Auskunft der Seinslogik, zum Endlichen herab. Auf der Basis der Endlichkeit aber

221

kommt der auf der formellen Ebene erloschene Prozeß von Ursache und Wirkung wieder in Gang. Somit geht die Reanimation der erloschenen Kausalität auf die Verfaßtheit der unendlichen Ursache, sich selbst zu verendlichen, zurück.[331] Die Ursache stellt sich in der bestimmten Kausalität wieder her. Sie stellt sich jedoch als „wirkende Substanz" wieder her (W205,26-29).[332] Auf Grund der Natur der Reflexion einerseits und wegen des gegenseitigen Durchdringens von Seins- und Wesenslogik andererseits kontinuiert sich die unendliche Kausalität in die Endlichkeit. Um aber in der Endlichkeit wirken zu können, muß die unendliche Ursache sich als Anderes setzen. Ist dieser Sachverhalt erst einmal durchschaut, so besitzt die „Kausalität...kein *Substrat* mehr, dem sie *inhaerierte*". Vielmehr ist die Kausalität „selbst die Substanz", die ihre Macht in der Endlichkeit demonstriert (W205,31-34).

Wie bei der Diskussion der Kraft verliert die endliche Erscheinung zugunsten der wesenslogischen Dimension an Gewicht. „Das Ding, an dem die Kraft sein sollte, hat somit...keine Bedeutung mehr: sie selbst ist vielmehr Setzen der Äußerlichkeit, welche als Existenz erscheint" (W150,14-16). Das Setzen der Äußerlichkeit vollzieht sich als eigene Tat der wesenslogischen Größen wie Grund, Kraft, Notwendigkeit, Substanz. Ihr Verhalten besteht gerade darin, sich als Anderes zu setzen, um durch Aufheben dieses Andersseins mit sich identisch zu sein. „Die Kausalität *setzt* also sich selbst *voraus* oder bedingt sich" (205,5-6), sie setzt sich als „passive Substanz" voraus, um überhaupt wirken zu können (205,13ff). Die als Substrat und endliche Substanz auftretende Realität ist „*bestimmt als Voraussetzung* oder *gesetzt gegen* die *wirkende* Kausalität" (W205,7-9). Die negative Beziehung der Kausalität auf sich ergibt wie zu Beginn der Wesenslogik bei der setzenden Reflexion ein Negatives (W205,13-18), das, weil es der wirkenden Kausalität ausgesetzt ist, als passive Substanz begriffen werden muß (W205,22).

c. *Wirkung und Gegenwirkung*

Die voraussetzende Struktur der *Kausalität* stellt, indem sie die fundamentale Struktur des Wesens – sich selbst vorauszusetzen –

---

[331] Die unendliche Ursache verendlicht sich, um auf diese Art ihren ganzen Reichtum zu offenbaren. Lakebrink, a. a. O., S. 355.
[332] Vgl. Angehrn, a. a. O., S. 65.

verkörpert einen globalen Faktor der Wesenslogik dar. Genau so wichtig ist jedoch der lokale Faktor einzuschätzen, der Faktor der Ursache zu wirken. Existierte dieser zweite Gesichtspunkt nicht, so könnte Hegel vom Voraussetzenden schlechthin sprechen. Tatsächlich ist jedoch vom voraussetzenden Wesen, vom voraussetzenden Grund etc. die Rede. Der erste Faktor behauptet lediglich den Zug der wiederhergestellten Ursache, sich als passive Substanz zu setzen, damit sich die wirkende Ursache in ihr manifestiere. Der zweite Faktor diskutiert die Durchführung oder den Vollzug dieser Manifestation. Dabei wird über das Voraussetzen durch eine Besinnung auf die Grundverfaßtheit der Ursache, nämlich zu wirken, hinausgegangen.

Diesen Vollzug leitet Hegel ein mit den Worten: „Diese Ursache", die alle Endlichkeit umschließende unendliche Ursache, „*wirkt*" nun". Nach den obigen Ausführungen muß sie nicht nur, wie zu Beginn der Wesenslogik als negativer Selbstbezug, sondern als „negative Macht *auf sich* selbst" begriffen werden (W206,1ff). Auch hier wird deutlich, daß Hegel am eingangs aufgestellten Konzept festhält und es nur ausbaut. Der Fortschritt vom selbstbezüglichen Wesen zur selbstbezüglichen Macht wird ermöglicht durch die Einheit von Seins- und Wesenslogik, als deren letztes Modell die Substanz fungierte, die ihrerseits als Macht bestimmt wurde.

Auf Grund der Andersheit beider Substanzen erleidet die passive durch die „Einwirkung" der aktiven Substanz „Gewalt", denn sie ist der Macht der wirkenden Substanz auf äußerliche Weise ausgesetzt. Durch diese Gewalt wird jedoch der passiven Substanz „nur ihr Recht angetan" (W207,11-12). Denn die wirkende Ursache hat sich als passive Substanz gerade vorausgesetzt, damit auf sie eingewirkt werde. Unterbliebe diese Einwirkung, so hätte es mit der Voraussetzung sein Bewenden. Wirkt die „gewaltige Ursache" auf die passive Substanz, so hat sie sich diese nicht nur vorausgesetzt, sondern sich in ihr manifestiert (W206,25ff).

Es ist das „Voraus",[333] das die aktive Substanz im Einwirken auf die passive Substanz der letzteren, die als Voraussetzung nur

---

[333] Ist etwas im voraus gesetzt, so ist es nicht abgeleitet, nicht entwickelt, nicht in eigentlicher Weise gesetzt, mithin „gesetzt, als nicht gesetzt". Diese Wendung spielt bei Fichte eine bedeutende Rolle. Fichte, a. a. O., S. 163/4 passim. Hegel gebraucht diese Formulierung, die die anfängliche Definition des Voraussetzens – Aufheben des Setzens im

223

„Bedingung" ist, „abstreift" (W207,8-10). In diesem notwendigem Prozeß – denn die Ursache „muß" wirken (W207,2-3) – erlangt die passive Substanz „ihre eigene Bestimmung" (W207,15). Hat sie mit ihrem Gesetztwerden durch die aktive Substanz wiederum ihr Telos erreicht, so geht sie mit sich zusammen und ist „Ursprünglichkeit" (W207,19-20). Ist sie jedoch das Ursprüngliche, so kann sie nicht mehr nur als passive Substanz, sondern muß auch als „Ursache" angesehen werden. Durch das Wirken der aktiven Substanz wird mithin die passive Substanz „erhalten", darüberhinaus sogar als Ursache „gesetzt" (W207,20-26).

Die entscheidende Folgerung, die Hegel aus dem soeben skizzierten Verkehren der passiven Substanz in die Ursache zieht, besteht darin, daß er der passiven Substanz eine „Gegenwirkung" konzediert. Mit der Gegenwirkung ist die passive Substanz in ihrem Ansichsein gesetzt. Sie ist gesetzt als das, was sie in Wahrheit ist, nämlich als aktive Substanz. Weil sich aber das Verkehren als zweiseitiges Geschehen erwies, als Tätigkeit der wirkenden und der passiven Substanz, gilt: Passivität und Aktivität fallen auf der Seite der passiven Substanz zusammen, wie sie bereits vorher auf der Seite der wirkenden Substanz zusammengefallen waren, denn die aktive Substanz setzt sich als passive voraus (W207,27-39). Damit hat sich die *„vorhin passive"* als „rückwirkende Substanz" erwiesen, ein Sachverhalt, der in der bestimmten Kausalität gerade nicht vorlag (W208,10-21). Die Rückwirkung der passiven Substanz besteht darin, daß sie „gegen die erste wirkende Ursache" angeht (W208,1-2). Weil in der sich selbst voraussetzenden oder sich selbst bedingenden Kausalität[334] aus der passiven Substanz die „ursächliche Substanz" *„entsteht"*, deshalb ist der Progreß der schlechten Unendlichkeit, der sich in der endlichen Kausalität ergab, zu einem „unendlichen Wechselwirken" „umgebogen" (W208,26-34).[335]

Setzen (W16,17-18) – approximiert, in der Wesenslogik nicht, wohl aber in der 2. Auflage der Seinslogik (S172,24-26). Darüberhinaus setzt er sie in seiner Kritik an Fichte, sowohl in ontologischer (Diff 48/9), als auch in logischer (MM20,396) Absicht ein.

[334] Hegel nennt sie „bedingte Kausalität" (W208,21).

[335] Der von Theunissen und Henrich bei der Interpretation der außer sich gekommenen Reflexion aufgestellten These, die Wesenslogik sei nicht imstande einsichtig zu machen, wie die „Herrschaft des Anderen" – das vom Wesen hervorgebrachte Gesetztsein – zu brechen sei

Die *Affinität* des selbstbezüglichen Verhältnisses der ursächlichen Substanz zum absolut Unbedingten dürfte deutlich sein. Beide setzen sich als Bedingung in der Gestalt der Unmittelbarkeit voraus. Bei beiden wird durch die Struktur der Bedingung das Abstreifen der Unmittelbarkeit ermöglicht (207,9-13), woraus wiederum das Gesetztwerden der Sache (W102,9-12) sowie der passiven Substanz und das Werden dieser Begriffe resultiert.[336] Doch auch die *Differenz* zwischen dem absolut Unbedingten und der Substanz dürfte kaum zu übersehen sein. Während das absolut Unbedingte sich in der Gestalt des formlosen oder wesenlosen Seins voraussetzt oder bedingt, setzt sich die absolute Substanz als das vom Wesen durchdrungene Sein voraus. Denn die aktive Substanz setzt sich als passive Substanz voraus. Die Substanz aber wurde als die letzte Einheit von Sein und Wesen ausgewiesen. Die *Affinität* zwischen dem bedingten Grund (W97,38) und der bedingten Kausalität enthält mithin als *Differenz* verschiedene Gegensätze. Im ersteren stehen sich nur Sein und Wesen, in der letzteren hingegen steht sich das vom Sein durchdrungene Wesen selbst gegenüber, denn der Unterschied von aktiver und passiver Substanz wurde aufgehoben.

C. Die Wechselwirkung

Typisch für die Wesenslogik ist, daß ihre zentralen Bestimmungen eine Gemeinsamkeit aufwiesen: Die Vermittlung mit sich durch ihre Negation. Beim Hervorgang der Sache in die Existenz wird diese Struktur zwar aufgehoben (W102,6-8). Dadurch zeigt sich die Existenz als die *„mit sich identische Vermittlung"* (W108,22-23). Im Übergang von der Existenz zur Erscheinung kehrt jedoch diese negative Vermittlung zurück. Denn das Ding gestaltet sich

---

(Theunissen, a. a. O., S. 326), würde Hegel mit dem Hinweis auf dieses unendliche Wechselwirken begegnen. Weil das Gesetztsein sich als das Selbst des realisierten Wesens erwiesen hat, steht die mächtige Ursache in Wechselbeziehung mit „mit sich selbst". Auf diese Weise ist sie die entwickelte „Selbständigkeit", „die unendliche negative Beziehung auf sich" (Enz §157).

[336] Alle entscheidenden Begriffe der Wissenschaft der Logik unterliegen dem Werden im sich selber denkenden Denken.

in seiner Auflösung als „widersprechende Vermittlung... mit sich durch sein Gegenteil" (W122,12-14), mithin als „negative Vermittlung" (W127,5-7). Auch bei der Wechselwirkung bemüht sich Hegel, diese Struktur nachzuweisen. Denn wird die passive Substanz selbst Ursache, so verschwindet der Anspruch der aktiven Substanz, das ursprünglich Beharrende auszumachen. Durch das „Entstehen" der Ursache in der passiven Substanz und durch ihre Rückwirkung auf die aktive Substanz vermittelt sich jede der beiden Substanzen „durch ihre Negation" mit sich (W209,11-14).

Die Wechselwirkung zeigte sich in ihrem ersten Auftreten als „gegenseitige Kausalität von *vorausgesetzten*, sich *bedingenden Substanzen*" (W209,15-17). Bei ihrer Diskussion erwies sich, daß sie einen tieferen Gehalt besitzt. Dieser wird nun von Hegel zusammengefaßt (W209,23-24). Das „Bedingen oder die Passivität" (W210,2) resultiert nicht aus einer *anderen* ursprünglichen Substanz (W209,30). Vielmehr wird die Passivität der passiven Substanz durch die „eigene Aktivität" der aktiven Substanz produziert (W209,34-38). Die aktive Substanz negiert sich, macht sich zur Bedingung und zur passiven Substanz, auf die sie wiederum einwirkt, um aus dieser Negation aufs Neue zu entstehen (W210,18-20) und auf sich selbst zurückzuwirken (W208,27-28). Damit ist die Wechselwirkung nicht mehr nur als gegenseitiges Voraussetzen anzusehen, vielmehr muß sie aus der Perspektive jeder ihrer zwei Seiten als Kausalität aufgefaßt werden. Die Ursache „*hat*" in der Wechselwirkung „nicht nur eine Wirkung, sondern in der Wirkung steht sie als Ursache mit sich selbst in Beziehung" (W210,5-8). Das so gewonnene Selbstverhältnis begreift Hegel, indem er auf das Gesamte absolute Verhältnis zurückblickt, als Selbständigkeit. Diese Thematik, die die Wesenslogik als selbstbezügliche Negativität einführte und an der sie durchgehend festhielt, beherrscht auch ihr Ende. „Der Verlauf der Substanz durch die Kausalität und Wechselwirkung ist daher nur das *Setzen*, daß die *Selbständigkeit* die unendlich *negative Beziehung auf sich* ist" (Enz §157).

Mit der sich selbst negierenden und doch mit sich identisch bleibenden absoluten Ursache (W210,3ff) ist die Wesenslogik „zum *Begriff* selbst gekommen" (W210,10). Die Unterschiede der Notwendigkeit treten nicht mehr — wie in der realen Notwendigkeit — als freie Wirklichkeiten, sondern als Substanzen auf, die als zugleich aktive und passive in einer identischen Beziehung stehen.[337] Während die freien Wirklichkeiten zunächst nicht ineinander scheinen wollten (W211,11-12), hat sich in der Wechselwirkung die ursprüngliche Kausalität, also die aktive Substanz, „als *Entstehen* aus ihrer Negation, der Passivität, und als *Vergehen* in dieselbe", mithin als „Werden" erwiesen, das „zugleich ebensosehr nur *Scheinen* ist" (W210,19-22). Auf diese Weise bilden Seins- und Wesenslogik eine Einheit, in der das „Übergehen in *Anderes*" und die „Reflexion in sich selbst" sich durchdringen (W210,22-23).[338] Das „*Gesetztwerden*" der passiven durch die aktive Substanz „und das eigene *Werden*" der ersteren ist identisch (W207,25-26).

Die Frage nach der Einheit der Wesenslogik beantwortet Hegel mit dem Begriff der Kausalität, indem er nochmals die zu Beginn der Wesenslogik konzipierte Definition des Wesens aufgreift. Das Wesen wurde als die Selbstbewegung entworfen, in der es seine Negativität als Unmittelbarkeit und seine Reflexion in sich als Gesetztsein bestimmt. In der Kausalität hat die Negativität den Wert des „ursprünglichen Seins", der aktiven Substanz, die Unmittelbarkeit dagegen den Wert der passiven Substanz, die sich als reagierend herausstellt, angenommen (Enz §154). Aus der anfänglichen in sich bleibenden Bewegung des Wesens ist in der Kausalität das „*gesetzte* Übergehen des ursprünglichen Seins, der Ursache" oder der in sich reflektierten Substanz in Schein oder bloßes Gesetztsein" und „umgekehrt des Gesetztseins in Ursprünglichkeit" geworden (W210,36-38). Hegel stellt mithin das Ende der Wesenslogik mit dem eingangs erarbeiteten Vokabular dar (MM4,183/4).

Das Wesen, das als Negation, genauer als absolute Negativität des Seins deklariert wurde, hat das unerfüllte, inhaltslose leere Sein sowie die gesamte qualitative und quantitative Verfaßtheit der Seinslogik negiert, um sich in der Wesenslogik als ursprüngliches Sein oder ursprüngliche Sache (Ursache) auszulegen. In diesem vom Sein erfüllten Verhalten zu sich selbst besteht das adäquate Dasein des Wesens, das es sich nunmehr verschafft hat. Das

---

[337] Die durch die selbstbezügliche Negativität der Substanz entstehenden Unterschiede sind selbst Substanzen, von denen jede „im Anderen identisch mit sich" ist. Jede trägt somit die „Beziehungsstruktur" der freien „Subjektivität" (Düsing: Das Problem der Subjektivität in Hegels Logik, S. 231).

[338] MM6,274.

am Ende der Wesenslogik gewonnene Ergebnis wird man *noch nicht* als *Spielen der Liebe mit sich selbst* verstehen dürfen, denn dieses Resultat bleibt dem Begriff vorbehalten. Immerhin hat sich die *Ursache* ergeben, die – *in der Wechselwirkung* – *mit sich selbst in Beziehung* steht.

Mit diesem Ergebnis ist die blinde Notwendigkeit „verschwunden" (W210,26-27). Sie ist verschwunden, um ihre führende Rolle an den „Begriff" (W210,10)[339] oder an die „Freiheit" (W210,18), in der sie aufgehoben ist, abzutreten. Die erreichte Identität von Wesen und Sein unterliegt jedoch einer Einschränkung. Sie enthält zwar die enthüllte (Enz §157), aber dennoch nur „*innere* Notwendigkeit", eine Notwendigkeit, die in der Begriffslogik als Freiheit zu manifestieren ist (W210,39-211,15). Freiheit kann auf der höchsten Ebene der Wesenslogik nur darin bestehen, in der Endlich- und Zufälligkeit des Seins das Wesen oder die Notwendigkeit zur Geltung zu bringen. Das ist die Konsequenz aus der Widerlegung des trügerischen Scheins des „*substantiellen Andersseins*" der zunächst freien Wirklichkeiten (W210,14-18), die sich nur auf sich beziehen, indem sie ein „*freies Anderssein*" für sich proklamieren (W188,34ff). Durch den Weg der absoluten Notwendigkeit ist eine falsche individuelle Freiheit desavouiert. Das Individuum ist dann frei, wenn es seine Unmittelbarkeit nach der Negativität des Wesens ausrichtet, wenn es sein freies Anderssein in die Notwendigkeit integriert. Dieser Standpunkt bildet jedoch nur die Voraussetzung der Freiheit (Enz §158 Zusatz).

Denn Hegel begnügt sich keineswegs damit, einen Freiheitsbegriff aufzustellen, in dem die Individualität den notwendigen Erfordernissen eines Staates geopfert wird. Das Individuum hat sich dann und nur dann nach den Ansprüchen des Staates zu richten, wenn dieser vernünftig organisiert ist. „Ist dies der Fall, so findet die einzelne Vernunft in diesen Institutionen nur die Wirklichkeit ihres eigenen Wesens und geht, wenn sie diesen Gesetzen gehorcht, nicht mit dem ihr Fremden, sondern mit ihrem Eigenen zusammen". Weil der Staat nur eine endliche „Sphäre des Daseins" ausmacht, deshalb bedarf er einer höheren „Sanktionierung", um dem Prinzip der Vernunft zu entsprechen (Ästh I 106 – 108). Gradmesser für die Güte eines Staates ist die Religion. „Das Volk, das einen schlechten Begriff von Gott hat, hat auch einen schlechten Staat, schlechte Regierung, schlechte Gesetze" (Rel I

---

[339] W211,16ff.

303). Obwohl alle Religionen der Weltgeschichte nach Hegel an der Wahrheit teilhaben, ist es allein die christliche oder offenbare Religion, in der die absolute Wahrheit entfaltet ist. „In ihr wird das Wesen als Geist gewußt" (Phän 528). Die Religion muß jedoch in ihrem Wahrheitsgehalt ausgewiesen werden und dieses Projekt vermag nur die Philosophie durchzuführen (Enz § 572ff).

Überschaut man rückblickend die Bewegung der absoluten Notwendigkeit, so unterliegt auch sie der spekulativen Methode. In dieser Bewegung „zerfällt" die sich unterscheidende „Identität" des Wesens in „Verschiedenheit" (W35,14). Hegel bestätigt diese Interpretation am Ende der Wesenslogik. Dort bewertet er das Unterscheiden der absoluten Notwendigkeit als *Auseinanderfallen* in zufällige, „äußerliche Substanzen" (W211,18-19). Diese Bewertung erfährt jedoch am Ende des spekulativen Weges der absoluten Notwendigkeit eine Korrektur. Das besagte Ende wird durch den „Widerspruch" markiert. Hegel sucht und findet ihn, indem er ihn auf der höchsten Stufe der Kausalität als „die ursprüngliche *Einheit* substantieller Verschiedenheit" freilegt (W210,30-31). Diese Einheit, die „absolute Substanz", „stößt sich" weder „als Notwendigkeit von sich" ab, „noch fällt sie als Zufälligkeit in gleichgültige, sich äußerliche Substanzen auseinander", vielmehr differenziert sie sich in „Allgemeinheit" und „Einzelheit" (W211,16-20). In dieser Differenzierung sind beide „aus der Bestimmtheit in sich" reflektierte einfache „Ganze" (W211,21-28). Beide stellen „*dieselbe*", „*mit sich identische Negativität*" dar (W211,28-33) – eine Struktur, die sich zu Beginn der Wesenslogik sowohl beim Schein als auch beim Wesen anbahnte (W12,7-39).

Mit welchem Recht kann Hegel die Dialektik der Wechselwirkung mit dem Allgemeinen und dem Einzelnen beschließen und welchen Sinn verknüpft er mit diesen Bestimmungen? Hegel gewinnt das Allgemeine aus der passiven, das Einzelne aus der aktiven Substanz (W211,20-29). Substanz begreift die Wissenschaft der Logik als das mit dem Sein vereinigte reale Wesen, das „alle Wirklichkeit und Möglichkeit *in sich*" enthält (MM6,246).[340] Auf Grund dieser Struktur ist die Substanz als das Allgemeine ausgewiesen.

---

[340] Hegel hat die Dialektik der Substanz zu Beginn der Begriffslogik noch einmal dargestellt. An dieser Darstellung orientiere ich mich im folgenden in erster Linie.

Aber Hegel faßt Substanz nicht nur als Behälter,[341] in dem „alle Besonderheit und Einzelheit" als Akzidens oder verschwindender Schein aufgehoben ist (MM4,100). Mit diesem Verständnis von Substanz würde lediglich eine Bedeutung von Allgemeinheit als dem Gemeinsamen der nichtigen Einzelnen vorbereitet. Gerade gegen dieses Verständnis von Allgemeinheit und auch Einzelheit richtet sich Hegels Philosophie.

In der dialektischen Bewegung der Substanz auf der Ebene der Kausalität und der Wechselwirkung löst sich das ursprüngliche Konzept der Substanz als dem Beharrenden gegenüber den flüchtigen Akzidentien auf (W194,7-209,11). Die Substanz als Wesen etabliert sich als aktive Substanz, die sich mittels ihrer selbstbezüglichen Negativität als passive Substanz, als „Bedingung" ihrer Selbstverwirklichung voraussetzt, um als Ursache „eine Wirkung, und zwar an einer anderen Substanz" hervorzubringen (MM6,247). Die passive Substanz zeigt sich zunächst nur als das von der ursächlichen selbstbezüglichen Negativität produzierte „Unmittelbare oder Ansichseiende, das nicht... für sich ist" (W205,22-23). Der aktiven Substanz hingegen kommt das Fürsichsein, weil sie sich als Ursache aus ihrem Erlöschen in der Wirkung „wiederhergestellt hat", zu (W205,29).

Das einzige Charakteristikum der passiven Substanz ist ihr Gesetztsein. Folglich vermag die aktive Substanz in ihrer Einwirkung auf die erstere nur diese Struktur zu „verändern". Durch Einwirken der aktiven Substanz „wird also" die passive Substanz „zur Ursache, Macht und Tätigkeit" (MM6,247/8). Die zunächst nur „vorausgesetzte oder die an sich seiende Ursprünglichkeit", die passive Substanz, wird „*für sich*" seiende aktive Substanz (MM6,248).

Das Ergebnis der dialektischen Bewegung der Substanz auf der Ebene der Kausalität und der Wechselwirkung besteht somit darin, daß das eigentlich Ursprüngliche, die aktive Substanz oder das An-und-für-sich-sein,[342] sich ein *adaequates Gesetztsein* oder ein

---

[341] Der widerspruchsfreie Behälter wurde bei der Bestimmung der Möglichkeit diskutiert (W177,9-11).

[342] Auch an dieser Stelle wird der Einfluß des Aristoteles auf Hegel deutlich. Die „absolute Substanz" ist das „Anundfürsichseiende", „erste Ursache". Aristoteles fasse sie als „das Unbewegte, Unbewegliche und Ewige", das aber „zugleich bewegend, reine Tätigkeit, actus purus" sei. „Die Scholastiker haben dies mit Recht für die Definition Gottes ange-

gleichwertiges Anderes verschafft hat, jedoch so, daß jede der beiden Substanzen „in ihrem Anderen schlechthin nur als identisch mit sich gesetzt ist" (MM6,251).

Aus diesen Überlegungen ergibt sich die Auffassung vom „wahrhaft" Allgemeinen (MM6,279). Weil die passive Substanz als für sich seiende Ursache gestaltet wurde, kann sie nicht nur die Basis des Allgemeinen im Sinne des bloß Gemeinschaftlichen ausmachen. Vielmehr muß sie als *wirkende* Allgemeinheit begriffen werden,[343] die sich als Einzelnes erzeugt oder die zur „*Einzelheit... heruntersteigt*" (MM6,296). Umgekehrt kann die Einzelheit nicht isoliert werden, da die Substanz gerade als Allgemeines erfaßt wurde. Einzelheit und Allgemeinheit erweisen sich auf diese Weise als untrennbare Momente des Begriffs, in dem sich die Substanz vollendet (MM6,249).

Das wahrhaft Allgemeine ist das „Wesen der Sache" (GE 84), dasjenige, das „*sich* zum Dasein bringt, indem es sich wohl den Schein der Zufälligkeit, Spaltung und Entzweiung gibt, diesen Schein aber eben dadurch wieder tilgt, daß es darin *sich* erscheinen läßt" (Ästh I 197), ja sogar sich manifestiert. Exakt diesen Prozeß beschreibt die Wesenslogik von ihrem Beginn bis zu ihrem Ende. So gesehen präsentiert sie sich als die Darstellung des bei Spinoza als fehlend monierten Fortgangs des Absoluten zur Unwesentlichkeit,[344] wobei die Variable „Unwesentlichkeit"

---

sehen" (MM19,158-161). Freilich ist am Ende der Wesenslogik das Anundfürsichseiende erst im Anfangsstadium dargestellt. Seine Vollendung bleibt der Begriffslogik vorbehalten (W5,31-6,5).

[343] In den Vorlesungen zur Geschichte der Philosophie demonstriert Hegel mittels des von Aristoteles betrachteten Allgemeinen eindrucksvoll die Einheit von Seins- und Wesenslogik: „Das Werden des Heraklit ist eine richtige, wesentliche Bestimmung; aber die Veränderung entbehrt noch der Bestimmung der Identität mit sich, der Festigkeit, der Allgemeinheit". Gegenüber den Pythagoreern und Platon mache Aristoteles in seinem Allgemeinen die „Tätigkeit geltend". Letztere bedeute „Veränderung als identisch mit sich bleibend" (MM19,153).

[344] Die Ableitung der endlichen Mannigfaltigkeit „aus dem *Ewigen*", „*Unwandelbaren*", unendlichen Einen, das als „*Bewirkendes und Bewirktes zugleich*" zu denken sei, deklariert Fichte in seiner Kritik an Schellings System von 1801 als die „Aufgabe der Philosophie". Fichte, a. a. O., Bd. 11, S. 376-378. Hegel kannte allerdings diese Passage nicht. Vgl. R. Lauth: Die Entstehung von Schellings Identitätsphilosophie in

die Bereiche Schein, Erscheinung und Zufälligkeit solange durchläuft, bis die Bestimmung der Manifestation[345] oder der Auslegung bzw. der Offenbarung des Absoluten erreicht ist.

---

der Auseinandersetzung mit Fichtes Wissenschaftslehre, Freiburg/München 1975, S. 157 sowie 170/1.

Literaturverzeichnis

Hegel-Zitate werden in der Regel im laufenden Text nachgewiesen.

1. Zitierte Werke Hegels nebst verwendeten Siglen

W	Wissenschaft der Logik: Die Lehre vom Wesen, hrsg. von H. J. Gawoll. Hamburg 1992.
N	Wissenschaft der Logik: Das Sein, hrsg. von H. J. Gawoll. Hamburg 1986.
S	Wissenschaft der Logik. Die Lehre vom Sein, hrsg. von H. J. Gawoll. Hamburg 1990.
MM	G. W. F. Hegel: Werke in zwanzig Bänden, hrsg. von E. Moldenhauer und K. M. Michel. Frankfurt/M. 1969ff.
Enz	Enzyklopädie der Philosophischen Wissenschaften 1830, hrsg. von F. Nicolin und O. Pöggeler. Hamburg 1959.
Phän	Phänomenologie des Geistes, hrsg. von J. Hoffmeister. Hamburg 1952.
HE	Heidelberger Enzyklopädie (1817). In: sämtliche Werke, hrsg. von H. Glockner, Bd. 6. Stuttgart 1956.
GE	Einleitung in die Geschichte der Philosophie, hrsg. von G. Lasson. Hamburg 1959.
Ästh I	Vorlesungen über die Ästhetik, Bd. 1, hrsg. von F. Bassenge. Frankfurt/M 1955.
Rel	Vorlesungen über die Philosophie der Religion, hrsg. von G. Lasson. I: Begriff der Religion. III: Die Religion der geistigen Individualität. IV: Die absolute Religion. Hamburg 1966.
Diff	Differenz des Fichte'schen und Schelling'schen Systems der Philosophie, hrsg. von G. Lasson. Hamburg 1962.
Good	G. W. F. Hegel: Vorlesungen über Logik und Metaphysik, Heidelberg 1817, mitgeschrieben von F. A. Good, hrsg. von Karen Gloy. Hamburg 1992.

Ferner wurde herangezogen: G. W. F. Hegel, Jenenser Logik Metaphysik und Naturphilosophie, hrsg. von G. Lasson. Hamburg 1967.

2. Werke anderer Philosophen und Sekundärliteratur

Adorno, Th. W.: Negative Dialektik. Frankfurt/M. 1966.
Angehrn, E.: Freiheit und System bei Hegel. Berlin, New York 1977.
Aristoteles: Metaphysik, hrsg. von H. Carvallo und E. Grassi, 1966.
Aristoteles: Erste Analytik. Hamburg 1975.
Bloch, E.: Subjekt - Objekt. Frankfurt/M. 1962.
Bonhoeffer, D.: Wer ist und wer war Jesus Christus? Hamburg 1962.
Coreth, E.: Das dialektische Sein in Hegels Logik. Wien 1952.
De La Maza, M.: Die Sehnsucht nach dem endgültigen System. In: Hegel
  – Studien Bd. 25, 1990, S. 161–186.
Düsing, K.: Das Problem der Subjektivität in Hegels Logik. Bonn 1984
  (1976).
Düsing, K.: Dialektikmodelle. Bisher unveröffentlicher Vortrag. Aachen 1994.
Düsing, K.: Hegel und die Geschichte der Philosophie. Darmstadt 1983.
Dulckeit, C.: Die Idee Gottes im Geiste der Philosophie Hegels. München
  1947.
Eley, L.: Hegels Wissenschaft der Logik. München 1976.
Ellrich, L.: Schein und Depotenzierung. In: Hegel – Studien, Bd. 25,
  1990, S. 65–84.
Falk, H.-P.: Das Wissen in Hegels „Wissenschaft der Logik". Freiburg/
  München 1983.
Fichte, Johann Gottlieb, Werke. Hrsg. von I. H. Fichte. Berlin 1971.
Fulda, H. F. : Hegels Dialektik als Begriffsbewegung und Darstellungsweise. In: Dialektik in der Philosophie Hegels, hrsg. von R. - P. Horstmann. Frankfurt/M. 1978, S. 124–174.
Fulda, H. F.: Unzulängliche Bemerkungen zur Dialektik. In: Dialektik in der Philosophie Hegels, hrsg. von R.-P. Horstmann. Frankfurt/M. 1978.
Fulda, H. F.: Das Problem einer Einleitung in Hegels Wissenschaft der Logik. Frankfurt/M. 1965, S. 33–69.
Gadamer,H. G.: Hegels Dialektik. Sechs hermeneutische Studien. Tübingen 1980.
Günther, G.: Idee und Grundriß einer *nicht-aristotelischen* Logik. Hamburg 1959.
Hackenesch, C.: Die Logik der Andersheit. Frankfurt/M. 1986.
Hansen, F.- P.: Ontologie und Geschichtsphilosophie in Hegels ‚Lehre vom Wesen' der ‚Wissenschaft der Logik'. München 1990.
Hartmann, N.: Philosophie des Deutschen Idealismus, Bd. II, Hegel. Berlin 1960 (1929).
Heede, R.: Die göttliche Idee und ihre Erscheinung in der Religion. Untersuchung zum Verhältnis von Logik und Religionsphilosophie bei Hegel. Diss., Münster 1972.
Henrich, D.: Hegel im Kontext. Frankfurt/M. 1967.
Henrich, D.: Die Wissenschaft der Logik und die Logik der Reflexion. Bonn 1978.

Hermes, H.: Einführung in die Verbandstheorie. Berlin, Heidelberg, New York 1967.
Hilbert, D.: Axiomatisches Denken, Gesammelte Abhandlungen, Bd. III. Berlin, Heidelberg, New York 1970.
Hogemann, F.: Einleitung. In: G. W. F. Hegel, Wissenschaft der Logik, Die Lehre vom Begriff, hrsg. von H. J. Gawoll. Hamburg 1994.
Hösle, V.: Hegels System. Hamburg 1987.
Iber, C.: Metaphysik absoluter Relationalität. Berlin - New York 1990.
Kant, Immanuel: Kritik der reinen Vernunft. Hamburg 1956.
Kimmerle, H.: Verschiedenheit und Gegensatz. In: Hegels Wissenschaft der Logik, Formation und Rekonstruktion, hrsg. von D. Henrich. Stuttgart 1986, S. 265-282.
Kowalsky, J.: Lineare Algebra. Berlin 1967.
Kroner, R.: Von Kant bis Hegel. Tübingen 1924.
Kulenkampff, A.: Antinomie und Dialektik. Zur Funktion des Widerspruchs in der Philosophie. Stuttgart 1970.
Lakebrink, B.: Die Europäische Idee der Freiheit. Leiden 1968.
Lasson, G.: Hegel als Geschichtsphilosoph. Leipzig 1920.
Lasson, G.: Einführung in Hegels Religionsphilosophie. Leipzig 1930.
Lauth, R.: Die Entstehung von Schellings Identitätsphilosophie in Auseinandersetzung mit Fichtes Wissenschaftslehre. Freiburg – München 1975.
Lucas, H. C. und Planty – Bonjour, G. (Hrsgb.): Logik und Geschichte in Hegels System. Stuttgart - Bad Cannstadt 1989.
Lucas, H. C.: Wirklichkeit und Methode in der Philosophie Hegels. Diss., Köln 1974.
Maurer, R. K.: Endgeschichtliche Aspekte der Hegelschen Philosophie. In: Philosophisches Jahrbuch, Bd. 76, 1968/9, S. 88–122.
Maurer, R. K.: Hegels politischer Protestantismus. In: Der Staat, Bd. 10, 1971, S. 455–479.
Mojsisch, B.: Platons Sprachphilosophie im 'Sophistes'. In: Bochumer Studien zur Philosophie, Bd. 3, 1986, S. 35 - 62.
Mojsisch, B.: Platon, Plotin, Ficino, 'Wichtigste Gattungen - eine Theorie aus Platons „Sophistes". In: Bochumer Studien zur Philosophie, Bd. 10, 1988, S. 19–38.
Moretto, A.: Hegel e la «matematica dell' infinito». Trient 1984.
Narski, I. S.: Die Kategorie des Widerspruchs in Hegels „Wissenschaft der Logik". In: Hegels Wissenschaft der Logik, Formation und Rekonstruktion, hrsg. von D. Henrich. Stuttgart, 1986, S. 178–197.
Patzig, G.: Hegels Dialektik und Lukasiewiczs dreiwertige Logik, in: Das Vergangene und die Geschichte. Festschrift für R. Wittram. Göttingen 1973, S. 443–460.
Popper, K. R.: Die Zielsetzung der Erfahrungswissenschaft. In: Theorie und Realität, hrsg. von H. Albert. Tübingen 1964.
Rehn, R.: Der logos der Seele. Hamburg 1982.

Richli, U.: Form und Inhalt in Hegels Wissenschaft der Logik. Wien - München 1982.

Rohrmoser, G.: Zum Problem der ästhetischen Versöhnung: Schiller und Hegel. In: Euphorion, Bd. 53, 1959, S. 351–366.

Rohrmoser, G.: Subjektivität und Verdinglichung. Theologie und Gesellschaft im Denken des jungen Hegel. Gütersloh 1961.

Rohs, P.: Form und Grund. Bonn 1969.

Schelling, Friedrich Wilhelm Joseph, Ausgewählte Werke. Darmstadt 1986ff.

Schmidt, K. J.: Sull' origine e la struttura della dialettica dell' apparenza in Hegel. In: Discipline Filosofiche 1995, S. 63–90.

Schmitz, H.: Hegels Logik. Bonn 1992.

Schröder - Heister, P.: Logik dialektische. In: Enzyklopädie Philosophie und Wissenschaftstheorie, hrsg. von J Mittelstraß. Mannheim, 1984, Bd. 2.

Schubert, A: Der Strukturgedanke in Hegels „Wissenschaft der Logik". Königstein/Ts. 1985.

Seeberger, W.: Hegel oder die Entwicklung des Geistes zur Freiheit. Stuttgart 1961.

Speiser, A.: Elemente der Philosophie und der Mathematik. Basel 1952.

Summerell, O. F.: The Philosophical - Theological Significance of the Concept of Ontotheology in Martin Heidegger's Critique of G. W. F. Hegel, Diss. University of Virginia 1994.

Taylor, C.: Hegel. Frankfurt/M. 1983.

Theunissen, M.: Hegels Lehre vom absoluten Geist als theologisch – politischer Traktat. Berlin 1970.

Theunissen, M.: Sein und Schein. Frankfurt/M. 1978.

Volkmann-Schluck, K. H.: Die Entäußerung der Idee zur Natur. In: Hegel – Studien, Beiheft 1. Bonn 1964, S. 37–44.

Vollrath, E.: Aristoteles, Das Problem der Substanz. Philosophie des Altertums und des Mittelalters, hrsg. von J. Speck. Göttingen 1972.

Wetzel, M.: Zum Verhältnis von Darstellung und Dialektik in Hegels Wissenschaft der Logik. In: Die Wissenschaft der Logik und die Logik der Reflexion, hrsg. von D. Henrich. Bonn 1978, S. 143–169.

Wieland, W.: Bemerkungen zum Anfang von Hegels Logik. In: Wirklichkeit und Reflexion. W. Schulz zum 60. Geburtstag. Pfullingen 1973. S. 375–414.

Wolff, M.: Über Hegels Lehre vom Widerspruch. In: Hegels Wissenschaft der Logik, Formation und Rekonstruktion, hrsg. von D. Henrich. Stuttgart 1986, S. 107–128.

Wolff, M.: Der Begriff des Widerspruchs. Eine Studie zur Dialektik Kants und Hegels. Königstein 1981.

Wölfle, G. M.: Die Wesenslogik in Hegels „Wissenschaft der Logik". Stuttgart – Bad Cannstatt 1994.

Personenregister

Angehrn, E. 115, 189, 190, 208, 222
Aristoteles 13, 37, 90, 97, 101, 126, 155, 191, 192, 194, 195, 200, 211, 212, 213, 230, 231

Bonhoeffer, D. 170

De La Maza, M. 81
Diodor 192
Düsing, K. 44, 63, 64, 183, 187, 189, 214, 227

Eley, L. 36
Ellrich, L. 24, 27

Fichte, J. G. 12, 42, 45, 54, 67, 72, 81, 84, 87, 100, 121, 169, 170, 223, 224, 231
Fulda, H. F. 25, 126

Günther, G. 86

Hackenesch, C. 21
Hansen, F.-P. 110, 113, 192, 193, 196, 202, 206
Hartmann, N. 16, 101, 102, 109, 111, 123, 129, 137, 157, 163, 187, 192, 193
Heraklit 11, 37, 155, 231
Henrich, D. 13, 21, 22, 30, 43, 45, 54, 56, 75, 85, 209, 224
Herder, J. G. 170, 218
Hermes, H. 46
Hilbert, D. 15

Hösle, V. 81
Iber, C. 23, 31, 33, 37, 38, 43, 47, 64, 66, 73, 79, 95

Jacobi, F. H. 131

Kant, I. 12, 51, 72, 100, 131, 132, 134, 135, 136, 138, 139, 140, 211
Kimmerle, H. 75, 76
Kowalsky, J. 46
Kulenkampff, A. 99

Lakebrink, B. 75, 85, 187, 190, 212, 213, 217, 222
Lauth, R. 231
Leibniz, G. W. 67, 110, 190
Lucas, H. C. 11, 178

Mojsisch, B. 153

Narski, I. S. 76

Parmenides 11, 37
Patzig, G. 86
Planty – Bonjour, G. 11
Platon 37, 63, 64, 109, 139, 153, 155, 231
Plotin 211
Popper, K. R. 15

Rehn, R. 153
Richli, U. 76, 118, 156, 157, 163, 165, 167, 177
Rohs, P. 91, 94, 95, 97, 113, 114, 118, 126, 127, 129, 132

Schelling, F. W. J. 91, 94, 150, 231
Schröder – Heister, P. 44
Schubert, A. 90, 101, 133, 137
Sokrates 109
Spinoza 94, 178, 182 - 189, 201, 210, 211, 218, 231
Summerell, O. F. 218

Taylor, C. 108
Theunissen, M. 22, 29, 30, 43, 53, 56, 75, 78, 85, 123, 174, 217, 224, 225

Vollrath, E. 16

Wetzel, M. 75
Wolff, M. 71, 73, 76
Wölfle, G. M. 21, 40, 42, 62, 65, 85, 96, 101, 196

UTB FÜR WISSENSCHAFT

Auswahl Fachbereich
Philosophie

1962 Pascher, Einführung in den
Neukantianismus
(W. Fink). 1997.
DM 19,80, öS 145,—, sfr 19,00

1972 Grondin (Hrsg.)
Gadamer Lesebuch
(Mohr Siebeck). 1997.
DM 19,80, öS 145,—, sfr 19,00

1975 Luckner, Martin Heidegger:
„Sein und Zeit"
(F. Schöningh). 1997.
DM 19,80, öS 145,—, sfr 19,00

2000 Karl R. Popper
Lesebuch
(Mohr Siebeck). 1995.
DM 21,80, öS 159,—, sfr 20,00

1920 Döring, Karl R. Popper
Die offene Gesellschaft und
ihre Feinde - Kommentar
(F. Schöningh). 1996.
DM 19,80, öS 145,—, sfr 19,00

1921 Grundmann/Stüber,
Philosophie der Skepsis
(F. Schöningh). 1996.
DM 29,80, öS 218,—, sfr 27,50

1922 Lange, L. Wittgenstein:
„Logisch- philosophische
Abhandlung"
(F. Schöningh). 1996.
DM 18,80, öS 137,—, sfr 18,00

1951 Bartels,
Grundprobleme der modernen
Natuphilosophie
(F. Schöningh). 1996.
DM 22,80, öS 166,—, sfr 21,00

1952 Charpa,
Grundprobleme der Wissenschafts-
philosophie
(F. Schöningh). 1996.
DM 22,80, öS 166,—, sfr 21,00

1959 Oelmüller/Dölle-Oelmüller,
Grundkurs Religionsphilosophie
(W. Fink). 1997.
DM 24,80, öS 181,—, sfr 23,00

Preisänderungen vorbehalten.

Das UTB-Gesamtverzeichnis erhalten Sie bei Ihrem Buchhändler oder direkt von UTB, Postfach 80 11 24, 70511 Stuttgart.

UTB FÜR WISSENSCHAFT

Auswahl Fachbereich
Philosophie

1724/1725 Popper,
Die offene Gesellschaft und
ihre Feinde Bd. 1/2
(Mohr Siebeck). 7. Aufl. 1992.
je DM 29,80, öS 218,—, sfr 27,50

1740 Musgrave,
Alltagswissen, Wissenschaft und
Skeptizismus
(Mohr Siebeck). 1993.
DM 29,80, öS 218,—, sfr 27,50

1743 Gabriel,
Grundprobleme der Erkenntnis-
theorie
(F. Schöningh). 1993.
DM 19,80, öS 145,—, sfr 19,00

1765 Irrgang,
Lehrbuch der Evolutionären
Erkenntnistheorie
(E. Reinhardt). 1993.
DM 36,80, öS 269,—, sfr 34,00

1821 Irrgang,
Grundriß der medizinischen
Ethik
(E. Reinhardt). 1995.
DM 36,00, öS 263,—, sfr 33,00

1822 Honnefelder/Krieger (Hrsg.)
Philosophische Propädeutik
(F. Schöningh). 1994.
DM 29,80, öS 218,—, sfr 27,50

1825 Streminger,
David Hume: „Eine Untersuchung
über den menschlichen Verstand"
(F. Schöningh). 1994.
DM 25,80, öS 188,—, sfr 24,00

1826 Hansen, Georg W. F. Hegel:
„Phänomenologie des Geistes"
(F. Schöningh). 1994.
DM 19,80, öS 145,—, sfr 19,00

1833 Beck, Kants
„Kritik der praktischen Vernunft"
(W. Fink). 3. Aufl. 1995.
DM 29,80, öS 218,—, sfr 27,50

1866 Schubert,
Platon: „Der Staat"
(F. Schöningh). 1995.
DM 19,80, öS 145,—, sfr 19,00

1875 Gethmann-Siefert,
Einführung in die Ästhetik
(W. Fink). 1995.
DM 29,80, öS 218,—, sfr 27,50

1878 Newen/von Savigny,
Einführung in die Analytische
Philosophie
(W. Fink). 1996.
DM 22,80, öS 166,—, sfr 21,00

1895 Honnefelder/Krieger (Hrsg.)
Philosophische Propädeutik Bd. 2
(F. Schöningh). 1996.
DM 29,80, öS 218,—, sfr 27,50

1897 Streminger,
David Hume
(F. Schöningh). 3. Aufl. 1995.
DM 39,80, öS 291,—, sfr 37,00

1906 Dölle-Oelmüller/Oelmüller,
Grundkurs: Philosophische
Anthropologie
(W. Fink). 1996.
DM 19,80, öS 145,—, sfr 19,00

1918 Baum,
Ethik sozialer Berufe
(F. Schöningh). 1996.
DM 22,80, öS 166,—, sfr 21,00

Karl Jaspers
Existenzphilosophie
Drei Vorlesungen, gehalten am Freien Deutschen
Hochstift in Frankfurt a. M.
4., unveränderte Auflage
Oktav. VI, 91 Seiten. 1974. Kartoniert DM 24,–
ISBN 3 11 004891 4

Karl Jaspers
Die geistige Situation der Zeit
Achter Abdruck der im Sommer 1932 bearbeiteten 5. Auflage
Klein-Oktav. 154 Seiten. 1978. DM 12,80 ISBN 3 11 007878 3
(Sammlung Göschen, Band 1000)

Wolfgang Janke
Historische Dialektik
Destruktion dialektischer Grundformen
von Kant bis Marx
Groß-Oktav. XI, 533 Seiten. 1977. Ganzleinen DM 135,–
ISBN 3 11 007286 6

Wolfgang Janke
Fichte
Sein und Reflexion – Grundlagen der kritischen Vernunft
Groß-Oktav. XVI, 428 Seiten. 1970. Ganzleinen DM 78,–
ISBN 3 11 006436 7

Preisänderungen vorbehalten

Walter de Gruyter Berlin · New York

Philosophen-Lexikon
Handwörterbuch der Philosophie nach Personen
Verfaßt und herausgegeben von Werner Ziegenfuß und
Gertrud Jung

2 Bände. Groß-Oktav. Ganzleinen zusammen DM 158,–
ISBN 3 11 002896 4
Band I: A–K. VII, 700 Seiten. 1949. Band 2: L–Z. 958 Seiten. 1950

Wozu Philosophie?
Stellungnahmen eines Arbeitskreises
Herausgegeben von Hermann Lübbe.

Oktav. XII, 393 Seiten. 1978. Kartoniert DM 28,–
ISBN 3 11 007513 X (de Gruyter Studienbuch)

Geisteswissenschaft als Aufgabe
Kulturpolitische Perspektiven und Aspekte
Herausgegeben von Hellmut Flashar, Nikolaus Lobkowicz,
Otto Pöggeler

Oktav. VI, 244 Seiten. 1978. Kartoniert DM 34,–
ISBN 3 11 007456 7

Preisänderungen vorbehalten

Walter de Gruyter Berlin · New York